人际交往的艺术

突破人际交往尴尬·提高为人处世能力

赵　涵◎主编

团结出版社

图书在版编目（CIP）数据

人际交往的艺术 / 赵涵主编 . —北京：团结出版
社，2018.1
ISBN 978-7-5126-5922-3

Ⅰ．①人… Ⅱ．①赵… Ⅲ．①人际关系学－通俗读物
Ⅳ．①C912.11－49

中国版本图书馆 CIP 数据核字（2017）第 310918 号

出　　版：团结出版社
　　　　　（北京市东城区东皇根南街 84 号　　邮编：100006）
电　　话：（010）65228880　65244790（出版社）
　　　　　（010）65238766　85113874　65133603（发行部）
　　　　　（010）65133603　　（邮购）
网　　址：http：//www.tipress.com
E－mail：65244790@163.com（出版社）
　　　　　fx65133603@163.com（发行部邮购）
经　　销：全国新华书店
印　　刷：北京中振源印务有限公司
开　　本：165 毫米×235 毫米　16 开
印　　张：20
印　　数：5000 册
字　　数：270 千
版　　次：2018 年 1 月第 1 版
印　　次：2018 年 6 月第 2 次印刷
书　　号：978-7-5126-5922-3
定　　价：59.00 元

前言

　　任何人都无法孤单地活在世上，在信息如潮奔涌，人际关系越来越重要的现代社会更是如此。每一个人生活的幸福、工作的成功都离不开与他人的交往。但是为什么有些人在人际交往中会如鱼得水、左右逢源；而有些人却举步维艰、进退维谷呢？

　　在与人的交往中，如果一味想着自己舒服，慢慢地你便会走向孤独；若是只想着让别人舒服，总有一天你会心力交瘁；若是双方都不舒服，将会波及更多的人受到伤害。唯有在你和对方都舒服之间找到一个平衡点，这才是最好的人际关系。然而，在人际交往的过程中，我们难免会碰到这样那样的问题，比如：如何塑造良好的第一印象？怎样才能克服人际交往的心理障碍？有哪些必要的人际交往技巧需要及时掌握？人际交往有哪些禁忌？……如果不能很好地解决这些问题，就会影响人际交往的成效，影响人际关系的建立与发展，甚至影响事业的成功。

　　针对这些人际交往中经常碰到的问题，我们编写了这部《人际交往的艺术》。全书共分为"人际交往与你的人脉""人际交往中做人做事的艺术""人际交往中的细节与规范""职场中的人际交往艺术"等四大篇章，分别从人际、商场、职场等与人们生活息息相关的方面讲述人际交往的心理学知识和实际行动技巧，深入挖掘人性背后的心理秘密，巧妙揭示人们内心深处的行为动机，以期帮助读者迅速提高说话办事的能力，掌控人际交往主动权，避免挫折和损失，一步一步地落实自己的人生计划，获得事业的成功和生活的幸福。在解读各种人际关系现象背后的深层心理原因的同时，书中还提供了一些能使你成为职场上、商场上、亲友圈中最有分量、最受欢迎的人的方法，进而使你成为人际关系的大赢家。

千人千面，每一面孔后面都有一颗搏动的心。与人交往面对的是一张张面孔，应对的却是一颗颗奥妙的心。只有采取恰当的人际交往心理策略，走入他人的内心深处，把握心理脉搏，洞悉人心的奥妙变化，才能赢得人心！

在人与人的交往中，往往存在各种各样的问题。所有这一切，使不少人常常感到一种负担、一种压力。有了本书的指导，我们就可以在人际交往的过程中，有意识地寻找和采用必要的手段，协调好各方人际关系，在良好人际交往的基础上获得生活、学习和工作等方面的成功。

目录

第一篇　人际交往与你的人脉

第二篇 人际交往中做人做事的艺术

第三篇　人际交往中的细节与规范

第四篇　职场中的人际交往艺术

第一篇

人际交往与你的人脉

第一章 "人和"定成败

成事在天，"天"即人脉

古语说，谋事在人，成事在天。"谋事在人"我们能够理解，就是自己想要的需要自己亲自谋划，没有人会替你谋划，而"成事在天"却没有人能解释清楚什么是"天"，很多人都凭感觉地认为所谓"天"，其实是运气。殊不知，这种认识只看到事情的表层，没有深刻认识到影响成事的关键因素。其实，人脉是影响事业成败的关键因素之一，这是从古至今无数人和事证明了的真理。

刘邦在取得天下后总结成功的原因，他对他的大臣们说："各位都说心里话，我得天下的原因是什么？"有人就说，刘邦打了胜仗，利益和大家共享，项羽却嫉妒有功之臣，怀疑有才之士，这就是一成一败的原因。刘邦笑着说："你们只知其一，不知其二，我的成功在于能用人才。论运筹帷幄之中，决胜千里之外，我不如张良；镇守后方，稳定百姓，供应前方粮饷，使转运粮草的道路畅通无阻，我不及萧何；统率百万大军，战必胜、攻必克，我不如韩信。但是，我却能让这三位人中豪杰为我所用，这是我能得天下的真正原因。项羽有一个范增，却不能用他，这就是他被我消灭的原因。"

刘邦的这番话真是一语道破了成功的天机，他有心谋天下，而真正助他成事的，却正是他的人脉，才使他从一个曾经的地痞得以成为一代君王。而西楚霸王项羽不重视自己的人脉，一代枭雄最终失去一切，自刎于乌江畔。

而在现代社会，想要做一番事业的人，大都选择了做企业，一个企业能否成功，关键还是在于是否占了"人和"之利。一个企业，任何一个环节都需要人去做、去管理，离开了人才，一切都无从谈起。有了人才，企业才能兴旺，事业才能有成。这些道理浓缩成一句话，这就是：要成事，必先有人。

企业的根本是人才。

王永庆是中国台湾著名的企业家，是台塑集团的创办人。他在事业上能取得巨大的成就，离不开人才的推动。为了企业的发展，他曾经上演了一幕现代的"三顾茅庐"，被企业界传为美谈。

1996年，王永庆看中了一项很有前途的生意——把山林废弃的树梢残材，经化学处理后变为高价值的纤维。这可是一本万利的好买卖，可是他手中的资金周转不过来，恰好他的朋友——中小企业银行董事长陈逢源独具慧眼，也很看好化学纤维的前途，便果断地把在金融圈很有地位的丁瑞央介绍给王永庆。没想到，丁瑞央婉言谢绝了这份邀请。王永庆不灰心、不气馁，先后5次盛邀丁瑞央，最终用诚恳打动了他，同意到台塑任职。丁瑞央到台塑后，经他的策划与经营，使台塑企业开创了民营企业直接向国外银行取得长期贷款的先例。

王永庆在金融界拓展了人脉之后，获得了国外银行的长期贷款，才有了他的企业发展壮大。

美国斯坦福研究中心曾经发布一份调查报告，结论指出：一个人赚的钱，12.5%来自知识，87.5%来自人际关系。这个结论或许让你震惊，但最重要的是你应该清醒。要明白，能够成事的那些看似巧合的"运气"，其实多半是努力经营人脉的结果。

由此可见，成事在天，"天"即人脉。在我们追求事业成功的过程中，人脉起着至关重要的作用。如果说血脉是人的生理生命的支持系统，那么人脉则是人的社会生命的支持系统。在今天的商业社会里，随着全球网络的极速发展，整个世界日益成为一个脉络丰富的地球村，人与人之间的联系也随之更加密切。我们的学习、工作、生活、娱乐都紧密地与别人联系在一起，整个世界已经形成一个有机脉络。你与别人之间的脉络越丰富，你的事业就越发达。因此，能成就大业者，除了要有一定的业务知识，最为关键的还是要创建有利于自己发展的人脉关系。

离开人脉，谁都无法生存

生活在现实社会中的人，表面上看去，一个个都是孤立的，许多人之间似乎并不相干，但只要对具体的人进行考察，就不难发现，每个人都有亲属、同事、朋友，每个人都处在人脉编织的关系网之中。

一个人的成长、发展、成功、成才都是在人际交往中完成的，甚至一个人的喜怒哀乐也都与他的人脉息息相关。没有人际交往，人们不知道会面临什么样的遭遇。没有人际交往，人们就组不成家庭、社会和国家，更谈不上个人的前途和发展。

童年的杰克·伦敦是贫穷而不幸的。14 岁那年，他借钱买了一条小船，开始偷捕牡蛎。可是，不久之后就被水上巡逻队抓住，被罚去做劳工。杰克·伦敦借机逃了出来，从此便走上了流浪水手的道路。

两年以后，杰克·伦敦随着姐夫一起来到阿拉斯加，加入了淘金者的队伍。在淘金者中，他结识了很多朋友。他这些朋友中三教九流什么人都有，而大多数是美国的劳苦人民，虽然他们的生活贫穷困苦，但是在他们的言行举止中充满了生命的活力。

杰克·伦敦的朋友中有一位叫坎里南的中年人，他来自芝加哥，他的辛酸历史可以写成一本厚厚的书。杰克·伦敦听他的故事时经常潸然泪下，而这更加坚定了杰克·伦敦心中的一个目标：我要写作，写淘金者的生活。

在坎里南的帮助下，杰克·伦敦利用休息的时间看书、学习。1899 年，23 岁的杰克·伦敦写出了处女作《猎人》，接着又出版了小说集《狼之子》。这些作品都是以淘金工人的辛酸生活为主题的，因此，赢得了广大中下层人士的喜爱。杰克·伦敦渐渐走上了成功的道路，他的著作在全国畅销，也给他带来了巨额的财富。

刚开始的时候，杰克·伦敦并没有忘记与他同甘苦、共患难的淘金工人们，正是他们的生活给了他灵感与素材。他经常去看望他的穷朋友们，一起聊天，一起喝酒，回忆以往的岁月。

但是后来，杰克·伦敦的钱越来越多，他对于钱也越来越看重，甚至公开声明他只是为了钱才写作。他开始过起豪华奢侈的生活，而且大肆挥霍。与此同时，他也渐渐地忘记了那些穷朋友们。

有一次，坎里南来芝加哥看望杰克·伦敦，可杰克·伦敦只是忙于应酬各式各样的聚会、酒宴和修建他的别墅，对坎里南不理不睬，一个星期中坎里南只见了他两面。

坎里南头也不回地走了。就这样，杰克·伦敦的淘金朋友们逐渐从他的身边离开了。

离开了朋友，就断了写作的源泉，杰克·伦敦的情绪沉闷、思维枯竭，再也写不出一部像样的著作了。1961 年 11 月 22 日，处于精神和金钱危机中的杰克·伦敦在自己的寓所里用一把左轮手枪结束了自己的生命。

杰克·伦敦因为拥有人脉获得了成功，也因为失去人脉而一败涂地。

人生活在社会的"网"中，社会关系之"网"由人际交往关系织成，人到哪里，社会关系便延伸到哪里，任何人都不可能逃脱社会关系之"网"，离开社会关系之"网"，人这个"纽结"就不会存在；而离开人这个"纽结"，社会关系之网就无法形成。

总之，人类的社会活动过程，就是一个交往的过程。每个人都生活在内容广泛、意蕴丰富的人际交往关系之中。所以，任何人都必须与人交往，必须有自己的朋友，这样的人生才是真正有意义的、完整的人生。作为社会性的动物，人离开了周围的环境和朋友，就无法再作为人类的一分子而生存下去。

不是怀才不遇，是没有建立人脉

在生活中，几乎每个人的身边都有一些时不时感慨怀才不遇的人，整日忙忙碌碌，却始终不得志，时间久了，要么甘于平庸，让才华枯萎，要么成了"祥林嫂"，到处诉说自己受到了不公的待遇，没有人认识到自己的能力。如果有人告诉他们，人生成功机遇的多少与其交际能力和交际活动范围的大小几乎是成正比的。他们却会认为，只有那些业务员、记者才是靠人脉吃饭的，自己并不需要。

事实并不如此，人脉不仅是业务员、记者们的饭碗，对我们每个人来说，人脉也是我们发挥才干、通向成功和财富的入场券，是我们最重要的资产。如果你感觉自己怀才不遇，也许真的不是你自己的才能没有得以发挥，而是没有让人看到你发挥才干的样子。

人脉其实就是一种资源，这也是各行各业人士日益重视的财产，就连好莱坞那些大牌明星都这样认为："你是否有成功的机会，不在于你知道谁，关键是你认识谁，你跟谁有过交往，你演好戏的机会就可能比别人多很多。"

美国电影明星柯克·道格拉斯曾经三度获得奥斯卡金像奖提名，两度入围艾美奖。1996 年，也就是他从影 50 年时，他获得一座特别奥斯卡金像奖，以表彰他对电影界的贡献。可谁也不会想到这样的大明星在年轻时只是一个一文不名的穷小子，生活落魄潦倒，属于那种怀才不遇型的小人物。当时，谁能想到日后他会成为好莱坞璀璨的明星呢？可就在一次旅途中，他的命运悄悄地发生了转折。

有一次，他乘坐火车，因为很无聊，就和邻座的一位女士闲聊了起来。究竟柯克·道格拉斯和这位女士都聊了些什么，我们无从得知，这也不是我们所要关注的重点，我们只要知道他很幸运就足够了。几天后，这位落魄的年轻人就被邀请到一家制片厂。从此，柯克·道格拉斯开始了他一帆风顺的演艺事业。原来，邻座的那位女士是好莱坞一位知名的制片人。

道格拉斯的成功除了自己的努力和才能外，恐怕人脉的提携也是重要原因，否则他一辈子也许只能混在三流演员中，整天为自己得不到更好的发展而郁郁寡欢。

21世纪的今天，不管是保险、传媒，还是金融、科技、证券，几乎所有领域，人脉竞争力都起着日益重要的作用。怀"才"固然重要，但人脉更加重要。从某种意义上说，人际关系是一个人通往财富、荣誉、成功之路的门票，只有拥有了这张门票，你的专业知识才能发挥作用。否则，即便你是英雄也无用武之地！

如果你希望自己的才华有用武之地，那么就要有意识地编织自己的人脉网，并不断地去丰富和发展它。不管你有多大的才华，如果缺少了人脉，就不会有成功。当我们拥有好人缘的时候，关键时刻就算没人两肋插刀，也肯定会有人愿意出手相帮的。

你的位置取决于你周围是谁

我们中国有句古话："近朱者赤，近墨者黑。"美国人也有句谚语："你能走多远，在于你与谁同行。"如果你想展翅高飞，那么请你多与雄鹰为伍，并成为其中的一员；如果你成天和小鸡混在一起，那你就不大可能高飞。曾经有人采访比尔·盖茨成功的秘诀，他说："因为有更多的成功人士在为我工作。"陈安之的"超级成功学"也有提到：先为成功的人工作，再与成功的人合作，最后是让成功的人为你工作。你与之交往的人就是你的未来。犹太经典《塔木德》里有句话：和狼生活在一起，你只能学会嚎叫。同样，和优秀的人接触，你就会受到他们良好的影响。与一个注定要成为亿万富翁的人交往，你怎么可能成为一个穷人呢？

德国行为学家海因罗特在实验中发现一个十分有趣的现象：

刚刚破壳而出的小鹅会本能地跟随在它第一眼看到的自己的母亲后面，但如果它第一眼看到的不是自己的母亲，而是其他活动物体，比如一条狗、一只猫或一个玩具鹅，它也会自动地跟随其后。尤为重要的是，一旦这只小鹅形成了对某一物体的跟随反应，它就不可能再形成对其他物体的跟随反应了。这种跟随反应的形成是不可逆的，也就是说小鹅只承认第一，却无视第二。这种现象后来被另一位德国行为学家洛伦兹称之为"印刻效应"。"印刻效应"在人类的世界里其实也并不少见。

经常与酗酒、赌博的人厮混，你不可能进取；经常与钻营的人为伴，你不会踏实；经常与牢骚满腹的人对话，你就会变得牢骚满腹；经常与满脑"钱"字的人交往，你就会沦为唯利是图、见财起意、见利忘义之辈。

物以类聚，人以群分。什么样的朋友，就预示着什么样的未来。如果你的朋友是积极向上的人，你就可能成为积极向上的人，假如你希望更好的话，你的朋友一定要比你更优秀，因为只有他们可以给你提供成功的经验。假如你老是跟同一群人做同样的事情，你的成长显然是有限的。

无论你的交际圈有多大，真正影响你、驱动你、左右你的一般不会超过八九个人，甚至更少，通常情况下只有三四个人。你每天的心情是好是坏，往往也只跟这几个人有关，你的交际圈一般是被这几个人所限定的。

因此，和什么样的人交朋友，其实是一个很值得我们严肃、认真地思考和对待的问题。

无论是在企业部门间，还是在行业、合作伙伴间，说白了，人与人之间都有某种利益关系在维系。也就是说，人脉就是能够直接产生"名"、产生"利"的东西。建立交际圈，挖掘人脉资源，就是要扩大你的影响力。中国人讲互相抬轿子，其实就是说圈子的作用，在关键时刻，是不是有人会抬你的轿，会买你的账。

俗话说，人多好办事。如果周围有很多能帮助你、愿意帮助你、有能力帮助你的人，事情就好办多了。要比别人做得更出色、更成功、更有效率，你拥有能帮助你的人越多，你的竞争力无疑就越强。

人心是立足于世的必需资产

人脉的重要性使得我们每个人都认同"多个朋友多条路"这样的说法。成功的必由之路是要经营人心，打理好人际关系。

清代乾隆年间，南昌城有一点心店主李沙庚，起初以货真价实赢得顾客的青睐，但其赚钱后便掺杂使假，对顾客也怠慢起来，生意日渐冷落。

书画名家郑板桥来店进餐，李沙庚惊喜万分，恭请题写店名，郑板桥挥毫题写"李沙庚点心店"六字。墨宝苍劲有力，引来众人观看，但还是无人进餐。原来"心"字少写了一点，李沙庚请求补写一点。

郑板桥说："没有错啊，你以前生意兴隆，是因为'心'有了这一点，而今生意衰落，正因为'心'少了这一点。"

李沙庚感悟，才知道经营人心的重要性。从此以后，痛改前非，又一次赢得了人心，赢得了市场。

从李沙庚点心店的起起落落中，我们可以看到：人心是一笔无形资产，是一笔不可忽视的巨大财富。无论是对于个人、企业还是商家而言，经营人心才是事业健康、持续发展的关键。

人心向背是中国自古以来就很重视的一个话题，也在这方面形成了很多理论性的言语，如"得人心者得天下，失人心者失天下"等，它清楚地反映了人心的向背对于个人或者企业的发展有着非常重要的作用。因为不管做任何事，从本质上来说都是人的事业，都离不开人的努力与支持。

那么，该如何经营好人心呢？经营人心应分为几个关键步骤来进行：

第一，经营人心的战略目标，即经营人心要达到的目标是什么。这一点要十分明确。

第二，经营人心的重中之重是讲诚信。以此来换取对方的信任和好感。从而竭力相助。

总之，只有懂得经营人心的人才会揽得更多的人脉资源，才会在现在这个竞争激烈的社会站稳脚跟。

美国石油大王洛克菲勒在谈到人际关系问题时说："获取别人支持的能力也是一种可以购买的商品，正如糖或咖啡一样。我愿意支付酬金购买这种能力，它比世界上的任何别的东西都有用得多。"这也是经营人心如此重要的原因。

关键时刻，背后的人脉决定你的命运

汉高祖刘邦的妻子吕后曾辅佐丈夫平定天下、治理国政，表现出非凡的政治才能与不同凡响的政治手腕。她在保住儿子刘盈的太子之位时，没有依靠夫妻之情、父子之情，而是给太子打造了一张强有力的人脉网，才保全了她们母子的地位。

刘盈性格仁弱，得不到父亲钟爱，所以吕后很为儿子的地位担忧。刘邦的另一位宠妃戚姬生了一个儿子，刘邦视若掌上明珠，起名如意。

戚姬理直气壮地认为，既然她是皇帝最爱的女人，那么她理所当然地要取代吕后成为皇后，她的儿子也应该成为太子。

刘邦经常抱着戚姬的儿子说："唉，只有如意才最像我的儿子呀。"

刘盈的确不像刘邦的儿子，他看到刘邦这个父亲就怕得要命，刘邦见刘盈这副样子就更加讨厌他，一直希望改立如意为太子。

戚姬有了刘邦这种有意无意的纵容，就更加肆无忌惮，向吕后动刀子了。而吕后也不得不逼着自己强大起来，才可以保护自己的孩子。她利用自己多年的政治远见和手段派叔孙通向刘邦说明不废立太子的理由。叔孙通据理力争，延缓了废太子事件的进程。

但是，吕后明白，自己母子的命运都掌握在刘邦手里，而现在凭着夫妻、父子之情，已经无法打动刘邦，想要取悦已经冷落她多年的刘邦，保住儿子的地位，只有通过增强自己的实力，在朝廷中扩大自己的影响力，使自己的政治圈子越来越强大。

当时，刘邦最想杀的人是韩信，韩信功高盖主，对大汉江山构成了巨大的威胁。吕后主动提出为刘邦解除这个心头大患，这既出乎刘邦的意外又令他如释重负。他依从吕后的部署，把朝中事务全部交给吕后，等他回来时，韩信已被除去，这使刘邦对这个妻子的能力和智慧刮目相看，从此更为倚重。他没意识到，这对吕后来说意味着什么。从此，他手中的权力悄悄地转向了吕后。此后，吕后又帮刘邦平定其他阴谋叛乱，在刘邦犹豫时帮他下决断。随着刘邦渐渐老去，赵王如意也一天天长大，刘盈的太子地位更是岌岌可危。

有一天，刘邦与朝中大臣重提改立太子一事，御史大夫周昌表示坚决反对，他说："陛下一定要废太子，臣期不奉诏。"听他这样说，废太子一事就这样搁下了。吕后得知后，就把握时机，积极向朝中大臣寻求支持。

她首先让兄弟建成侯去找张良，张良本不想介入此事，但拧不过成侯一再坚持。同时，张良建议吕泽请当时朝中德高望重的商山四皓出面。经过商山四皓四位长者的教导和潜移默化，刘盈的修养与见识大有长进。有次刘邦在宫中设宴，见刘盈身边的商山四皓，不由大为吃惊，同时暗自惊讶，看来太子羽翼已丰，自己改立太子的初衷是枉费了。通过这件事，刘邦也感觉到，在朝中的大臣们，替皇后办事的竟然比给皇帝办事出力的还要多，直到这个时候，刘邦才如梦初醒，看清多年来一直被他忽视的事实。如今满朝文武，都已经是吕后的人，她的力量已经强到皇帝都动不了她。如今，她的势力已成，自己已经无可奈何，纵然有再多主意和手段，也已经无法施展了。甚至连他最信任的张良与萧何，都成了吕后的人。

公元前195年，汉高祖刘邦死于长乐宫，终年62岁。太子刘盈顺利登上皇位，吕后成了吕太后。

从这个故事里，我们不难看出，人脉的重要性不容小窥。实际上，人脉的力量在于，能够相对低门槛地让一个人进入一个更高层次。

刘盈背后有了强有力的人脉，他在刘邦眼里的地位已然发生变化，他的命运才没有被刘邦左右。很多时候，一个小人物会因为人脉有了一定的背景，不再是一个孤立的个体，甚至变成一个大人物，实现人生的价值，人生也变得一帆风顺。命运，其实有时候很难说是在谁的手中。

对话失败：没实力还是没人缘

追求成功是人的天性，每一个人在自己的道路上坚持着奔跑，希望最终能达到幸福的彼岸——物质上获得足够的财富，精神上也有足够的食粮。这条成功之路的长度是一样的，只不过有的人因为体力不支倒在了半路上，有的人却被半路的荆棘绊伤了身体，有的人因为缺少继续上路的盘缠而选择了放弃，而另外一些人却有可能因为"山中有虎"的传说而惧怕继续前行……总之，每一个成功者都是相似的，而失败者却各有各的不同。

但他们是真的不具备成功的实力吗？还是因为缺乏魅力没人帮助而导致的失败？如果有足够的魅力，朋友会将体力不支的人安排到家中休息，待体力恢复后继续前行；因为荆棘受伤的人也会受到朋友的细心照料，待身体康复后也可继续前行；缺少盘缠的人大可以向朋友借助，待筹到欠款依然也能继续前行；而害怕老虎的人则要带上自己武艺高强的朋友，几十个人晚上点着火棍上路，还怕那老虎不成？由此而见，一切的问题都是"人"的问题，有了人脉相助，一切问题都将不再是问题。

一个人的魅力也就意味着他是否拥有好人缘，一个好的人缘就是一张广大而伸缩自如的关系网，利用这张网你可以在达到成功的道路上少一点困难，多一点轻松自在。有了好人缘，成功有时甚至会自动敲响你的门。

莫洛是美国摩根银行股东兼总经理，当时他的年薪高达100万美元，忽然有一天，他放弃了这个人人钦羡的职务，而改任驻墨西哥大使，此举震惊了全美。但就是这位莫洛先生，最初不过是一个法院的书记，为什么后来他能取得如此惊人的成就呢？纵观莫洛的一生，最重要的转折点就是他被摩根银行的董事们相中，一跃而成为商业巨子，登上摩根银行总经理的宝座。据说，摩根银行的董事们选择莫洛担此重任，不仅因为他在企业界享有盛名，更是因为他善于与各种人打交道，并具有极佳的人缘。

有的人生来就具有过人的人际交往能力，他们无论对人对己都非常自然，轻易就能获得他人的注意。而我们大部分人，就要为建立一个好的人际关系而付出努力。美国电话电报公司的总经理吉福特常常对人说："善于与人打交道是成大事者的主要特点，和谐的人际关系在一切事业里极其重要。"那么，这句话反过来说也是成立的：没有一个和谐的人际关系，即使你能力再强，发展起来也是举步维艰。

如果有一天，你面临着失败，不妨问自己一句：究竟是没有实力，还是没有人缘？如果是前者，今后则要在技能方面更加努力，提高自己的专业水平；如果是后者，则需要在构筑自己的人脉网时注意保持好人缘，这样才能在最大程度上得到他人的支持和帮助。

第二章　良好的人际关系是成功的资本

良好的人际关系是你赚钱的关键

有一位企业家开始发展自己的事业的时候，在各方面都不是特别突出，但是他深知，商业竞争残酷的战场上，良好的人际关系才是决胜的关键，于是在短短的 3 年时间里，正是坚守人脉制胜这一原则，他的人生之路越走越宽，最终成就了辉煌的事业。曾与他共事 20 多年的友人这样评价他，在同行业或同辈中，论聪明，论能力，他不是最优秀的，他有事业上的成功，八成以上的因素在于他的人脉，他很愿意与大家分享，大家才会争相以报，正是由于他善用人脉，才取得了非凡的成就。

人并不能只靠能力去赚钱，能力只是你生存的基础，而拓展你的事业则需要广泛的人脉。在一家信息公司开展的关于"哪类因素对职业生涯影响最大"的一项调查中，"个人能力"被大家公认为第一要素；其次，有 30.77％ 的受访者认为机遇起着决定性的作用；人际关系的因素被排在了第三位，有 17.3％ 的受访者感受到了人际关系的重要性。其实，这三样并不矛盾，往往具有累积加倍的功效。如果你有好的能力，那么自然会有更多的人认识和赏识你，那么这些人往往会给你提供帮助和机会。如果你有能力，而且在能力之外还有良好的人际关系，那么结果一定会是一分耕耘，数倍收获。

调查中还发现，男性比女性更关注人际关系对职业生涯的影响。同时，人们对于人际关系在职场中的作用也愈加看重。

曾任美国总统的西奥多·罗斯福曾说："成功的第一要素是懂得如何搞好人际关系"。的确如此，在美国，曾有人向 2000 多位雇主作过这样一个问卷调查："请查阅贵公司最近解雇的 3 名员工的资料，然后回答：解雇的理由是什么。"结果，无论什么地区、什么行业的雇主，2/3 的答复都是："他们是因为不会与别人相处而被解雇的。"

很多成功人士都深刻地意识到人脉资源对自己事业成功的重要性。无论你从事什么职业，学会处理人际关系，你就在成功路上走了 85％ 的路程，在个人幸福的路上走了 99％ 的路程。无怪乎洛克菲勒说："我愿意付出比天底下得到其他本领更大的代价来获取与人相处的本领。"

所以，要想成功，就一定要营造适于成功的人际关系。我们与同事、上司及下属的关系是决定我们事业成败的重要因素。一个没有良好人际关系的人，即使再有知识、再有技能，同样得不到施展的空间。

朋友扶一步，前路更好走

当我们正在为如何走向成功而发愁的时候，不妨看看那些已经成功的人是怎么做的。不要以为别人的成功不可以复制，那些成功人士也都是从普通人一步步走向成功的。印尼巨富林绍良，他在人生的道路上结交朋友，让朋友发现自己，最终闯出了一片天。这样的做法就是每一个有心人都能够做到的。

第二次世界大战结束后，爪哇岛被人为地划分为荷占领区和印尼区。在印尼人民的独立战争中，当地华人为保卫家园，纷纷投入支持印尼人民的斗争中，一些华商冒着生命危险，从当地偷运白糖、椰干等土产到新加坡去贩卖，然后购买军火、药品，冲破荷军封锁，交给印尼军队。华侨商人林绍良也投入了这个队伍中。他凭着经商建立起来的社会关系，很顺利地购进一批军火，又凭着机智勇敢和对地形的熟悉，左右回旋，见缝插针，将第一批军火运到印尼驻军总部所在地三宝垅，交给了急需军火的军人。

这次成功使林绍良增添了信心，积累了经验。在贩运军火过程中他结识了许多印尼军官，其中包括当时三宝垅驻军的中校团长，后来成为印尼总统的苏哈托。每当苏哈托的军队陷入经济窘境，林绍良总是全力支持，两人成为患难之交。

1968 年，鉴于印尼长期遭受殖民主义掠夺，粮食缺口很大，每年必须拿出大量外汇进口粮食，林绍良向政府提议，在国内自行加工面粉。印尼政府很快采纳了他的建议，并把全国生产面粉三分之二的专利权交给了他。林绍良为此成立了波戈沙里有限公司，获得印尼国家银行 28 亿盾（约合 280 万美元）的贷款，苏哈托总统亲自主持了第一座面粉厂的落成典礼。经过 10 年的努力，波戈沙里公司成为印尼最大的面粉公司。

林绍良与苏哈托家族共同创办了拥有 30 多家银行、建筑、水泥、钢铁等行业的华仁谊企业集团。该集团后来成为印尼华人实力最雄厚的五大财团之一。

林绍良的成功究竟是怎样创造的呢？个人的努力是重要因素，更重要的是他懂拓展自己的人脉，赢得别人的信任与支持。林绍良很重视人际关系在经营活动中的地位，在这方面，林绍良与当时的印度尼西亚总统苏哈托的深交，对他的事业的成功起到了很大的作用。

由此可见，在自己的发展道路上，结交朋友，让朋友推进自己的发展，有时要比只凭自己的努力更容易接近成功。这个道理，在林绍良的身上能够得到很好的印证。对于正在打拼的人来说，发现自己的贵人，让朋友多提供一些机遇，距离成功也不会太远了。

人脉是机遇的潜台词

你的人脉资源越丰富，人脉圈越广，你的力量就越大。有的人办不了的事情，你可能一个电话就非常圆满地解决了问题；反之，也有可能你费尽力气也解决不了的问题，却有人能帮你轻轻松松地搞定。说到底，创建积极有效的、丰富广泛的人脉关系就是你通往成功的捷径。

严涛是五合国际建筑设计集团副总经理，人到中年，年收入已在 100 万元以上，还是一位知名的建筑设计师。曾经的楼王——售价达到 1.3 亿元的"紫园 1 号"，其设计者之一正是严涛。

记者在采访他的时候问他成功的秘诀是什么，严涛认为除了拥有独特的建筑设计理念外，超强的人脉关系是他成功的关健。在他的职场生涯中，几次转机都得益于良好的人脉关系。

严涛大学毕业后进入冶金工业部重庆钢铁（集团）设计院工作。在外人看来，这绝对是一份稳定的工作。但他在这家设计院工作了近一年时间后，便接到了一位有见识的朋友的邀请，毅然辞职来到了海口市。当时的海口房地产业正在蓬勃发展中，他应邀加入了一家民营建筑设计公司，他的工资一下子涨到几千元。在这里，他还有了更多机会，结识了很多志同道合的朋友，这对他此后职场之路的发展起到了不可估量的作用。

海南的房地产市场在 20 世纪 90 年代中期就开始走下坡路，进入长达 8 年之久的"房产熊市"。显然这样的状况对正在发展事业的严涛会有很大冲击，这个时候，他接到了一个电话，是青岛的朋友推荐他去青岛建筑行业发展。于是严涛欣然前往，并在 1998 年担任西北建筑设计研究院青岛设计部总建筑师，1999 年担任青岛海尔科技馆工程指挥部设计总监，这两个重要职务为他后来的职场之路起到了不可低估的作用。

1999 年，严涛曾在海南结识并帮助过的一个朋友海外留学归来，并打算创办一家设计公司，于是往青岛打电话，力邀严涛加入。这时的严涛也感到自己的职业生涯发展遇到了一个瓶颈，需要新的突破，于是便答应下来，并在 2000 年加入了业界知名的五合国际建筑设计集团，担任副总经理一职。

严涛在毕业后短短 5 年时间里，从一个普普通通的设计师，成长为一个知名的总建筑设计师，这一方面说明他个人具备很强的学习认知能力，并能够迅速接受新的知识。另一方面，也是最重要的一环，即他在建立自己的人脉关系网络上面很有心得，比如在海南结识的朋友，在其后长达 5 年时间内没有失去联系，这恰恰为他的人生转机创造了机会和必然。

现在很多年轻人会担心，"我人微言轻，又没什么经验，人家凭什么要来和我打交道呢？"其实这里有误区。埃哈伯德说："聪明人都明白这样一个道理，帮助自己的唯一方法就是去帮助别人。"很多人在建立和扩大人脉网的时候，都会有无从下手的感觉，事实上，只要你能在别人需要帮助的时候伸出你热情的手，你的人脉网就会越来越宽广。

有了一定的人脉关系后，还要学会去维护，比如多年不见的朋友，可以打个电话问候，或者发个邮件，保持必要的联络沟通，说不定什么时候这个人就能为你带来意想不到的机会，或者在你最需要帮助的时候，能给予你必要的帮助。

反之，当你的人脉关系越来越丰富的时候，你会发现自己的能力也在渐渐增长，以前很难办的事情，现在可能一个电话就解决了，也许这对你来说只是举手之劳，但对别人来说却犹如雪中送炭，那么别人对你一定会充满感激之情。你的帮助越大，价值越大，反过来，别人愿意替你付出的也越多。这样，你的人脉关系就更牢固了，而你也在人脉关系的积累中，离人生成功的目标也会越来越近。

有团队精神，才能有作为

如果你想在事业上取得成功的话，首先在公司内一定要受到众人的瞩目，成为既有才能又有人缘的人才；否则，你的上升运势或许会直线下降。生活中的确有不少这样的实例，有些人由于不重视公司内的人际关系，把自己孤立在交际圈之外。

费文是个时尚的年轻人，喜欢重金属音乐，又有点小资情调。毕业后，他进入一家日化公司从事销售工作，凭着机智和良好的口才，他的销售成绩相当不错。可是费文却觉得有点孤独，他觉得同事不是老古板就是没内涵，因此，他在公司里几乎没有什么朋友，下班了就约上自己的死党去泡吧。公司有集体活动费文也很少参加。同事拉他去 KTV，他说他对口水歌不感兴趣；公司举办舞会，他说那是群魔乱舞，自己可不想被体重超标的女同事踩来踩去……总之，公司的活动他是能躲就躲，去了也只是意兴阑珊地待一会儿赶快走。同事们都生气地说："看来是我们格调太低，不配和人家来往。"领导对他也颇有微词。

一年后，同他一起进公司的人，除了他和几个业绩太差的，普遍都获得了提升，他愤愤不平地去找领导，质问为什么对他另眼相看。领导淡淡地看了他一看："这要问你自己吧！你真的把自己当成公司中的一员了吗？在公司里你有关系不错的同事吗？人缘这么差，即使我提升了你，谁又肯听你的呢？"费文根本无法回答领导的问题，只好灰溜溜地走了。

费文不懂得搞好公司内部的人际关系，缺乏团队精神，结果成了公司的特殊分子，只能做最基础的工作，无法获得提升的机会。这也是生活中很多人都存在的问题，结果他们在公司内的人缘越来越差，自己逐步被孤立，提升也就无从谈起了。

陈述的舅舅是某公司的总经理，舅舅觉得陈述是个人才，好好磨练一下，将来可以在事业上给自己帮助，于是就让陈述参加了公司的招聘，果然，陈述以优异的成绩进入了公司。为了让陈述接受锻炼，舅舅特意嘱咐他隐瞒两人的亲属关系，好好工作。

上班之后，陈述觉得舅舅的公司存在很多问题，在他眼里，相当一部分员工，包括他的顶头上司都是不称职的，再加上认为自己身份特殊，因此他当起了"独行侠"，很少与同事来往。上班近 3 个月，在公司里，他竟然没有一个比较说得来的同事。不仅如此，他那骄傲狂妄的态度还着实惹恼了不少人。

陈述的舅舅对陈述的工作成绩还算满意，但还想知道陈述在其他方面的表现如何。一次路过员工休息室时，无意中听到了员工对陈述的评价："唉，你们说陈述那小子像什么？像不像开屏的孔雀？""什么？孔雀？太抬举他了吧！我看倒像茅坑里的石头——又臭又硬！""看他一副狂妄的样子！他有什么了不起的啊！幸亏他只是个小职员，他要是经理，尾巴还不翘上天去啊！""他要是经理啊，我看一半员工都要辞职……"

总经理大吃一惊，他没想到陈述的人缘竟然这么差，他又找来了陈述的部门主管，故作不经意之态地提起陈述。结果部门主管说："他的能力是有的，但在处理人际关系方面有很大问题。老实说，我是领导，不希望手下有这种员工，他已经给我的部门的团结带来了危害。我正想跟人事部门打招呼呢！"第二天，陈述离开了公司，临走前舅舅送给他一句话：进入了一个圈子，你就得适应这个圈子。

一个人缘极差的人是无法在公司里的交际圈中生存的，试想在人人排斥、讨厌他的情况下，怎么能把工作做好呢？为了成为有杰出表现的人才，我们就必须在公司内培养好人缘，想办法与众人增进感情，真正融入到一个圈子中去。

工作 10 年后，你的才华远不如资源引人注目

你知道吗，那些"世界 500 强"知名企业，在提拔高层管理者或选拔 CEO 时，他们并不只考察选拔对象的个人能力，更重要的是看他有没有过硬的人脉网？不管你相信不相信，现实中，很多世界知名企业的做法就是如此。其实只要深入地想一想，就不难明白为什么了。对一个公司来说，高层管理人员的人脉，意味着他认识哪些人，有怎样的资源，而这些人和资源，必将左右企业今后的发展。

对于一名 CEO 来说，他的人脉是很重要的！具体地说，一名 CEO 可能拥有不同的关系网，而在不同的关系网中，他的个人价值也有所不同。所以，他在每个关系网上的总值、总和，构成了他的总体价值。

这也不难理解，为什么说当你工作 10 年后，需要向更高的位置跃进时，你会发现你的才华远不如你的资源引人注目。

韩国三星经济研究所旗下的 Seri 集团的 CEO 组织，曾在会员中进行了这样一项调查：你认为成为 CEO 需要具备的最重要的品德是什么？

最后的结果显示，多数被调查者认为，成为 CEO 最重要的品德，就是"待人接物"的能力。所谓待人接物的能力，如果用一句话来解释，就是建立和管理人际关系，也就是建立关系网的能力。

如果一个人在人脉管理方面能力出众，那就表明，他具备了成长为一个 CEO 的基础；相反，如果他这方面能力不足，就无法成为 CEO。

想做一名成功的企业家，一名在工作上有建树的 CEO，毫无疑问，你必须拿出你的"通讯录"，也就是拿你的人脉来说话！而对于那些成功的管理者来说，他们的人脉，是他们一生奋斗过程中所积累下的最优势的资源，其重要性，足以超过他们的种种有形资产。

当然，不是我们每个人都能当上 CEO。我们有不同的职业道路、不同的专业选择。那么，对我们这些普通职业人来说，人脉，又意味着什么呢？

职场上流行着这样一句话："工作中接触人的多少，与一个人工资的多少成正比。"企业在选择、使用中高级人才时，很看重被考察对象的人脉资源。企业在雇用一个人的时候，不仅需要他从关系网中获取信息，还希望把他的关系网同企业联系在一起，希望能通过他为公司建立起新的关系网。

如果我们看看身边，看看那些从同事中脱颖而出、晋升到管理层的职业精英，那些"独挡一面"的人才。我们就会发现，他们不一定是专业能力最强的，但肯定是最善于经营人脉的人。

这是因为，一个企业的高层管理人员，其工作的主要内容就是将各种对企业发展有价值的人都吸收到企业的"人才库""关系网"中，从而为企业谋求更大的发展空间。如果没有这种能力，他就没有资格承担起更重要的工作任务，这绝对不是危言耸听。

知名成功学家陈安之在研究了世界上 100 多位成功人士后，得出这样一个结论：成功＝30％的知识＋70％的人脉——陈安之称之为"成功的秘诀"。而美国哈佛大学商学院对成功者的调查结果是这样的：在事业有成的人士中，26％靠工作能力，5％靠家庭背景，而人际关系则占 69％。

可能有些人会说，人脉，对于市场人员、管理人员自然很重要的，而对技术人才来讲，人脉是可有可无的东西。有关系固然是好事，没关系也不要紧，专业技术就是最硬的"敲门砖"。

但是，请看一下哈佛大学对贝尔实验室顶尖研究员作的调查。调查人员发现，被大家认同的杰出科研人才，他们的专业能力往往不是重点，相反，"顶尖人才会采用不同的人际策略，多花时间与那些关键时刻可能对自己有帮助的人物结交良好的关系，在面临问题或危机时便容易化险为夷"。

那些表现平平的科研人员，他们遇到棘手问题时，这才想起请教专家，然后因为苦苦等候没有回音而白白浪费时间。而顶尖科研人员则很少碰到这种问题，这是因为他们平时已经建立丰富的资源网，一旦有事请教，立刻便能得到答案。

可见，不论哪一种专业路径，人际交往能力对一个人成就的影响都是极大的。因为现在这个时代，单单拥有超群的个人能力，很难做出大的成绩。不论什么工作，都需要花费大量时间用于"和人打交道"！

如果说人脉高手与普通人有什么不同的话，第一个不同就是：那些事业上取得成功的人脉高手，平时都把经营人脉看做自己工作的核心内容。

普通人事到临头才想起找关系，遇到难题才想到从电话薄里翻找谁能帮上忙，开展相关的业务，才想起寻找相关的合作客与客户。而人脉高手则不一样，他们随时都在做人脉，随时都在想着"人"和"关系"，随时都在和方方面面的人打交道，即使手头工作再忙，他们也不会忽视周围的人。所以，他们能凭借人脉为自己创造事业的辉煌！

如果我们也想拥有广泛的人脉，也想像那些成功人士一样，总是有各行各业的众多朋友来帮忙，我们首先应该更新自己的人脉观，要知道，职场是对人脉的作用评价最高的地方，也是最利于建立人脉网的地方。只有我们从现在开始做起，随时做个有心人，才能建功立业。

晋升考核：群众基础与个人能力

在事业的发展上，并不是有能力者就能够获得别人的欣赏，还必须注意自己与他人的关系。有时候，并不是没有伯乐在你身边，只是当伯乐注意到你的时候，别人的评价对你产生了不好的影响，从而让伯乐对你失去了信心。由此可见，怀才不遇，很多时候是受他人影响的。所以，有才华的人更应该注意维护自己的人脉，以获得事业上更好的发展。

小李是名牌大学外语系毕业的，进公司已近两年，工作能力和业绩有目共睹，是部门公认的"业务尖子"。每次部门会议或者年终聚会中，都会得到各级领导的称赞，什么"小李年轻有为"，"有思想、有魄力"之类的溢美之词收了一大箩筐，小李也颇为得意。

然而在两次大的人事变动中，他眼看着两个业务不如自己的同事都被提升了，一起进入单位的一个大学生也有了重点培养的动静，唯有自己，还是原地踏步。尽管小李的薪水因为与业务挂钩而遥遥领先于其他同事，但职位上的波澜不兴却让他在朋友圈中很没面子。

每次找到部门经理，经理总是先将他大大夸奖一番，然后以一句"金子在哪里都会发光的，以后还有机会"的话来打发掉他。偶尔问得多了，经理就会嗫嚅几句"不能光顾个人"之类的话，全然一副欲言又止的样子，搞得大大咧咧的小李摸不着头脑。

小李就是不明白，为什么自己明明有如此强的能力，提升的却总不是自己。

和小李同进公司的小张为人热情开朗，特爱帮人忙，不管谁有点什么事情，只要向他求助，他总是乐于热心帮助。他简直是小品《有事您说话》里的主人公。有时候遇到同事业务中出现了问题，明明不是他自己分内的工作，他也会主动帮忙，甚至承担责任。

小李对小张的习惯一直不以为然，他的观点是"不在其位，不谋其政"，"自己的事情自己做"，他觉得工作就应该各司其职，像小张这样盲目热心会打乱公司运作程序。

公司里业绩最好的肯定不是小张，但公司中人缘最好的一定是他。这次人事变动，他被调到总经理办公室协助管理全公司上下的员工关系，一下子成了老总身边的人，前途可以说是一片光明。

在日常管理中，我们经常会发现，提升并不一定完全依据组织的晋升规定、依照能力进行，很多时候，一些从未在正式文本中出现的方面往往起到至关重要的作用。其实小李的问题就出在忽视了组织绩效考核中的一个重要隐形因素——组织公民行为。

无论是什么企业，在绩效考核的过程中，都会存在很多软性的评价指标，比如组织成员的人际关系处理能力，表现出来的对组织的忠诚以及奉献精神等。这些软性指标就是"组织公民行为"，它游离于组织正式的薪酬体系之外，却在员工实际的晋升、加薪等方面起到相当重要的作用。

很多刚刚踏上社会的大学生，尤其是像小李一样自以为读了很多现代管理理论书，都坚信"能力取胜"是一切组织的用人准则，以为自己是块金子就能发光，殊不知事情并没有那么简单。

你不注重发展人脉，在单位里就没有号召力，也就没有人愿意跟随你。所以，即使领导想要考虑提升你，也会因为你不具备升迁的"群众基础"而选取其他人。

糟糕的人际关系会毁掉你的前途

有人才华横溢，却终生不得志，也有人能力平平，却能够节节高升。这其中，个人的机遇是一方面，另外很重要的则是个人的人际关系。

"条条大路通罗马"，而人际关系好的人可以在每条大路上任意驰骋。古往今来，许多杰出的人士，之所以被能力不如自己的人击垮，就是因为不善与人沟通，不注意与人交流，被一些非能力因素打败。不能融入人群无异于自毁前程，把自己逼入进退两难的境地。

刘璇在一家公司做一名管理人员，在公司产品遭遇退货、赔款，公司濒临倒闭、公司高层们急得团团转而又束手无策时，硕士毕业的刘璇站了出来，提供了一份调查报告，找出了问题的症结。此举不仅一下子解决了公司的难题，还为公司赚了几百万。

因工作出色，刘璇深受老总的重视，不久就成为全公司的一颗明星。凭着自己的智慧和胆略，她又为公司的产品打开国内市场立下了汗马功劳，两年时间内为公司赚回几千万的利润，成为公司举足轻重的人物。

刘璇踌躇满志，以为销售部经理一职非她莫属。然而，她并没有获得升迁。本来公司董事会要提拔她为公司主管销售的副总经理，却由于在提名时遭到人事部门的强烈反对而作罢，理由是各部门对她的负面反映太大，比如不懂人情世故，不和同事交往，骄傲自大……让这样一个人进入公司的决策层显然不太适宜。

销售部经理一职被别人担任了，她只好拱手交出自己创建、培养成熟的国内市场。这就好比自己亲手种下的果树上所结的果子被别人摘走一样，她非常痛苦。

她不明白，公司怎么能这样对待自己呢？自己到底错在哪里？

后来，还是一个同情她的朋友为她解开了疑惑。有一次，她出去为公司办理业务，需要一批汇款，在紧要关头却迟迟不见公司的汇票，业务活动"泡汤"，令她很难堪。实际上是一个出纳员给她穿了一次小鞋。因为平时她从未注重和这个出纳打交道，每次遇到了也都匆匆地"擦肩而过"，出纳便认为她瞧不起自己，心里很不甘心。

还有一次她在外办事，需要公司派人来协助，却不料人还没有到，马上又被撤回去了，原来是一些资格较老的人觉得她很孤傲、目中无人，在工作上从不与他们交流……所以想尽办法拖她的后腿，让她的工作无法展开。

尽管刘璇工作业绩辉煌，但她忽视了人际关系的重要性。那些她不熟悉的、不放在眼里的小人物，在关键时刻照样会坏她的大事，阻碍她在公司的发展和成功，在无可奈何的情况下，她只好伤心地离开了公司。

正所谓"水能载舟，亦能覆舟。"人在社会中生存，人际关系既能推动你走向成功，也能让你顷刻间一无所有。

因此，千万不要忽视了你身边任何一个人的力量，也许关键时刻他们就会是你成败之间的决定因素。做个聪明的交际人，适当时进行感情投资，树立良好的交际形象，培养你的人脉，会为你带来意想不到的收获。

第三章 人脉与财富

为什么别人能发财，偏偏就你不行

不信邪，为什么别人能发财，偏偏就你不行？汉高祖刘邦本是市井小民，却得到张良、萧何、韩信相助，平定天下；宋江一平庸小吏，竟啸聚梁山，一呼百应；清代最有钱的商人胡雪岩，打当小伙计时就知道为自己铺就人脉和财路。人脉是成大事者无往不利的法宝，就连股神巴菲特都不例外。

"投资的第一条准则是不要赔钱；第二条准则是永远不要忘记第一条。"这是沃伦·巴菲特经常说的一句话。从字面意思上看，这无疑是正确的，但是，越来越多的投资者开始意识到，他们无法复制巴菲特。

巴菲特的投资秘诀为什么知易行难？因为巴菲特成功的一些关键性要素，如长期稳定的现金流、特定的历史条件以及美国企业成熟规范的经营模式，这些都不是靠模仿就能获得的。最让人们无法理解的是，投资必然伴随着风险，股神怎么避免买错股、被套牢，最后赔钱？其实，巴菲特成功的秘密除了高超的投资技巧和先进的投资理念，还有他的人脉优势以及充分发挥人脉作用的能力。

首先，巴菲特家族拥有广泛的人脉网。巴菲特的祖父欧内斯特曾担任奥马哈扶轮俱乐部的主席，属于地方名流。而他的父亲霍华德曾当选美国国会议员，还是一名出色的股票经纪人。可以说，巴菲特既富且贵的家世背景为他的成功奠定了良好的人脉基础。

其次，巴菲特师从于著名投资学理论学家本杰明·格雷厄姆；当他阅读了菲利普·A. 费舍的《普通股与不普通的利润》后，又马上去拜访费舍——这两位学者的理念是巴菲特投资哲学的基础。另外，他还向劳伦斯·彭博、约翰·威廉斯、罗德·肯尼士、艾格·史密斯、查尔斯·芒格等人学习。可见，巴菲特真正宝贵的财富是通过向成功者和专家学习获得的，他主动靠近他们，不仅成为了其中的一员，甚至是最杰出的一位。

最后，巴菲特成功的核心秘诀就是他自己常说的一句话，"成功的关键就是与成功者为伍"，这一点在他求学问道的过程中已经得到充分的体现。然而，这句话还有一层更重要的意思往往会被人们忽视，那就是，如果与你为伍的人并不成功，就应该帮助他们成为成功者。

弄清楚了这个问题，你就会明白巴菲特为什么能只赚不赔。人脉就是股神的保护网，总能在关键时刻帮他反败为胜。1987 年，罗纳德·佩雷尔曼要收购南非采矿联合公司拥有的所罗门兄弟公司 14％的股份。所罗门公司为了抵制这个恶意收购，开出优厚条件邀请巴菲特来充当"白马骑士"（即让巴菲特购买公司股票，和所罗门公司一起抵制佩雷尔曼的收购）。然而，1991 年的违规投标国债事件使所罗门兄弟公司受到致命打击。巴菲特迅速采取行动，自己担任公司总裁，与政界人士进行多方交流，最后保住了所罗门兄弟公司的承销资格，令其没有丧失市场地位。一年后，担任了 9 个月公司总裁的巴菲特辞职了。所罗门兄弟公司的股价比巴菲特就职之前足足涨了约 30％。

表面上看，巴菲特通过直接治理公司来拯救他的同行，但在关键环节发挥威力的并非是他的投资技巧和管理方法，而是强大的人脉。他随时向困境中的伙伴伸出援手，利用人脉来帮助他人，实现了人脉的滚雪球效应，同时也让自身的影响力无限扩大。

财富和人脉力相得益彰，互相刺激和提升，这对巴菲特来说，其意义远远大于投资一只潜力股。如果你不信邪，不相信只有别人发财，希望自己也像巴菲特一样成为财富赢家，那么，从现在开始，就要掌握科学的方法建立人脉，学会和他人分享，那样成功离你就不会远了。

人脉是财富的"情报站"

21 世纪是信息社会，在这个信息发达的时代里，谁最先拥有第一手资料，得到的信息越多，谁就会拥有无限发展的可能性。信息来自你的情报站——人脉关系网，你的人脉有多广，情报就有多广，这是你财富无限累积的重要平台。

商场上称信息为"情报"。一个生意人怎样获得发展财富必需的情报呢？

一般而言，我们获取"情报"的方式有三种：第一，通过读书的习惯充实自己的知识，深入了解所接触行业的特征、趋势等信息；第二，通过每日报纸、网络资源得到最新的资讯，掌握第一手材料；第三，通过朋友、同学等的关系获取信息，或者直接将信息转化为"生产力"。

对于生意人而言，在获取情报时更重视第三种方式——即通过人得到自己所需要的信息。那也就意味着人脉越广，人们所得到的情报也就越多，因此，越是一流的人才，越重视这种"人的情报"，就越能为自己的财富积累带来更多的方便。

现任正泰电器总经理的南存辉先生，在他13岁正在读中学的时候，由于父亲在生产劳动中意外受伤，家境的困难使他不得不辍学在家，当了一名小鞋匠。后来的几年时间中，南存辉出色的修鞋手艺帮助他结识了很多走南闯北的生意人。在一次同朋友的交谈中他了解到：人们头脑中普遍认为做买卖是可耻行为的念头，慢慢都得到了改变，并且国家已经允许个体经营了。南存辉还发现自己身边经销电器产品的商店非常热闹，由于市场上五金电器的短缺，很多人已经开始从事旧电器的回收工作，他感觉自己创业的时机到了。于是他便放下自己的鞋铺，同几个伙伴一起筹钱加入到电器行业。十几年下来，当初一个小小的电器门市，如今已经变成了大型的企业集团。

在与朋友的交流中，南存辉获取到了市场信息，准确地踏入"电器"这个行业，最终赢得了自己的财富。

有一位被同行誉为"情报人"的日本某企业家对于情报的收集别有一番心得，自创了一个"情报槽"理论。他说："一般汇集情报，有人和事物两个来源。我主张多从他人那里获得一些情报。如此一来，资料建档之后随时可以灵活运用，对方也随时会有反应，就好像把活鱼放回鱼槽一样。把情报养在情报槽里，它才能随时吸收到足够的营养。"

一位有名的评论家也说："我每一次访问都像烧一条鱼一样，什么样的鱼可以在什么市场买到，应该怎么烹调最好，我得先弄清楚。"对于生意人来说，如何从他人那里得到情报及处理情报，这样的工作，其实有时和记者的工作是一样的。许多记者都知道，在没有新闻时，设法找个话题和人聊聊，就能捕捉到许多新闻线索。生意人也是这样，当你没有办法随时外出时，那就利用电话来跟朋友们讨教吧！

日本前外相宫泽喜一有个著名的"电话智囊团"。宫泽在碰到记者穷问不舍时，往往要求给他一个小时的考虑时间。如果碰巧在夜里，则只要一通电话就可以得到满意的答复，这些答复来自他的 10 名智囊团成员。这也就是我们所谓的"人的情报"。

人脉就是这样一种传递信息的特殊"媒体"，并且这种口碑效应远比广告更加令人信服和更加有效地传播。

当你与人沟通、分享资源并建立起一个庞大的人脉网络时，你会发现这不仅使你有能力管理自己的生活，更能让你充分享受生活并应付其中的变化。在现今这样一个信息化社会里，一个人思考的时代已经过去了，能否建立为你提供情报的品质优良的人脉网，成了决定拥有财富的关键。建立品质优良的人脉关系网为你提供多种情报，有了人脉这个情报站，你的财富之路就会越走越宽。

人脉有时可撬动财富

富人共有的特点是什么？《行销致富》的作者佐治亚州立大学的史坦利教授对此进行研究后说："答案是一本厚厚的名片簿。更重要的是他们广结人际网络的能力，这便是他们成功的原因。"

要想成就你的财富存折，就要有成功的人际关系。人脉杠杆可以让你更轻松地撬动财富。世界一流人脉资源专家哈维·麦凯就是利用人脉杠杆撬动财富的典型。

哈维·麦凯刚大学毕业就进入了失业大军。因为当时全国经济萧条，工作太难找了。好在哈维·麦凯的父亲是位记者，认识一些政商两界的重要人物。其中有一位叫查理·沃德的先生，是全世界最大的月历卡片制造公司之一布朗·比格罗公司的董事长。几年前，沃德因税务问题而入狱服刑。哈维·麦凯的父亲发现别人控诉沃德逃税的案件有些失实，于是赴监狱采访沃德，写了一些公正的报道，这使沃德非常感激麦凯的父亲。

出狱后，沃德对哈维·麦凯的父亲说，如果孩子毕业后想找个好工作，他可以帮忙。

哈维·麦凯跑了许多家企业，但都因为经济不景气、公司裁员而被拒绝。父亲想起查理·沃德先生的承诺，便抱着试试看的想法让哈维·麦凯给沃德的公司打电话。

谁知沃德回答得十分干脆，他说："你明天上午 10 点钟直接到我办公室面谈吧!"次日,哈维·麦凯如约而至。他为面试做了充分准备,谁知招聘变成了聊天。沃德兴致勃勃地谈到哈维·麦凯的父亲的那一段狱中采访,整个谈话过程非常轻松愉快。

聊了一会儿之后,沃德说:"我想派你到我们的直属公司工作,就在对街——品园信封公司。"

就这样,哈维·麦凯有了一份工作,而且薪水和福利都很好。那不仅是一份工作,更是一份事业。在工作中,他结识了不少有才华的人,并从他们身上学到了许多东西。42年后,哈维·麦凯已成为全美著名的信封公司——麦凯信封公司的老板。

在品园信封公司工作期间,哈维·麦凯熟悉了经营信封业的流程,懂得了操作模式,学会了推销的技巧,其中最大的收获就是他为自己积累了大量的人脉资源。这些人脉成了哈维·麦凯成就事业的关键。

在这个信息化的时代里,一切都在迅速地运转着,人脉的畅通,能帮助你节省更多的时间和精力,使你畅通无阻地实现财富梦想。

正如比尔·盖茨所言:一个人永远不要靠自己一个人花100%的力量,而要靠100个人花每个人1%的力量。所以,你的人脉越广,越能够轻松地撬动财富。

30 岁前建人脉,30 岁后获回报

所有人都知道,在春天播下一粒种子,再经过人们的悉心照料,到了秋天就能收获甘美的果实。也就是说,要想收获果实,必须先有种子,而"播种"是"长出果实"的必要条件。虽然有些种子会腐烂,不发芽,但若不播种,就绝不会有果实长出来。人脉也是如此,你的用心是建立人脉的必要条件,虽然用心不一定会有令人满意的结局,但没有用心一定不能建立人脉网络。至于什么时候才能得到"回馈",你不必花心思去期待,既然你已经种下了一粒种子,"机缘"一到,它自然就会发出芽来。

那么,想想你是要在20多岁时"播下人脉的种子",还是要更晚一些进行?当然是20多岁时最好。因为20多岁是年轻人选择未来之路的关键时期,此时建立起来的人际关系可以帮你找到你的理想定位,如"我想成为一名出色的顾问"或"我想成为一名商人"等。

关于这一点，从一个普通的办公室文员利用 3 年时间一跃成为"人脉女王"的珍妮最有发言权。

2006 年珍妮大学毕业，经过痛苦的求职之路后，她进入了一家规模不错的公司做了一名办公室文员。说是文员，其实就是做些零碎活儿，发传真、接快递、复印文件……她都要一手操办。

尽管如此，珍妮并没有抱怨，而是选择认真做好本职工作。天生大方、豪爽的性格使得珍妮总是寻找各种各样的机会以虚心学习的心态去跟同事、上司交往。不久后，这种态度得到了主管的高度赞赏，也正因为如此，珍妮成了同期进入公司表现最出色的一位应届毕业生。不仅如此，珍妮还开始了自己的人脉培植计划，她主动和比她先进公司的其他部门的毕业生、同事进行交谈，并向他们学习、了解情况，因此她交了不少好朋友。

此外，从事文员这一职业让珍妮养成了收集、记录各种联系方式的好习惯，这为她的职业生涯以及人脉管理奠定了良好的基础。比如，每次与一些客户交流时，她都会主动记下对方的基本资料和联系方式。每到节假日，珍妮就会为对方发一封祝福邮件，这样一来，很多客户都成了她的好朋友。

一年多以后，因为工作出色，珍妮被一个经常来往的客户推荐到了一家更大的公司任职。在第二家公司，珍妮的职业之路进入了高速发展的轨道。首先，珍妮还是从自己最熟悉的工作做起，但是这次与以往不同，珍妮在担任总经理办公室文员 3 个月之后，主动申请调换到生产部门负责质量检验，之后又主动申请调换到事业部。在调换部门的过程中，珍妮各方面的能力都得到了极大的提升，热情、开朗的珍妮凭借自己独特的人格魅力在公司高层中逐步建立起了自己的内部人脉关系。也正因为有了比较好的内部人脉关系以及在多个核心部门的能力训练，当总经理秘书提出辞职之后，珍妮就成了首要人选，最终她成为总经理的得力助手。

从此以后，珍妮如鱼得水，外部人脉关系也得到了全方位的升级。因为公司总经理的朋友很多，其中不乏一些著名大学毕业的同学、大公司的高层领导等。当每个客人来访时，她都要跟他们交换名片，每个电话打来，老板没接到的她都要做电话记录，那时候她单单记录来电人姓名、电话、公司名称，就记了足足一个笔记本。这样，珍妮的人脉也逐渐从同学圈子、公司小圈子扩充到合作伙伴、客户等圈子，认识的朋友从身边的朋友扩展到其他州，甚至国外，如法国、印度、韩国、泰国等地。

从求职艰难的应届大学毕业生到办公室文员，珍妮走出了职业生涯的第一步；从办公室文员到总经理秘书，她又迈出了人脉提升的第一步。然而，就在 3 年职业生涯之后，珍妮再次挑战了自己的职业巅峰，进入了一个完全陌生的领域——金融咨询行业，在这里，她获得了更广阔的发展空间和舞台，相信她的前途一定无量，因为她的人脉资本足以让她 30 岁以后大放异彩。

从珍妮的职业成长来看，虽然和她个人能力、机遇等有一定关系，但是更重要的是她良好的人脉资源帮助了她。

那么，为什么要在 30 岁以后才能靠人脉发展呢？其实道理很简单，因为经过几年的积累，你的人脉网络已经和你一起成长起来了。

20 多岁积累下的人脉网是人一生中的珍贵财富。这是因为 20 多岁时建立起来的人脉网与 30 多岁时建立起来的人脉网存在着显著的差异——交往的真实性。一般来说，20 多岁的年轻人都处于即将或刚刚步入社会的阶段，这个年龄段的人一般不会太计较名利和利害所得。而 30 多岁的人们，在这个冷漠的社会里摸爬滚打 10 多年后，不知不觉地便被磨平了棱角，已经开始学会向社会妥协，与此同时，这个年龄段的人们在人际交往中也开始变得斤斤计较、在乎名利，交往圈子也呈逐渐变窄的趋势。不仅如此，20 多岁时形成的人际关系也十分结实牢固，可以维持很长时间，因为它能够勾起你记忆深处最纯情也最不愿被破坏的那段记忆，让你的心变得真实温暖起来。

因此，20 多岁的人不要把人脉管理呆板地看成一种可以掌握或训练的技法，而应该把它当作一个可以令人身心愉快的结交朋友的过程。如果能以一颗平常之心去接触人脉管理，等 30 岁后你就会惊异于崭新的自己。20 多岁时不要苛求"金钱"上的富有，而要坚持"人缘"上的富有。这样，到了 30 岁以后，你就可以凭借丰富的人脉资源一步步走向成功。

五个朋友决定你的财富指数

王尔在大学刚毕业时的薪水是 1000 元，他的朋友陈涛和贺阳的工资分别是 800 和 600 元。王尔觉得自己的工资太低了，想跳槽。但这两个朋友都劝他说："你知足吧，研究生的工资也不过 2000 元。"在朋友的劝说下，王尔打消了这个念头。

后来，王尔认识了现在的朋友许晋。许晋和王尔学历差不多，但工作两年后他的工资到了 6000 元。他对王尔说："谁说大学毕业就拿不到高薪？人要自信，只要努力做事。"在许晋的鼓励下，王尔重新规划自己的职业。一年后，王尔的工资涨到了 4000 元。现在，王尔已经自己开了一家公司。

王尔说："其实，我有今天这样的成就，靠的就是几位好朋友。真的，朋友能决定你的富贵指数。这样的朋友不用多，有五个就够了。有三个做生意上的伙伴，有两个可以和我分享人生和快乐。"

这个例子可以在生活中得到很多印证，因此，有这么一句话，看你身边的朋友就知道你是个什么样的人。

伟大的德国文学家歌德曾经说过："只要你告诉我，你交往的是些什么人，我就能说出，你是什么人。"心理学研究表明，环境能够改变我们的思维与行为习惯，直接影响到我们工作的效能与生活。主动接近优秀人物，经常和成功人士在一起，有助于我们在身边形成一个"成功"的氛围，在这个氛围中我们可以向身边的成功人士学习正确的思维方法，感受他们的热情，了解并掌握他们处理问题的方法。这样无形之中我们也可以积累办事资本，提升办事能力。

下面是一位百万富翁请教一位千万富翁的对话，通过这个故事可以让我们知道和成功人士在一起的重要作用。

"为什么你能成为千万富翁，而我却只能成为百万富翁，难道我还不够努力吗？"一位百万富翁向一位千万富翁请教。

"你平时和什么人在一起？"

"和我在一起的全都是百万富翁，他们都很有钱，很有素质……"百万富翁自豪地回答。

"呵呵，我平时都是和千万富翁在一起的，这就是我能成为千万富翁而你却只能成为百万富翁的原因。"那位千万富翁轻松地回答。

由此我们可以看出，造成他们差距的是他们所处的环境不同，也就是说交往的朋友不一样。一位职员曾经向他的老板报怨道："老板，我真的很苦恼，因为我实在无法激发出我的潜力。"他的老板就告诉他说："原因只有一个，因为你没有跟成功者在一起。如果你与成功者在一起学习，他们都非常热情，非常有行动力，你跟他们在一起，不行动都不行。"

那些能够为我们带来益处的人往往是那些优于我们自己的人。一位成功学专家认为，"一个最有可能成功的人，他在朋友圈子中的成就应当是最低的。为什么是这样呢？因为只有你的朋友比你强的时候，你才能从交友中获益；假如所有的朋友都没你棒，就不太妙了。"

你所遇到的人，决定你的财运。因此，我们在交往中应尽可能结交优于自己的人，并朝这一目标而努力。如果你想积累财富资本，提升自己的能力，巧妙利用环境因素，在自己周围建立"成功"的氛围，是一个绝好办法。

成功者身后必有支持者

有人说：没有呼吸，一个人不能维持生命、保障生存；没有人脉，一个人不能获取成功、创造财富。因此，人脉就像呼吸一样重要。这种说法并非完全捕风捉影，现实社会给我们传达了很多这样的信息。

你有没有这样的经历？资金周转不过来，找朋友借一些，朋友很爽快地答应了；周末要去郊游，你需要一辆车，找老板借，老板很爽快地答应了；你想投资某股票，又对它的信息掌握不全面，很快就有人给你信息了；你想跳槽找一份薪金更高的工作，朋友都帮你介绍；你遇到一个很重要的客户，可是关系若即若离，很难把握住这次的交易，经朋友介绍认识后和客户很快成了朋友，交易很快完成了。

这些都是你的人脉的体现啊！试想一下，如果你遇到任何自己解决不了的问题和麻烦，都有一大堆朋友来帮忙，那是多么幸福快乐的事情！如果你遇到一大堆麻烦事，想找人帮忙却发现手机里能帮你忙的人都是不熟悉的人，根本没法开口求助，你又是多么的无奈和凄凉！

汉字中的"人"，只有一撇一捺两笔，却形象地将两个独立的个体相互支撑、相互依存、相互帮助的情景勾勒了出来，完美地诠释了人的生命的意义所在。俗话说：一个好汉三个帮，一个篱笆三个桩。要想赢得好财运，必定要有好的人脉。

1970 年，年仅 25 岁的美国小伙子特普曼来到丹佛市，在第二大道租下了一套小公寓，从此开始了他的创业生涯。特普曼初来乍到，人们都不认识他。因此他必须计划好为自己的房地产事业铺平道路的每一个步骤。他要做的第一件事就是尽快加入丹佛市的"快乐俱乐部"，去结识那些出入这个俱乐部的社会名流和百万富翁。对特普曼这样一个无名小卒来说，要想进这样高档的俱乐部实在很不容易，他第一次打电话给"快乐俱乐部"，刚说完自己的姓名，电话就伴随着一声斥责被对方挂断了。但是特普曼仍不死心，又打了两次，结果还是遭到对方的嘲弄和拒绝。

"这样坚持下去，将会毫无结果。"特普曼望着电话机喃喃自语。突然，他心生一计，又拿起了电话，这次他声称将有东西给俱乐部董事长。对方以为他来头不小，连忙将董事长的姓名和电话号码告诉了他。特普曼得意地笑了，他立即打电话给"快乐俱乐部"的董事长，告诉他自己想加入俱乐部的要求。董事长没说同意也没有拒绝，却让特普曼来陪他喝酒聊天。特普曼自然满口答应了。通过这次喝酒聊天，特普曼与这位董事长建立了良好的关系。几个月后，他如愿以偿，成为"快乐俱乐部"中的一员，并且结识了许多富商巨贾和社会名流。

1972年，丹佛市的房地产业逐渐不景气起来，大量的坏消息使这座城市的房地产开发商们严重受挫，丹佛人都在为这个城市的命运担心。然而，在特普曼看来，丹佛市的困境无疑是天赐良机，从前那些对他来说可望而不可即的好地皮，现在可以以非常低的价格任意挑选收购了。就在这时，特普曼从朋友那里得到一个消息：丹佛市中央铁路公司委托维克多·米尔莉出售西岸河滨50号、40号废弃的铁路站场。

特普曼凭着自己敏锐的眼光和以往的经验判断出：房地产不景气是暂时性的，赚大钱的好机会终于来了。为此，他把自己所拥有的几个小公司合并起来，成立了特普曼集团，使自己更具实力。

第二天一早，特普曼便打电话给米尔莉，表示愿意买下这些铁路站场，并约定了在米尔莉的办公室商谈这笔买卖。风度翩翩、年轻精干的特普曼给米尔莉留下极好的印象，他们很快便达成协议："特普曼集团"以200万美元的价格购买了西岸河滨的那两块地皮。不久，丹佛市的房地产开始升温，特普曼手中的两块地皮涨到了700万美元，于是特普曼大赚了一笔。

经过许多人的帮助以及自己的努力，特普曼终于挖到了来到丹佛市的第一桶金——500万美元。这是他闯荡丹佛的第一笔大买卖，也是他第一次独立做成的房地产生意。此后，他便开始了在美国辉煌的商业之路。

特普曼初次来到丹佛市，没有人认识他，因此他做的第一件事就是加入"快乐俱乐部"，以便认识到那些日后在生意上能给他帮助的社会名流和商业大腕。我们静下来想想，在我们身边也都有这样的例子，只是有时自己"看"不到罢了。《红顶商人胡雪岩》里有个外号叫"小和尚"的人说过这么一席话："越是本事大的人，越要人照应。……胡先生的手面你是知道的，他将来的市面要撑得其大无比，没有人照应，赤手空拳，天大的本事也无用。"这番话说出了一个人之所以能够获得成功的最深刻的原因，即要有人帮忙、要有人照应。

可以说，每一个伟大的成功者背后都有支持者，没有人能够仅凭一己之力就达到事业的巅峰，假如你决心成为出类拔萃的人，千万不能忽视人脉。永远记住，在创造财富的路上，人脉像呼吸一样必不可少！

留得人脉在，不怕没钱赚

"如果把我扔在沙漠里，有一个驼队路过，我就能变成百万富翁。"这么自信又霸气的话出自美国石油大王洛克菲勒之口，当然，这也只是一个形象的比喻。人有旦夕祸福，谁都很难保证自己的人生始终会一帆风顺，事事都能防患于未然，因此，每个人都应该具备一种从高处跌落又能东山再起的能力。

只要留得人脉，我们在低谷中也有复兴的希望。1998年，牛根生被免去伊利集团生产经营副总裁一职后，成立了内蒙古蒙牛乳业集团，仅3年时间，蒙牛就快速升至全国乳制品企业排行第4位。牛根生的这场翻身之仗就是靠着人脉才实现的。

当牛根生被伊利扫地出门后，他在伊利的手下的几员"大将"也跟了出来，他们愿继续跟着牛根生一起干。他们把手中的伊利股票卖掉，凑了100多万元，在一间花200元租到的办公室里成立了内蒙古蒙牛乳业集团，牛根生任董事长兼总裁。业界某元老闻知此事，不由拍案大笑："100万元能干什么！"消息传开后，从伊利集团一下子跑过来三四百人，要和牛根生一起干。在这些人的带动下，他们的亲戚、朋友、所有业务关系都开始把钱投给牛根生，最终筹集到的钱达到了1300万。

大家之所以愿意和牛根生干，愿意投资蒙牛，不仅是因为相信牛根生的经营能力，还因为信任牛根生，牛根生是个绝不会让人吃亏的人，他信奉"财散人聚，财聚人散"。

"财散人聚"的道理牛根生在小时候就明白了：假如妈妈给他一两毛钱，他都分给伙伴们花，当然大家都乐意听他指挥，一起去教训欺负过他的"浑小子"。自己吃亏，号令群小，领导才能逐步形成。在伊利工作时牛根生的最高年薪达到108万，他经常拿出来给大家"分钱"；因为业绩突出，伊利曾经奖励牛根生一笔钱让他买一辆好车，他却买了4辆面包车，他和副手每人都分到一辆车；蒙牛现任总裁杨文俊 1990 年时刚刚结婚，需要拿出 4000 元购买住房，对于这个来自偏远农村、当时月工资只有 40 元的年轻人来说，这相当于他不吃不喝 10 年的工资，不啻为一个天文数字，就在举目无亲的杨文俊为此犯愁的时候，牛根生给他送来了 2000 元钱……面对大批优秀人才的投奔，牛根生开玩笑说，因为"大家都知道老牛有分钱的习惯"。

还有昔日的客户把钱压到牛根生身上，有人问他们"是否担心过风险"，他们说，在伊利时，他们和牛总是客户关系，可牛根生没有吃过他们一顿饭，没有抽过他们一支烟，没有喝过他们一杯茶。他们相信牛根生，所以即使赔了也心甘情愿。牛根生就是以他的真心换得了人心。他"喜欢把自己的钱分给兄弟们花"，所以在他最需要钱的时候，人人都肯把自己的钱拿出来。

蒙牛借着众人之力，开始了它大步迈进的成长之路。

牛根生虽然失去了伊利这个大平台，但是他在乳业里的人脉还在，尽管他的钱也不足以启动创业，却在人脉的支持下，创造了一片属于自己的天地。这正是"留得人脉在，不怕没钱赚"。

如今的商业社会，风生水起，诡谲多变，如果自己的能力、毅力不足，稍有懈怠，就可能遭到挫折；而且，无论自己多么出色、多么谨慎，外界环境的变化也常常不是一个人所能预料和抵御的。公司并购、业务重组、人员调整甚至看起来好像与自己毫无瓜葛的某些事件，都可能把一个人卷进漩涡沉入水底。在人生路上，既要想方设法规避风险，在平安中求进取，还要学会如何面对逆境和低谷，因为这些"不幸"的事情往往来得比你预想的更快、更突然、更频繁。在这种风险丛生的大环境中，最安全的自保方式莫过于保存好自己的人脉关系了。

聚财先聚人，人脉可转财脉

在社会上有这么一类人：他们能力超群、见解深刻、才华横溢，本来可飞黄腾达，却偏偏过着清苦的日子。这是为什么呢？虽然这些人有才华，却恃才傲物，认为自己比别人优秀，是不可或缺的人才，因狂妄自大，不能很好地与周围的人相处。就这样，他们因为没有人脉，最终都埋没了。

可见，没有人脉资源的从旁协助，光有才华也是不能发财的。尤其在商场上，要想财源广进、飞黄腾达，还是需要靠人脉取胜。

王永庆从做生意开始就非常重视建立人脉。他在刚开始做木材生意的时候，对客户的条件放得很宽，往往都是等到客户卖出木材之后再结账，而且从不需要客户做任何担保。不过没有一个客户曾拖欠和赖账，原因就在于王永庆不但了解每一个客户的为人，也理解他们做生意的难处。正因为有了这份信任，客户很快就跟王永庆建立起了深厚的友谊。

华夏海湾塑料有限公司董事长赵廷箴，曾经与王永庆合作过建筑生意。有一次，赵廷箴需要大量资金周转，于是向王永庆表明自己的困难。王永庆二话不说，立刻借给他十几根金条，还不收分文利息。这样的举动不仅帮助了赵廷箴还使得两人成了好朋友。从此，赵廷箴营造的工程上所需要的木材全都向王永庆购买，成为王永庆最大的客户。

王永庆后来回忆这段往事的时候说道："正因为结识了木材界众多朋友，我才能在木材业迅速崛起，站稳脚步。"后来，王永庆一直在建筑业发展，并且木材厂的生意非常兴隆。到1946年，也就是王永庆30岁时，他已经积累了500万元的资本了。

人是最大的资源，不管做什么事情，都有人的因素。被称为"赚钱之神"的邱永汉说："失去财产，仍有东山再起的机会，失去朋友，就没有第二次的机会了。"

只有善于借助别人的力量，顺风行船，才能最快地到达目的地。如果想让自己的成功之路走得更加的顺畅，就先积累人情，铺就人脉关系网吧！

向适当的人请教，借他人智慧挖掘财源

一个人不管他有多厉害，也有他办不到的事；不管他有多聪明，也有他不知道的地方。世界上没有也不会有全才。因此，我们只有明智地向适当的人请教，才能成就大事。

在我们的人际关系网中，并不是单指某一位是你的致富指导，每一个人都可以成为你的指导。然而大多数人却很少从身边的人身上学习致富的经验，他们忽略了这一资源的重要性，因而总也不能获得财富。

本田宗一郎是日本著名的本田车系的创始人。他对日本汽车和摩托车业的发展做出了巨大的贡献，曾获日本天皇颁发的"一等瑞宝勋章"。在日本的汽车制造业里，本田宗一郎可谓是一个很有影响的重量级人物。但他也不是

十全十美的。

1965 年，在本田技术研究所内部，人们为汽车内燃机是采用"水冷"还是"气冷"发生了激烈争论。本田是"气冷"的支持者，所以新开发出来的 N360 小轿车采用的都是"气冷"式内燃机。

1968 年，在法国举行的一级方程式冠军赛上，一名车手驾驶本田公司的"气冷"式赛车参赛。在跑至第三圈时由于速度过快导致赛车失控，赛车撞到围墙上后油箱爆炸，车手被烧死。此事导致本田"气冷"式 N360 汽车的销量大减。技术人员要求研究"水冷"式，仍被本田拒绝，一气之下，几名主要技术人员准备辞职。

本田公司的副社长藤泽感到事态严重，就打电话给本田本人："您觉得您在公司是当社长重要，还是当一名技术人员重要？"

本田在惊讶之余回答："当然是当社长重要。"

藤泽毫不留情地说："那就同意他们去搞水冷引擎。"

本田醒悟过来，毫不犹豫地说："好吧！"

后来本田因开发出适应市场的产品而使公司的销量大增，那几个当初想辞职的技术人员均被本田委以重任。

这个事例告诉我们，"金无足赤，人无完人。"你再聪明，总会有一些小缺陷，人有所长，必有所短，在某方面比较擅长，在其他方面却可能有不足，因此，要想在获得财富的过程中无往不胜，就必须向适当的人士请教，学习他们的经验，取长补短，这样你才能少犯错误，平安前行。

但是，不少人在求教于人时总是习惯找那些使我们心中觉得舒服的人，要那些人说我们是对的。然而实际上我们要追求的乃是真理。

瓦烈梅克曾经说："年轻人征求别人的意见，并不是想追求真正的智慧，或是利用长者已有的经验，他们不过是想让别人肯定他们自己的结论，如果得不到这种同情，他们仍按照自己的计划而行。"

无论你的感觉好坏，要紧的是求得真理。你可以找到可靠的人，获得你所需要的见解。要知道，丢掉使你觉得舒服的意见，终究是值得的。你要养成一种对于别人的意见无成见的态度，要使你的判断与你的感觉完全独立，不相关。

当你需要别人指导的时候，先自问："这个人对于这个特殊问题能够贡献出什么新意见？"如果他能够，就可以向他请教；如果他不能，则无论他是你多么要好的朋友，或是他对于另一方面多么有才干，你还是不要去问他。因为，不管任何时候，只有向适当的人请教才能帮我们解决问题，把我们指引上正确的财富之道。

乞丐变富翁，"钢铁大王"卡内基的人脉法则

从一文不名的移民者到成为美国的"钢铁大王"，安德鲁·卡内基这个只有 1.61 米高，头发淡黄、固执己见的平民，通过自己多年的努力终于登上了财富的神坛。有人说卡内基是个复杂的人物，他没有任何宗教信仰，却捐助修建了几千所的教堂机构；他被人称为"钢铁大王"，但是对于实际的制造业却一无所知；他没有管理文凭，但却能让成千上万的人为他工作。事实上，他之所以成功，源于他的人脉法则。

卡内基幼年家境很贫困，在邓弗姆林一个仅有两个房间的农舍里长大。后来，卡内基果断追随斯考特先生，可以说是走出了他一生中转折性的一步。在汤姆·斯考特先生的提携和帮助下，卡内基开始涉足投资领域，并获得了最初的成功。

一天，斯考特先生问卡内基："你能筹集到 500 美元吗？我的一位朋友过世后，他太太将遗产的股份卖给朋友的女儿。现在这位女子急需用钱，想把股份转让出来。是亚当斯快运公司的股票，一共 10 股，恰好 500 美元。红利是一股 1 元……我想你应该买它。"

亚当斯快运公司在当时是相当有实力的公司，它在波士顿、费城、匹兹堡、华盛顿、圣路易及欧洲各地都有分公司，主要经营铁路，另外还经营汇款业务和银行业务。按当时的行情来看，快运公司的股票的确也算是稳涨的股票。

尽管如此，500 美元对卡内基来讲毕竟是个天文数字。因为不久前卡内基的父亲因病去世，家里的钱已经差不多花光了。并且，他们每年还要付房款给舅舅，而房款的总价恰好是 500 美元。

"斯考特先生，我现在实在是筹集不出这么大一笔钱。"卡内基只能婉言谢绝了斯考特的好意。

"没关系，我先替你垫上，无论如何也要把它买下来。"斯考特斩钉截铁地说。

第二天，斯考特先生有些为难地问卡内基："对不起，他们非 600 美元不

卖，你还要不要？""要！我一定要！请代我先付 600 美元！"尽管这意味着要走一步险棋，卡内基仍下定决心，当即写了一张 610 美元的借据，并注明还款期限为半年，10 美元是 600 美元借款的利息。他用借据和股票作担保，交给了斯考特。

为了还清借款，卡内基一家省吃俭用，半年内便积存了 200 美元。卡内基的母亲玛琪又用房子作抵押，以 8 分的高利借回 400 美元。还款期限到时，卡内基把 600 美元本金如数归还了斯考特先生。

不久，卡内基投资的股票得到 10 美元的红利，他将其交给斯考特先生作利息，还清了斯考特先生借给他的全部本息。初尝投资获利喜悦的卡内基，沉浸在"我也是资本家了"的成就感中。他的眼光开始寻求更大、更有前途的投资项目。他对他的朋友们讲："这里有下金蛋的鹅！既然千里迢迢来到美国，就应在这个机会均等的开放社会中，一心一意地寻找金蛋。"

这是卡内基生平第一次大投资，此时的卡内基年仅 20 岁。就在这一年的秋天，斯考特先生高升，做了阿尔图那事业总部部长。当时，随着铁路工程的进展，阿尔图那的调车场以及修理厂扩大了，事业总部由此而变为实际的营业中心。对于斯考特先生而言，这次升职意味着进入了直属董事长的中枢部门，他的地位越发重要了。

斯考特又想到了卡内基："愿意随我一起去阿尔图那吗？做总部秘书，月薪 55 美元。"月薪 55 美元可不是个小数目，这比卡内基当时的月薪整整高出 20 美元！卡内基自然是毫不犹豫地表示愿意。月薪一下增加了 20 美元的卡内基回家告诉母亲："您不用再做副业了。"

斯考特先生和卡内基只身前往阿尔图那，同住在调车场附近的一家旅馆。从此，两人的友谊更加深厚了。

如果没有斯考特先生的提携，卡内基会走很多弯路，浪费很多时间，24 岁的时候也许他还在事业的边上徘徊不定，左右难决。在我们今天的商业社会，投人之法的作用尤其显著。大多数人都是在黑暗中摸索如何走，如果有一位指路贵人相助，情况就大大不同了。他们大多曾在年轻时经历过类似的迷茫阶段，对于有上进心却不辨方向的年轻人既有赏识，又有几分感同身受的同情，而且重要的是，他们知道处在这一时期的年轻人最需要什么，并据此给他们相应的帮助。大人物的成功往往离不开前辈相助，处在事业迷茫期或瓶颈期的普通人就更加难以单打独斗取得成功了，找到一个指路人，就等于找到了一条通往成功的捷径。

安德鲁·卡内基当初不过是一个毫不出名且对钢铁生产和经营知之甚少的小工，但当历史将他推向钢铁事业之时，他毫不犹豫地接受了命运的挑战。他虽然没有钢铁知识，但他却相信只要他把世界上那些专业知识比自己丰富得多的人物集中到自己的麾下，充分利用他们的钢铁生产和经营知识，他就一定能够成为钢铁王国的巨无霸。

正是有了领导的信念后，卡内基才开始网罗天下人才，组成了一个近50名专家的智囊团，并充分调动了每一个人的积极性，充分施展了自己的领导才能。这样，在他的创业过程中，经由无数专家的出谋划策，才解决了生产经营中许多疑难问题；正是团队凝聚成的巨大力量，才产生了美国历史上的一个大财团；正是众人的力量，才创造出了钢铁王国里的巨无霸。

第四章　与人合作才有胜算

社会不需要独行侠，单打独斗早晚要摔跟头

创业已经成为年轻人毕业后的重要就业途径之一，创业人群也越来越年轻化。对于年轻人来说，最重要的创业经验就是要避免创业中的硬伤——单打独斗，特立独行。"君子生非异也，善假于物也。"孤掌难鸣，独木不成桥。当今社会是一个人际交往频繁的社会、一个合作的社会，没有谁能不依靠任何人即在社会上存活，更没有人可以只凭一己之力就获得成功。

每当秋天来临，大雁南飞的时候，为什么整齐的雁群一会儿排成人字形，一会儿排成一字形？因为这是最省力的团队飞翔方式。

雁群以一字形或人字形列阵飞翔时，后一只大雁的一翼能够借助前一只大雁鼓翼时产生的空气动力，使飞行省力。当飞行一段距离后，左右交换位置是为了使另一侧的羽翼也能借助空气动力缓解疲劳。

这样，消耗同样的体力，雁群飞翔比孤雁单飞增加了70％的飞行距离。而当一只孤雁即将脱离队伍时，它马上就会感到有股动力阻止它离开，借着前一个伙伴的"支持力"，它很快就能回到队伍中。

更重要的，当一只大雁生病了，或是因枪击而受伤脱队时，另外两只大雁就会主动脱队跟随它，帮助并保护它。它们跟着落下的那只大雁一起落到地面，直到它能够再次飞翔或者死去，另外两只大雁才会飞走，或随着另一队大雁赶上它们自己的队伍。

正是由于为了共同的目标而相互协作，雁群才能够越过万水千山，最终回到它们的栖息地。

像大雁一样，人同样是群体的动物，离开了群体，人就不能健康成长。

群居是人类的特性，现代人同样离不开群体，而且群体的组织形式也越

来越发达。除家庭、社区外，还有学校、工厂、公司、军队、政府部门等具有严密组织的社会群体。随着现代社会分工越来越细，社会作为功能交换的体系越来越发达。个人对群体的依赖虽然如旧，但个人对群体的选择性却越来越强。通过对群体的选择和确定，个人可以不断发掘自己的潜力，发挥自己的才能，拓展自己的发展空间。

信息社会的一大特点是人与人之间的联系交流增多，人们可以通过各种途径增加交往的机会。发达的交通工具、便捷的通讯网络等都让人与人之间的交往成为可能。而年轻人适应社会和认识社会最好的方法就是加入某个社会群体，承担社会责任，与社会相融合。只要你想生存，你想成功，你就离不开合作。

雁群的事例告诉我们，单打独斗很难达到我们的最终目的。只有多与他人合作，才能少摔跟头，早日到达我们的目的地。

不仅在动物界如此，精诚合作、集思广益对于人类来说也是很了不起的。它不仅可以创造奇迹，开辟前所未有的新的天地，也能激发人类的潜能，即使面对人生再大的挑战都不畏惧。

笨人才认为"一切靠自己"

北美有一种生存时间最长、最具生命力的植物——红杉。它之所以生命力如此顽强，就是因为它的生存隐含了一种"团队合作"的力量。这种力量坚不可摧！

美国加州的红杉，其高度大约是 90 米，相当于 30 层楼高。

科学家深入研究红杉，发现许多奇特的现象。一般说来，越高大的植物，它的根理应扎得越深。但科学家却发现红杉的根只是浅浅地浮在地表而已。理论上，根扎得不够深的高大植物是非常脆弱的，只要一阵大风就能将它连根拔起，可红杉又为何能长得如此高大且屹立不倒呢？

研究发现，原来是一大片的红杉生长在同一个地方，并没有独立生长的红杉。这大片红杉彼此的根紧密相连，一株连着一株，结成一大片。自然界中再大的飓风，也无法撼动几千株根部紧密连接、占地超过上千公顷的红杉林。除非飓风强到足以将整块地皮掀起，否则没有任何自然力量可以动红杉分毫。

红杉的浅根，也正是它能长得如此高大的利器。它的根浮于地表，方便、快速而大量地吸收赖以生长的水分，使红杉得以迅速生长，同时，它也不需耗费能量，像一般植物扎下深根，用深根的能量来使它向上生长。

既然连植物都因"合作"而增强生命力，而永存，为什么人类就不可以呢？成功不能只靠自己的强大，成功需依靠别人，只有能获得更多帮助，你自己才能更成功。

作为社会中的一员，谁也不能总是单独行动，有些事情靠一个人的力量是无法完成的。因为每个人的能力总是有限的。只有那些没有自知之明的笨人，才想着一切靠自己。

有些人精力旺盛，认为没有自己做不到的事。其实，精力再充沛，个人的能力还是有限度的。超过这个限度，就是人所不能及的，也就是你的短处了。每个人都有自己的长处，同时也有自己的不足，这就要与人合作，用他人之长补己之短，养成合作的习惯。

从前，有两个饥饿的人得到了一位长者的恩赐：一根渔竿和一篓鲜活硕大的鱼。其中，一个人要了一篓鱼，另一个人要了一根渔竿，于是，他们分道扬镳了。

得到鱼的人原地就用干柴燃起篝火煮起了鱼，他狼吞虎咽，还没有品出鲜鱼的肉香，转瞬间，连鱼带汤就被他吃了个精光，过了一段日子，他便饿死在空空的鱼篓旁。另一个人则提着渔竿继续忍饥挨饿，一步步艰难地向海边走去，可当他已经看到不远处那蔚蓝色的海洋时，他用尽了浑身最后一点力气，也只能带着无尽的遗憾撒手人间。

又有两个饥饿的人，他们同样得到了长者恩赐的一根渔竿和一篓鱼。只是他们并没有各奔东西，而是商定共同去找寻大海。他俩每次只煮一条鱼，他们经过遥远的跋涉，来到了海边，从此，两人开始过上以捕鱼为生的日子。几年后，他们盖起了房子，有了各自的家庭、子女，还有了自己建造的渔船，过上了幸福安康的生活。

这个故事告诉我们，在面临困境时，依靠自己的力量很难摆脱困难。只有合作，产生一种"合力"，才能推动你渡过难关。克雷洛夫说过："一燕不能成春。"一个人无论多么优秀，如果离开别人的配合，就无法把自己的事情做好，也无法在未来的社会中立足。我们的社会是由各怀特长的人共同组成的，每个人都有自己的优点，都是不可取代的，只有相互合作、取长补短，才能够共同取得成功。

人在社会中，独木难成林

一堆沙子是松散的，可是它和水泥、石子、水混合后，却比花岗岩还坚硬。

《水浒传》中，梁山好汉分工明确，有总指挥，有总策划，有管后勤的，有管保养的，有专门作战的勇士。在作战的群体中，也有打先锋的，有打主力的，有接应的，甚至还有探路的、养马的、治病的、看管犯人的、写书的、送信的……所有人各司其职，才能让梁山军马威震天下。

在各路好汉没上梁山之前，尽管都身怀绝技，但是谁也不能很好地生存下去，就是因为缺少合作。只有在一个统一的平台上，分工协作，才能将各自的优势发挥出来，才可能成就一番事业。

一个出色的球队，并不是几个大腕球星就能支撑起来的，取得好成绩还需要一个好教练，需要提供大量资金的老板，需要坚实稳定的替补球员。芝加哥公牛队的辉煌和没落正说明了这一点。乔丹、皮彭以及当年公牛队的其他成员解散后，都没有什么太好的表现，只有他们在一起的时候，才能创造三连冠的神话。

哲学家叔本华曾经说过："单个的人是软弱无力的，就像漂流的鲁滨孙一样，只有同别人在一起，他才能完成许多事业。"而科学家卢瑟福也说过："科学家不是依赖于个人的思想，而是综合了几千人的智慧，所有的人想一个问题，并且每人做它的部分工作，添加到正建立起来的伟大知识大厦之中。"

国内有一家合资企业招聘中层管理人员，12名优秀的应聘者经过初试，从上百人中脱颖而出，闯进了由公司经理把关的复试。

经理看过这12个人详细的资料和初试成绩后相当满意。但是，此次招聘只能录取4个人，所以，经理给大家出了最后一道题。经理把这12个人随机分成甲、乙、丙三组，指定甲组的4个人去调查本市婴儿用品市场，乙组的4个人调查妇女用品市场，丙组的4个人调查老年人用品市场。经理解释说："我们录取的人是用来开发市场的，所以，你们必须对市场有敏锐的观察力。让大家调查这些行业，是想看看大家对一个新行业的适应能力，每个小组的成员务必全力以赴！"临走的时候，经理补充道："为避免大家盲目开展调查，我已经叫秘书准备了一份相关行业的资料，走的时候自己到秘书那里去取！"

3天后，12个人都把自己的市场分析报告送到了经理那里。经理看完后，站起身来，走向丙组的 4 个人，分别与之一一握手，并祝贺道："恭喜 4 位，你们已经被本公司录取了！"经理看见大家疑惑的表情，呵呵一笑，说："请大家打开我叫秘书给你们的资料，互相看看。"原来，每个人得到的资料都不一样，甲组的 4 个人得到的分别是本市婴儿用品市场过去、现在和将来的分析，其他两组的也类似。经理说："丙组的 4 个人很聪明，互相借用了对方的资料，补全了自己的分析报告。而甲、乙两组的 8 个人却分别行事，抛开队友，各干各的。我出这样一个题目，其实最主要的目的是想看看大家的团队合作意识。甲、乙两组失败的原因在于，你们没有合作，忽视了队友的存在。要知道，团队合作精神才是现代企业成功的保障！"

现代社会是一个崇尚分工合作的社会，一个人的能力再强，也不能包打天下，对于个人来讲，明智且能获得成功的捷径就是充分利用团队的力量。

微软中国研发部的总经理张湘辉博士说："如果一个人是天才，但其团队合作精神比较差，这样的人我们不要。中国 IT 业有很多年轻聪明的人才，但团队精神不够，所以每个简单的程序都能编得很好，但编大型程序就不行了。微软开发 WindowsXP 时有 500 名工程师奋斗了两年，有 5000 万行编码。软件开发需要协调不同类型、不同性格的人员共同奋斗，缺乏领军型的人才、缺乏合作精神是难以成功的。"

随着知识经济的到来，竞争日趋紧张激烈，各种新技术、新知识不断涌现，市场化需求越来越多样化，使得现代企业管理面临的环境和情况越来越复杂。在很多时候，单靠一个人的力量是难以完成对各种错综复杂信息的处理和解决的，更不可能采取切实、高效的行动，这就需要依赖组织成员之间的相互合作、相互关联、协调行动，以解决各种复杂的难题，保持组织的应变能力和源源不断的创新能力。

人是群居性的动物，每个人都在社会这个大家庭中生活，彼此隔绝是不可能的，每个人都需要团队，每个人都需要合作。"滴水不成海，独木难成林"，只有团队之间真正地合作，才会汇成一股强大的力量，推动实现最终的目标。

成功人士的共同特征：善于向他人求助

一个人不能单凭自己的力量完成所有的任务，战胜所有的困难，解决所有的问题。须知借人之力也可成事，善于借助他人的力量，既是一种技巧，也是一种智慧。

《圣经》中有这样一则故事：

当摩西率领以色列子孙们前往上帝那里要求赠予他们领地时，他的岳父杰罗塞发现，摩西的工作实在超过他所能负荷的。如果他一直这样的话，不仅仅是他自己，大家都会有苦头吃。于是杰罗塞就想办法帮助摩西解决问题。他告诉摩西，将这群人分成几组，每组1000人，然后再将每组分成10个小组，每组100人，再将100人分成两组，每组50人。最后，再将50人分成5组，每组10个人。然后杰罗塞告诫摩西，要他让每一组选出一位首领，而且这个首领必须负责解决本组成员所遇到的任何问题。摩西接受了建议，并吩咐负责1000人的首领，只有他才能将那些无法解决的问题告诉自己。自从摩西听从了杰罗赛的建议后，他就有足够的时间来处理那些真正重要的问题，而这些问题大多数只有他自己才能够解决。简单一点说，杰罗塞教给摩西的，其实就是要善于利用别人的智慧，善于调动集体的智慧，用别人的力量帮助自己克服难题。

很多事情就是这样的，当我们无力去完成一件事时，不妨向身边可以信任的人求助，也许对我们来说费力不讨好的事情，对他们来说却可能不费吹灰之力就能轻松"搞定"。与其自己苦苦追寻而不得，不如将视线一转，呼唤那些有能力解决问题的人，这样赢取胜利的过程自然会顺利不少。

一个小男孩在沙滩上玩耍。他身边有他的一些玩具——小汽车、货车、塑料水桶和一把亮闪闪的塑料铲子。他在松软的沙滩上修筑公路和隧道时，发现一块很大的岩石挡住了去路。

小男孩企图把它从泥沙中弄出去。他是个很小的孩子，那块岩石对他来说相当巨大。他手脚并用，使尽了全身的力气，岩石却纹丝不动。小男孩一次又一次地向岩石发起冲击，可是，每当他刚把岩石搬动一点点的时候，岩石便又随着他的稍事休息而重新返回原地。小男孩气得直叫，使出吃奶的力气猛推猛挤。但是，他得到的唯一回报便是岩石滚回来时砸伤了他的手指。最后，他筋疲力尽，坐在沙滩上伤心地哭了起来。

这整个过程，他的父亲在不远处看得一清二楚。当泪珠滚过孩子的脸庞时，父亲来到了他的跟前。父亲的话温和而坚定："儿子，你为什么不用上所有的力量呢？"男孩抽泣道："爸爸，我已经用尽全力了，我已经用尽了我所有的力量！""不对，"父亲亲切地纠正道，"儿子，你并没有用尽你所有的力量，你没有请求我的帮助。"说完，父亲弯下腰抱起岩石，将岩石扔到了远处。

可见，不要羞于向强者求助，有时对自己来说是天大的难事，对强者而言不过只需要动动手指头。甚至在另外一些时候，即使是敌人，也可为己所用。

借人之力，利用他人为自己服务，这是一个人很难能可贵的地方。尤其对自己所欠缺的东西，更需要多方巧借。善于借助别人的力量，善于利用别人的智慧，广泛地接受多家的意见，多和不同的人聊聊自己的构想，多倾听别人的想法，多用点脑子来观察周遭的事物，多静下心来思考周遭发生的一些现象，将让你受益匪浅。

正如奥地利著名作家斯蒂芬·茨威格说的："一个人的力量是很难应付生活中无边的苦难的。所以，自己需要别人帮助，自己也要帮助别人。"所谓孤掌难鸣，独木不成桥，在这个世界上没有完美的人，巧妙地借助他人的力量为我所用，自然会有事半功倍的效果。

个人主义在现代社会早就落伍了

中国台湾作家柏杨曾说过："一个中国人是条龙，三个中国人是条虫。"不管它是否完全符合现实，但的确反映了部分中国人缺乏合作精神的事实：遇事喜欢单打独斗，喜欢单枪匹马行天下。我们对于"吃自己的饭，流自己的汗"的气概很是欣赏。于是，为了实现自己的理想，达到自己的目的，就不择手段，单枪匹马上阵，生怕别人抢了自己的功，把自己淹没。但到头来什么也占不着，还把自己的精力全消耗完了。

在非洲丛林中，鬣狗是成群活动，大的鬣狗群有数百只，小的也有几十只，它们很少自己猎食，而是等狮子把猎物杀死以后，从这个丛林之王嘴里抢食！

虽然单个鬣狗对于强大的狮子来说根本不值一提，可是成群的鬣狗团结起来却让这个丛林之王却步——争夺的结果往往是狮子在旁边看鬣狗分享自己辛苦狩猎的成果，等到鬣狗吃完了拣一些残羹冷炙聊以果腹。

生活中有这么一种人，他们像狮子一样，能力超群，才华横溢，自以为比任何人都强，连走路的时候眼睛都往上看。他们藐视人生规则，不把朋友的忠告当回事，甚至连长辈的意见也置若罔闻，在以团队合作为主的人群里，他们几乎找不到一个可以合作的朋友。

独木难成林，再优秀的人，如果不能与团队合作，也难取得成功。在企业中，我们不难发现那种很有才华但喜欢吃独食的人。这样的人让企业的管理者非常苦恼。

一位总经理提到自己当年在某大公司做策划部主任时，遇到了一个非常没有团队意识的员工，他说："我的部门里有这样一个年轻人，极为聪明，他的策划案非常有新意，点子也非常多，但是当公司开策划会的时候，他从来不主动发言，你问到他头上，他也不一次把所有想法都说出来。可你要求他自己出策划案时，那些火花、创意，又让你不得不承认他做得漂亮。他总是自以为是，而且公开宣称，他的创意为什么要给别人？我几次跟他谈过，一个部门的成就是大家一起缔造的，在一个集体里没有与自己无关的事。可他说，不是分内的事为什么要替别人操心？唉，人是聪明人，就是没有团队意识。"

这样的人个人意识特别浓，他的个人发展不顺利是再正常不过了。与团队意识相对立的就是个人英雄主义，这样的人一味地追求个人卓越，而忽视或无视团队的成败。但是创意只有在碰撞中才会产生耀眼的火花，个人意识太强的人不会与别人产生碰撞，也不会有团队的创意。因此，尽管他很聪明，但他的优秀从长远来看也只是昙花一现。

史蒂夫 22 岁就开始创业，从一清二白打天下，到拥有 2 亿多美元的财富，他仅仅用了 4 年时间，因此不能不说史蒂夫是一个创业天才。然而，史蒂夫却因为从来都独来独往、拒绝与人团结合作而吃尽了苦头。

他骄傲、粗暴，瞧不起手下的员工，像一个国王高高在上，他手下的员工都像躲避瘟疫一样躲避他，很多员工都不敢和他同乘一部电梯。因为他们害怕还没有出电梯就已经被史蒂夫炒了鱿鱼。就连他亲自聘请的高级主管——优秀的经理人、原百事可乐公司饮料部总经理斯卡利都公然宣称："苹果公司如果有史蒂夫在，我就无法执行任务。"

由于二人水火不容，董事会必须在他们之间决定取舍。当然，他们选择的是善于团结员工、和员工拧成绳的斯卡利，而史蒂夫则被解除了全部的领导权，只保留董事长一职。

对于苹果公司而言，史蒂夫确实是立下了汗马功劳，是一个才华横溢的人才，如果他能和手下员工们团结一心，相信苹果公司是战无不胜的。可是他却选择了孤立独行，这样他就成了公司发展的阻力，才华越出众，对公司的负面影响就越大。所以，即使是史蒂夫这样出类拔萃的老员工，如果没有团队精神，公司也只好忍痛舍弃。

随着企业规模的日益庞大，企业内部分工也越来越细，任何人，不管他有多么优秀，仅仅靠个体的力量来发展整个企业都是不可能的。所以，现在世界上各大优秀企业，包括世界500强这样的顶级企业，都在强调职工要具有良好的团队精神。

一个员工，只有充分地融入整个企业、整个市场的大环境当中，他的能力才能充分地发挥，才能创造更大的经济效益。

协作才能发展，协作才能胜利，这已经成为今天很多企业领导者的共识。合作产生的力量不是简单的加权，团队的力量远远大于一个优秀人才的力量，协作的力量要大于每一个人力量的总和。

拿破仑带领法国军队进攻马木留克城的时候，一向所向披靡的法国军队遭到了顽强的抵抗。原来马木留克兵都很高大，一个法国士兵根本打不过一个马木留克士兵。后来法国人发现，两个法国士兵就可以打过两个马木留克兵，而一群法国士兵就可以胜过一群马木留克兵。原来，马木留克兵虽然高大强悍，却不重视合作，作战时都只顾自己打，同伴之间缺少接应。于是，法国士兵调整战术，避免跟他们单打独斗，靠着相互协作，最终击败了马木留克兵。

有的人说1+1＞2，团队有那么大的力量吗？让我们再来看看"蚁团效应"。

蚂蚁是自然界最团结的动物，这种团结在遇到危机的时候表现得最充分。当蚂蚁的巢穴面临洪水的威胁，它们的生命系于一线时，它们会牢牢地聚在一起，形成一个巨大的蚁团。当洪水袭来，蚁团外围的蚂蚁被洪水无情地卷走了，这些蚁团被一层层地掀下来，但是仍有部分蚂蚁幸存下来。同样，当大火袭来，它们也是采取这种方法，虽然外围蚂蚁一个个牺牲，但是这个蚁团并不散开。这就是著名的"蚁团效应"！

团队里的每一个成员都要有这种蚁团精神，凝聚在一起，那么就没有过不去的坎。

团结就是力量，就是战斗力，所以很多公司都将团结意识作为衡量员工的标准之一。摒弃不合时宜的个人主义吧，把个人的目标融入集体中，单枪匹马闯天下的时代已经过时，现在需要的是合作。

做事能力只给你一种机会，而交际能力却给你一百种机会

当你刚刚从学校毕业，好不容易找到一份工作后，你首先想到的一定是：我要努力工作，认真做事。不错，你的想法很好，年轻人就是要多做事，才能积累工作经验，但是在做事的同时，你千万不要忘了做人。不要只顾埋头苦干，而与身边的人甚至是你的上司毫无沟通。

如果你这样做，用不了多久，你的工作成绩也许会让你继续留在公司工作，但是你一定会觉得有些孤独。不要觉得其他人是因为你是新人而在排挤你，事实上是你自己缺乏主动，没有结交朋友的诚心和热情，别人自然是不会主动去接纳你的。

再过一段时间，如果你依然不改善你的人际关系，当你的工作需要同事们协助才能开展的时候，你就会觉得自己的力量是多么有限。很多事情是你一个人无法去完成的，即使你的能力再强，再优秀。

简单地说，这有点像你在评选三好学生，成绩完全符合要求，可惜你在班上没什么人缘，甚至得罪了一些同学，那么你肯定是评不上三好学生的，因为同学选举这关你就过不去。你只能是个成绩不错的学生，而失去了成为三好学生的机会。在学校，我们固然可以放弃一些机会，但是到了社会上，如果你还是保持这样的做人的态度，那么你失去的机会将会很多很多。

学会处理与周围人的各种人际关系，你才能逐步建立起属于你自己的人脉圈，才能赢得更多的发展机会。也只有将人际关系处理好了，你才能在新环境中做到游刃有余，才能给领导留下个好印象，让客户看到你的诚意。

王立好不容易通过笔试、面试，顺利地进入了一家国企。他一直信奉老师给他的赠言："多做事，少说话。"于是，刚到岗，他就立刻投入到工作中去，对于难解的研究课题，他经常加班加点地忙活。就这样，他一直忙于自己的工作，甚至没有时间去和同事们沟通。

而和他一起进入企业的还有一个新人，叫张强，他没有王立那么高的学识和才干，但是他很招人喜欢，参加工作没多久就和同事们混得很熟，即使碰到业务上的难题也常有人来主动帮忙。所以虽然他在专业上有所欠缺，但是工作上基本能做到让领导满意。再加上他善于察言观色，善于与人沟通，

不仅在部门内部获得了好人缘，企业其他部门的人都对他的表现称赞有加。

一年很快过去了，王立的科研成果显著，还获得了科技奖。张强因为工作协调能力突出而被指派升为该科研小组的组长，负责项目的对外联络和开发。又过了几年，王立的科研项目得到过几次奖励，但在职位上却仍是科研人员。而张强因为其出色的沟通才干，为企业赢得了不少新项目，还给企业带来了实际效益，已经晋升为部门主管。王立虽然一直勤勤恳恳，认认真真地工作，可是无论自己做事多么认真勤奋，到头来还只是普通职员，看着张强步步升迁，而自己还是普通职员，心里真是有些想不通。

难道他老师的话说错了吗？不是应该多做事，少说话吗？其实王立是进入了一个交际的误区。他的老师告诉他"少说话"，并不是不说话，是让他多去倾听别人的讲话，在了解情况后，就要主动去说话，去和人沟通。很显然张强在这方面就做得很好，正因为他善于与人交往，建立了自己的人脉关系，所以他才能在工作中如鱼得水，并且能够步步高升。

鼓励年轻人要多做事是正确的，但是俗话说得好，"三分做事，七分做人"。仅仅只把你手头上的工作做好是不行的，还要学会如何做人，如何处理你的人际关系。只有处理好你身边的人际关系，才能促使你在工作中做得更好，才能赢得他人的赞赏。

有句话说得好，做事能力只给你一种机会，而交际能力却给你一百种机会。不管你的专业技能有多强，你的个人能力有多突出，都不能离开其他人的支持，毕竟孤军奋战不如团体作战的战斗力更强。而拥有了你自己的人脉，你便可以以便捷的途径获取成功的机会，这也是为什么有的人只能默默地做一辈子小职员，而有的人却能步步高升。相信你也想成为后者吧！

第二篇

人际交往中做人做事的艺术

第一章　博得对方的喜欢

想别人喜欢你，你先去喜欢别人

维也纳一位著名的心理学家阿尔弗雷德·阿得勒，写过一本书，名叫《生活对你的意义》。在那本书里，他说："一个不关心别人，对别人不感兴趣的人，他的生活必然遭受重大的阻碍和困难，同时会替别人带来极大的损害与困扰。所有人类的失败，都是由于这些人才发生的。"

一个人如果只关心自己，他很难成为一个被人喜欢的人。要成为受人敬重的人，必须将你的注意力从自己的身上转到别人的身上去。哲学家威廉姆斯说："人性中最强烈的欲望便是希望得到他人的敬慕。"这句话对于"别人"也同样适用，他人也希望得到你的敬慕。如果你只是过度关心你自己，就没有时间及精力去关心别人。别人无法从你这里得到关心，当然也不会注意你。

伍布奇先生是一家公司的总裁，著名的销售专家，当人们问及一个成功的销售员该具备哪些基本条件时，伍布奇先生脱口而出："当然是喜欢别人。还有，一个人必须了解自己公司的产品而且对产品有信心，工作要勤奋，善于运用积极思想。但是，最重要的是他一定要喜欢他人。"

这个故事告诉我们，受人欢迎是销售员素质的某种表现形式，因为从某种程度上讲，你在推销产品的同时，也在"推销"自己。将这一点扩大到人际交往的层面上来，当一个人可以真心地喜欢他人时，他一定会招人喜欢。所以，要获得他人的喜爱，首先必须要真诚地喜欢他人。当然，这种喜欢必须是发自内心的，而非别有所图。

如果你要别人喜欢你，请对别人表现诚挚的关切。这是西奥多·罗斯福异常受欢迎的秘密之一，甚至他的仆人都喜爱他。他的那位黑人男仆詹姆斯·亚默斯，写了一本关于他的书，取名为《西奥多·罗斯福——他仆人的英雄》。在这本书中，亚默斯说了一个富有启发性的事件：

"有一次，我太太问总统关于一只鹌鸟的事。她从没有见过鹌鸟，于是他详细地描述一番。没多久之后，我们小屋的电话铃响了。我太太拿起电话，原来是总统本人。他说，他打电话给她，是要告诉她，她窗口外面正好有一只鹌鸟，又说如果她往外看的话，可能看得到。他时常做出类似的小事。每次他经过我们的小屋，即使他看不到我们，我们也会听到他轻声叫出：'呜，呜，呜，安妮！'或'呜，呜，呜，詹姆斯！'这是他经过时一种友善的招呼。"

关于这一点，罗斯福本人的实例更是一个有力的证明。

有一天，罗斯福到白宫去拜访，碰巧塔夫脱总统和他太太不在。他真诚喜欢卑微身份者的情形全表现出来了，因为他向所有白宫旧仆人打招呼，都叫出名字来，甚至厨房的小妹也不例外。"当他见到厨房的亚丽丝时，"亚默斯写道，"就问她是否还烘制玉米面包，亚丽丝回答说，她有时会为仆人烘制一些，但是楼上的人都不吃。'他们的口味太差了，'罗斯福有些不平地说：'等我见到总统的时候，我会这样告诉他。'亚丽丝端出一块玉米面包给他，他一面走到办公室去，一面吃，同时在经过园丁和工人的身旁时，还跟他们打招呼……他对待每一个人，就同他以前一样。他们仍然彼此低语讨论这件事，而艾克胡福眼中含着泪说：'这是将近两年来我们唯一有过的快乐日子，我们中的任何人，都不愿意把这个日子跟一张百元大钞交换。'"

从现在开始，真诚、友善地去喜欢你周围的人吧，相信，这也将会让他们真诚、友善地喜欢你！

第一印象塑造好，便可在对方心中建立深刻印象

日常生活中，我们都有过这样的体验，初次与人见面时，对方的相貌、举止、言语、风度等某些方面会迅速地映在你的脑海中，形成最初感觉，即第一印象。第一印象主要源于人的直觉观察，根据直觉观察到的信息加以综合评判，然后以某种形式固定下来。

卡耐基认为，在社交活动中，第一印象很重要。它是在没有任何成见的基础上，完全凭着你的"自我表现"来判断的，因而第一印象直观、鲜明、强烈而又牢固。如果你的相貌俊美，举止端庄大方，言语机智，谈吐风趣幽

默，风度翩翩，谦虚而不自卑，自信而不固执，倔强而不狂妄，你就会给人留下美好而难忘的印象。

当然，人无完人，所有的优点和美德不可能都集中在一个人身上，但你若具有其中某一方面或某一方面的某一点，再扬长避短，将其发扬光大，也同样可以获得最佳效果。

第一印象的好坏，决定着社交活动能否继续下去。第一印象好，人家就愿意和你进一步来往，通过一段时间的相识与了解，人家觉得你的确不错，你们的关系就会顺畅发展。如果对方是你的客户，你在事业上就多了一个合作伙伴；如果对方是你的同事，你在工作中就多了一个支持者；如果对方是你的邻居，你在生活里就多了一个朋友。第一印象不好，你与人家的交往便不得不就此止步了，因为人家不想再见到你。纵然你有多么美好的动机，多么宏伟的蓝图构想，也只能化成泡影了。

第一印象直接影响着对一个人的评价。一个人的言谈举止，是构成人们对他直接评价的主要因素。许多人在初次交往时，就很快被对方所接受，或奉为事业的楷模，或尊为学业上的恩师，或敬为思想上的领袖，或求为人生的伴侣。

第一印象的烙印是非常深刻的，很长时间都不容易被改变。在许多回忆录中，我们常常可以读到这样一段话："他还是老样子，像我第一次见到他的时候……"多少年以后，历史的变化更加之岁月的沧桑，一个人怎么会没有变化呢？但在作者眼里，对方还是他初次见到的模样。事实上不是对方依然如故，而是作者脑中的第一印象太深刻了，没有随着时间的流逝而改变。

中国老百姓中流传着这样一句话："到了新环境，头三脚踢开，以后就容易了。"与人交往也是同样的道理，在他人心中的第一印象塑造好了，日后才容易春风得意。

精彩地说出你的名字，给人留下深刻印象

在向陌生人做自我介绍时，首先要做的就是自报姓名，但许多人在这方面却做得不太好，在介绍时只是简单地报出自己的姓名："我姓×，叫××。"自以为介绍已经完成，然而这样的介绍肯定算不上有技巧，也许只过了三五分钟，别人已经把他的姓名忘得一干二净，这样也就无法给别人留下深刻的

第一印象。

一个人的姓名，往往拥有丰富的文化积淀，或折射凝重的史实，或反映时代的乐章，或寄寓双亲对子女的殷切厚望。因此，推衍姓名能令人对你印象深刻，有时也会令人动情。

1. 利用名人式

在新生见面会上，代玉做自我介绍时说："大家都很熟悉《红楼梦》里多愁善感的林黛玉吧，那么就请记住我，我叫代玉。"

再如王琳霞："我叫王琳霞，和世界冠军王军霞只差一个字，所以，每次王军霞获得世界冠军时，我也十分激动。"

利用和名人的名字相近的方式来介绍自己的名字，关键是所选的名人是大家都知道的，否则就收不到效果。

2. 自嘲式

如刘美丽介绍自己时说："不知道父母为何给我取美丽这个名字。我没有标准的身高，也没有苗条的身材，更没有漂亮的脸蛋，这大概是父母希望我虽然外表不美丽，但不要放弃对一切美丽事物的追求吧。"

3. 自夸式

如李小华介绍自己时说："我叫李小华，木子李，大小的小，中华的华。都是几个没有任何偏旁的最简单的字，就如我本人，简简单单、快快乐乐。但简单不等于没有追求，相反，我是一个有理想并执着的人，在追求理想的路上我快乐地生活着。"

4. 联想式

如一个同学叫萧信飞，他便这样做自我介绍："我姓萧，叫萧信飞。萧何的萧，韩信的信，岳飞的飞。"绝大多数人对"萧何月下追韩信"的典故和抗金英雄岳飞都很熟悉，这样一来，大家对他的名字当然印象深刻了。

5. 姓名来源式

如陈子健："我还未出生，名字就在我父亲的心目中了。因为他很喜欢这样一句古语'天行健，君子以自强不息'，于是毫不犹豫地给我取了这个名字，同时希望我像君子一样自强不息。"

6. 望文生义式

如秦国生："我是秦始皇吞并六国时出生的，我叫秦国生。"与其他方法相比，望文生义法有更大的发挥余地，如下面的几例。

夏琼——夏天的海南，风光无限。

杨帆——一帆风顺，扬帆远航。

皓波——银色的月光照在水波上。

秀惠——秀外慧中，并非虚有其表。

7. 理想式

如向红梅："我向往像红梅一样不畏严寒，坚强刚毅，在各种环境中都要努力上进，尤其是在艰苦的环境里，更要绽放出生命的美丽。"

8. 释词式

即从姓名本身进行解释。如朱红："朱是红色的意思，红也是红色的意思，合起来还是红色。红色总给人热情、上进、富有生命力的感觉，这就是我的颜色！"

9. 利用谐音式

如朱伟慧："我的名字读起来像'居委会'，正因为如此，大家尽可以把我当成居委会，有困难的时候来反映，本居委会力争为大家解决。"

10. 调换词序式

如周非："把'非洲'倒过来读就是我的名字——周非。"

11. 激励式

如展鹏在新生见面会上说："同学们，我们从五湖四海来到这里，为了什么？不就是为了好好学习，今后在社会这片广阔的天空中大鹏展翅，自由翱翔吗？"

12. 摘引式

如任丽群："大家都知道'鹤立（丽）鸡群'这个成语，我是人（任），更希望出类拔萃，所以，我叫任丽群。"

总之，自我介绍是有很大发挥空间的，我们应该想方设法把它丰富起来，不要放过任何一个吸引人注意的机会。

当然，自我介绍中光介绍名字显得有些单一，应该再加入更多的信息，这样会使你的自我介绍更加精彩，给人留下深刻的印象。你完全可以把自己的经历编成一个小小的故事，讲给听众，这样或许他们更有兴趣些。

把握好开始五分钟攀谈，以后交流自然顺畅

人们第一次相遇，需要多长时间决定他们能否成为朋友？美国伦纳德·朱尼博士在所著的一本书中说："交际的点，就在于他们相互接触的第一个五

分钟。"朱尼博士认为："人们接触的第一个五分钟主要是交谈。在交谈中，你要对所接触的对象谈的任何事都感兴趣。无论他从事什么职业，讲什么语言，以什么样的方式，对他说的话都要耐心倾听。如果你这样做了，你会觉得整个世界充满无比的情趣，你将交到无数的朋友。"

而许多人同陌生人说话都会感到拘谨。建议你先考虑一个问题，为什么你跟老朋友谈话不会感到困难？很简单，因为你们相当熟悉。相互了解的人在一起，就会感到自然协调，而对陌生人却一无所知，特别是进入了充满陌生人的环境，有些人甚至怀有不自在和恐惧的心理。你要设法把陌生人变成老朋友，首先要在心目中建立一种乐于与人交朋友的愿望，心里有这种要求，才能有行动。

以到一个陌生人家去拜访为例：如果有条件，首先应当对要拜访的客人作些了解，探知对方一些情况，关于他的职业、兴趣、性格之类。

当你走进陌生人住所时，你可凭借你的观察力，看看墙上挂的是什么？国画、摄影作品、乐器……都可以推断主人的兴趣所在，甚至室内某些物品会牵引起一段故事。如果你把它当做一个线索，就可以由浅入深地了解主人心灵的某个侧面。当你抓到一些线索后，就不难找到开场白。

如果你不是要见一个陌生人，而是参加一个充满陌生人的聚会，观察也是必不可少的。你不妨先坐在一旁，耳听眼看，根据了解的情况，决定你可以接近的对象，一旦选定，不妨走上前去向他作自我介绍，特别对那些同你一样，在聚会中没有熟人的陌生者，你的主动行为是会受到欢迎的。

应当注意的是，有些人你虽然不喜欢，但必须学会与他们谈话。当然，人都有以自我兴趣为中心的习惯，如果你对自己不感兴趣的人不瞥一眼，一句话都不说，恐怕也不是件好事。别人会认为你很骄傲，甚至有些人会把这种冷落当做侮辱，从而产生隔阂。和自己不喜欢的人谈话时，第一要有礼貌；第二不要谈论有关双方私人的事，这是为了使双方自然地保持适当的距离，一旦你愿意和他结交，就要一步一步设法缩小这种距离，使双方容易接近。

在你决定和某个陌生人谈话时，不妨先介绍自己，给对方一个接近的线索，你不一定先介绍自己的姓名，因为这样人家可能会感到唐突。不妨先说说自己的工作单位，也可问问对方的工作单位。一般情况，你先说说自己的情况，人家也会相应告诉你他的有关情况。

接着，你可以问一些有关他本人的而又不属于秘密的问题。对方有一定年纪的，你可以问他子女在哪里读书，也可以问问对方单位一般的业务情况。

对方谈了之后，你也应该顺便谈谈自己的相应情况，才能达到交流的目的。

和陌生人谈话，要比对老朋友更加留心对方的谈话，因为你对他所知有限，更应当重视已经得到的任何线索。此外，他的声调、眼神和回答问题的方式，都可以揣摩一下，以决定下一步是否能纵深发展。

有人认为见面谈谈天气是无聊的事。其实，这要具体问题具体分析。如果一个人说："这几天的雨下得真好，否则田里的稻苗就旱死了。"而另一个则说："这几天的雨下得真糟，我们的旅行计划全给泡汤了。"你不是也可以从这两句话中分析两人的兴趣、性格吗？退一步说，光是敷衍性的话，在熟人中意义不大，但对与陌生人的交往还是有作用的。

如遇到那种比你更羞怯的人，你更应该跟他先谈些无关紧要的事，让他心情放松，以激起他谈话的兴趣。和陌生人谈话的开场白结束之后，特别要注意话题的选择。那些容易引起争论的话题，要尽量避免，为此当你选择某种话题时，要特别留心对方的眼神和小动作，一发现对方厌倦、冷淡的情绪时，应立即转换话题。

在与人聚会时，常常会碰到请教姓名的事，"请问你尊姓大名"。你要牢牢记住对方的姓名，对方说出姓名之后，你应立即用这个名字来称呼他，当你碰到一个可能已经忘记了的人，你可以表示抱歉，"对不起，不知怎么称呼您？"也可以说半句"您是——""我们好像——"，意思是想请对方主动补充回答，如果对方老练，他会自然地接下去。

顺利地与陌生人开始攀谈，给人一个好印象，积累人脉资源为你所用。学会和陌生人攀谈，谁都可能成为你的朋友。

让对方喜欢你，一切应从友善开始

请先想这样一个问题：在与他人交往的过程中，如果你发起脾气，对他人说出一两句不中听的话，你会有一种发泄的快感。但对方呢？他会分享你的痛快吗？你那火药味的口气，敌视的态度，能使对方接受吗？相信答案已经不言而喻了。

"如果你握紧一双拳头来见我，"威尔逊总统说，"我想，我可以保证，我的拳头会握得比你的更紧。但是如果你来找我说：'我们坐下，好好商量，看看彼此意见相异的原因是什么。'我们就会发觉，彼此的距离并不那么大，相异的观点并不多，而且看法一致的观点反而居多。你也会发觉，只要我们有彼此沟通的耐心、诚意和愿望，我们就能沟通。"

波士顿是美国历史上的教育和文化中心，那年头波士顿的报纸充斥着江湖郎中的广告——堕胎专家和庸医的广告。表面上是给人治病，骨子里却以恐吓的词句，类似"你将失去性能力"，等等，欺骗无辜的受害者。他们的治疗方法使受害者满怀恐惧，而事实上却根本不加以治疗。他们害死了许多人，却很少被定罪。他们只要缴点罚款或利用政治关系，就可以逃脱责任。

这种情况太严重了，波士顿很多善良的民众感到很愤怒。传教士拍着讲台，痛斥报纸，祈求上帝能终止这种广告。公民团体、商界人士、妇女团体、教会、青年社团等，一致公开指责，大声疾呼，但一切都无济于事。议会掀起争论，要使这种无耻的广告不合法，但是在利益集团和政治的影响力之下，各种努力均告徒然。

华尔医师是波士顿基督联盟的善良的民众委员会主席，他的委员会用尽了一切方法，都失败了。这场抵抗医学界败类的斗争，似乎没有什么成功的希望。

有一天晚上，华尔医师试了波士顿人没有试过的一个办法。他所用的是仁慈、同情和赞美。他企图使报社自动停止那种广告。他写了一封信给《波士顿先锋报》的发行人，表示他多么仰慕该报：新闻真实，社论尤其精彩，是一份完美的家庭报纸，他一向看该报。华尔医师表示，以他的看法，它是新英格兰地区最好的报纸，也是全美国最优秀的报纸之一。"然而，"华尔医师说道，"我的一位朋友有个小女儿。他告诉我，有一天晚上，他的女儿听他高声朗读贵报上有关堕胎专家的广告，并问他那是什么意思。老实说他很尴尬，他不知道该怎么回答。贵报深入波士顿上等人家，既然这种场面发生在我的朋友家里，在别的家庭也难免会发生。如果你也有女儿，你愿意她看到这种广告吗？如果她看到了，还要你解释，你该怎么说呢？

"很遗憾，像贵报这么优秀的报纸，其他方面几乎是十全十美，却有这种广告，使得一些父母不敢让家里的女儿阅读。可能其他成千上万的订户都和我有同感吧！"

两天以后，《波士顿先锋报》的发行人回了一封信给华尔医师，日期是1904年10月13日。华尔医师保留了这封信有三分之一世纪。这封信如下：

亲爱的先生：

11日致本报编辑部来函收纳，甚为感激。贵函的正言，促使我实现本人自接掌本职后，一直有心于此但未能痛下决心的一件事。

从下周一起，本人将促使《波士顿先锋报》摒弃一切可能招致非议的广告。暂时不能完全剔除的广告，也将谨慎编撰，不使它们造成任何不快。贵函惠我良多，再度致谢，并盼继续不吝指正。

因此，当你希望别人同意你的想法时，请记住：以一种友善的方式开始。

微笑，赢得他人好感的法宝

微笑是人际交往的通行证，是打开每个心门的钥匙。在与人交流中，主动报以微笑不仅能迅速拉近彼此心与心的距离，还能赢得他人好感。

飞机起飞前，一位乘客请求空姐给他倒一杯水服药。空姐很有礼貌地说："先生，为了您的安全，请稍等片刻，等飞机进入平稳飞行状态后，我会立刻把水给您送过来，好吗？"15分钟后，飞机早已进入平稳飞行状态。突然，乘客服务铃急促地响了起来，空姐猛然意识到：糟了，由于太忙，忘记给那位乘客倒水了。空姐来到客舱，看见按响服务铃的果然是刚才那位乘客。她小心翼翼地把水送到那位乘客跟前，面带微笑地说："先生，实在对不起，由于我的疏忽，延误了您吃药的时间，我感到非常抱歉。"这位乘客抬起左手，指着手表说道："怎么回事，有你这样服务的吗？"无论她怎么解释，这位挑剔的乘客都不肯原谅她的疏忽。

在接下来的飞行途中，为了补偿自己的过失，每次去客舱为乘客服务时，空姐都会特意走到那位乘客面前，面带微笑地询问他是否需要帮助。然而，那位乘客余怒未消，摆出一副不合作的样子。

临到目的地前，那位乘客要求空姐把留言本给他送过去。很显然，他要投诉这名空姐。飞机安全降落。所有的乘客陆续离开后，空姐紧张极了，以为这下完了。没想到，她打开留言本，却惊奇地发现，那位乘客在留言本上写下的并不是投诉，相反却是一封热情洋溢的表扬信："在整个过程中，你表现出的真诚的歉意，特别是你的12次微笑，深深打动了我，使我最终决定将投诉信写成表扬信。你的服务质量很高，下次如果有机会，我还将乘坐你们这趟航班。"空姐看完信，激动得热泪盈眶。

在人际交往中，我们要赢得他人的好感，必须要学会微笑，像故事中的那位空姐一样，用自己迷人的微笑来赢得他人的好感。微笑就像温暖人们心田的太阳，没有一块冰不会被融化。要带着真心、诚心、善心、爱心、关心、平常心、宽容心等去微笑，别人就会感受到你的心意，被你这份心感动。微笑可以使你摆脱窘境，化解人们彼此的误会，可以体现你的自信和大度。

在现实生活中，微笑能化解一切冰冷的东西，容易获得他人的好感。比如朋友、同事之间的吵架、误解，家人、邻居之间的矛盾，恋人、兄弟之间的隔阂等，都可以一笑了之，一笑泯恩仇。所以，人际交往中，不管是遇到什么困难，不管遇到多么尴尬的事情，要常常告诉自己要"微笑"，没有什么事情不能用微笑化解的，只要你是真心的！

俗话说，"伸手不打笑脸人"，微笑能够化解矛盾和尴尬，取得意想不到的效果。微笑是人与人之间最短的距离，纵使再远的时空阻隔，只要一个微笑就能拉近彼此的心灵距离。当别人取笑你时，用微笑还击他，笑他的无知；当别人对你愤怒时，用微笑融化他，他会知道自己是在无理取闹；当彼此发生误解，争执不休时，用微笑打破僵局，你会发现事情其实并没有你们想象的那么复杂和严重……

微笑是人际交往的通行证，没有一个人不喜欢和微笑的人打交道！

适时附和，更容易给对方以好感

我们曾提到过，多听别人说，自己才能了解得到对方更多的信息。然而，不是每个听力正常的人都懂得倾听的艺术，尤其是想给对方留下好感的时候，仅仅靠听就完全不够了，更重要的是要会适时附和对方。不信，看看下面的例子就知道了。

有人做过这样一个实验，来证明听者的态度对说者有着极大的影响。

实验者让学生表现出一副心不在焉的样子，结果上课的教授照本宣科，不看学生，无强调，无手势；让学生积极投入——倾听，并且开始使用一些身体语言，比如适当的身体动作和眼神的接触。结果教授的声调开始出现变化，并加入了必要的手势，课堂气氛生动起来。

由此看出，当学生表现出一副心不在焉的样子，教授因得不到必要的反应而变得满不在乎起来；当学生改变态度，用心去倾听时，其实是从一个侧面告诉教授：你的课讲得好，我们愿意听。这就是无声的赞美，并且起到了积极的效果。

从上面的例子也可以看出，倾听时加入必要的身体语言，是非常有必要的。

行动胜于语言。身体的每一部分都可以显示出激情、赞美的信息，可增强、减弱或躲避、拒绝信息的传递。精于倾听的人，是不会做一部没有生气的录音机的，他会以一种积极投入的状态，向说话者传递"你的话我很喜欢听"的信息。

录音机是没有眼睛的，俗语说，"眼睛是心灵的窗口"。适当的眼神交流可以增强听的效果。这种眼神是专注的，而不是游移不定的；是真诚的，而不是虚伪的。发自灵魂深处的眼神是动人心魄的。

录音机做不了"小动作"，而倾听者则必须做一些"小动作"。身体向对方稍微前倾，表示你对说者的尊敬；正向对方而坐，表明"我们是平等的"，这可使职位低者感到亲切，使职位高者感到轻松。自然坐立，手脚不要交叉，否则让对方认为你傲慢无礼。倾听时和说话人保持一定的距离，恰当的距离给人以安全感，使说话者觉得自然。动作跟进要合适，太多或太少的动作都会让说者分心，让他认为你厌烦了。正确的动作应该跟说话者保持同步，这样，说话者一定会把你当做"知心爱人"。

倾听并不意味着默默不语，除了做一些必要的"小动作"外，还得动一动自己的嘴。恰当的附和不但表示了你对说者观点的赞赏，而且还对他暗含鼓励之意。

当你对他的话表示赞同时，你可以说：

"你说得太好了！"

"非常正确！"

"这确实让人生气！"

这些简洁的附和让说话者为想释放的情感找到了载体，表明了你对他的理解和支持。

同时，听者还可以用一些简短的语句将说者想传达的中心话题归纳一下，能够使说者的思想得以凸显和升华，同时也能提高听者的位置。

当然，我们还可以向说话者提一些问题。这些提问既能表明你对说者话题的关注，又能使说者更愿意说出欲说无由的得意之言，也更愿意与你进一步交流。

一位老教授与门下的五名学生闲聊着自己当年读研时候的杂事，说："你们现在的生活可真丰富，校园内有体育馆，校园外有游乐园。我当年在你们这个阶段，生活的世界里只有课堂、图书馆和宿舍。"

学生们微微一笑，教授继续说道："不过，那个时候精力都用在读书上也好，搞科研嘛，基础知识不扎实根本无法谈及创新。还记得我的一个课题是关于青藏高原地质变迁的问题，当时我不仅要查自然地理方面的书，还要查很多地质演变与生物演化方面的书。当时科学根本没有现在这么发达，哪里有什么计算机、文献电子稿啊，完全依靠图书馆里纸质的资料，可比你们现在做项目难多喽!"说着，教授停顿了下来，拿起茶杯饮了两口。

这时，其中一个专心倾听的学生礼貌地问道："老师，您当年的研究方向是青藏高原的地质变迁问题，可参考资料却涉及区域内的生物演化，当时是不是很少有人将这两个角度结合考虑?"

听完，教授会心地看了看这位"好问"的学生，然后得意地说道："很多时候，没人想到的地方你想到了，才会有意外的收获，才能够创新。不信，我们来举个现在的例子，就说说你现在的课题吧!"接着，教授在得意于自己创意的同时，更为那名巧妙提问的学生进行了很有创意的课题指导，而那四名只知道倾听的学生，却没得到教授丝毫的专门指导……

不仅如此，附和地倾听本身还是一种赞美。它能使我们更好地理解别人，有助于克服彼此间判断上的倾向性，有利于改善交往关系。在入神的倾听别人谈话时，你已经把你的心呈现给对方，让对方感受到了你的真诚。我们去倾听别人的时候，也就是我们设身处地地理解他们的幸福、痛苦与欢乐的时候，使我们能够把对方的优点和缺点看得更清楚。而这些结论再通过我们有效的附和来传达到对方心里，这才能算是一次完美的交流。

入神地倾听并在适当时间附和也有利于对方更好地表达自己的思想和情感。在对方明白我们的倾听是对他的尊重以后，他同样会认真地听我们说话，这样大家彼此的交流才能产生良好的效果。

例如，对于领导来说，适时附和地倾听职员的谈话，在有助于充分了解下情的同时，说明了你对下属的体贴和关心。这种没有架子的平民领导到哪儿都会受员工欢迎的。在朋友之间，这种附和的倾听则能促进情感，加深相互间的理解，引发精神上的共鸣。

所以，与他人交谈的时候，你若想讨对方欢心，想把交流愉快地延续下去，那么，请不要只是傻傻地倾听，要学着适时地附和。

用好"您"字，会让你更受欢迎

想让你的谈话取得良好效果吗？那么，在你与人交谈时，请选择他们感兴趣的话题。什么是他们最感兴趣的话题呢？是他们自己！

当你与他们谈及他们自己时，他们就会兴致勃勃，且完全着迷，他们对你的好感会油然而生。当你与人们谈及他们自己时，你是在顺应人性；当你与人们谈论你自己时，你是在违背人性。

你真的想成为最会说话的人吗？那么，从现在起，把这几个词从你的词典中删除出去："我，我自己，我的"。你要开始用另一个词，一个人类语言中最有力的词来代替它——"您"！

例如："这是给您做的"，"您会从中得到好处"，"假如您这么做，您将会从中受益无穷"，"这将会给您的家庭带来欢乐"，等等。

当你能放弃谈论自己和使用"我、我自己、我的"这几个词而产生的满足感时，你的办事效率，你的影响力、号召力将会大大提高。虽然要做到这一点是有难度的，而且需要不断地练习，但是，一经付诸实践，它给予你的回报，将会让你觉得这样做非常值得。

还有一种利用"人们关心自己"这一特点的方式是，让他们谈论他们自己。这时，你会发现，人们热衷于谈论自己胜过任何话题。要是你能够巧妙地引导人们谈论他们自己，他们将会很喜欢你。

你可以尝试这样问他们。

"您的家人好吗?"

"您的孩子近来好吗?"

"您的女儿现在住哪里?"

"您在这家公司工作很长时间了吧?"

"这是您的'全家福'吗?"

"您认为……怎么样?"

"您旅途愉快吗?"

"您与您家人一起去吗?"

"这是您的家乡吗?"

大多数人很难对别人产生影响力或号召力，是由于他们总是忙着考虑自己，忙着谈论自己，忙着表现自己。但是，请记住这样一个事实：你是否对谈话感兴趣并不重要，重要的是你的听众是否对谈话感兴趣。除非你不想成为会说话的人，除非你想把你的人际关系搞坏。所以，当你与人谈话时，更多地谈论对方，并引导对方谈论他们自己吧。

这样，你就一定能够成为一名最受欢迎的、最会说话的人。

不过，需要注意的是，有些时候"您"可以换成"你"字，具体需要视情况而用。

让对方做主角，他一定喜欢与你交流

卡耐基认为，人与人交往时，只有尊敬对方交际活动才能顺利进行。如果总是压制对方、强迫对方服从自己，对方不久就会对你产生敌对情绪，从而失去对你的信赖。因此，交际中应努力让对方感到交际的主角是他。

试着留意对方的反应，尽力使对方心情舒畅。在人际交往中，要让对方扮演主角就得准备多个"剧本"。因为不知交往会在何处受挫，所以就必须把能观测到的对方谈话内容写进"剧本"，然后自己根据"剧本"演好配角。要做到使对方成为主角，调查收集与此相关的信息就显得非常重要。如：对方有什么爱好？对方最喜欢什么？憎恶什么？对方讲话有什么特点？对方有什么个人习惯？对方的弱点有哪些？要基于这样的信息，拟写一份能使对方成为主角并能打动对方的"剧本"。

如果能够做到这一步，对方就会感到与你交往心情舒畅，从而对你产生好感。

在交际过程中，如果遇到某个人你原先准备采用"中等水平"的交际方式，但当你发觉这种方式实在无法进行下去，这时就需要修改"剧本"重新预演一下。不过在事先应该假设出交际过程中有可能会出现的各种各样的问题，并针对这些问题设想一下自己应做出怎样的调整。

另外，卡耐基还建议我们必须考虑到：对方也有针对于自己的"剧本"，如果对方提出自己预料之外的问题，那么失败的可能是自己，所以必须反复斟酌，不断改善，这样才能使对方成为主角。

到什么山头唱什么歌，不同人要区别对待

中国有句谚语："到什么山唱什么歌，见什么人说什么话。"说话不看对象，常常让别人无法理解自己的本意，从而在无形之中与别人拉开了相当的距离。反之，了解了对方的情况，并依据其情况，寻找与之相适应的话题和谈话内容，双方就会觉得谈话比较投机，彼此在距离上也显得比较亲切。对方会觉得你是一个极具亲和力的人，从而愿意与你相处。

1. 看对方的身份地位说话

几乎没有一个人在说话的时候不考虑到彼此的身份。不分对象，不看对方身份，都用一样的口气说话，是幼稚无知的表现。下级对上级、晚辈对长辈、学生对老师、普通人对有名气地位的人等，不必表现得屈从、奉迎。但在言谈举止上则不要过于随便，有必要表现得更加尊重一些。在不是十分严肃隆重的场合，身份较高的人对身份较低的人说话越随和风趣越好，而身份较低的人对身份较高的人说话则不宜太过随便，尤其在公众场合，说话要恰如其分地把握好自己与听者的身份差别。地位则是个人在团体组织中担负的职位和在社会关系中所处的位置。个人的社会地位不同，就会有不同的人生经历、社会职责和交际目的，对口才表达也会产生不同的需求。

例如，与上司说话，或是探讨工作，我们应该尽量向上司多请教工作方法，多讨教办事经验，他会觉得你尊重他，看得起他。所以，在工作中，在办事过程中，即使你全都懂，也要装出有不明白的地方，然后主动去问上司："关于这事，我不太了解，应该如何办?"或"这件事依我看来这样做比较好，不知局长有何高见?"

上司一定会很高兴地说："嗯，就照这样做!"或"这个地方你要稍微注意一下!"或"大体这样就好了!"如此一来，我们不但会减少错误，上司也会感到自身的价值，而有了他的帮助和支持，后面的事情就好办得多了。

2. 针对对方的特点说话

和人交谈要看对方的身份、地位，还要看对方的性格特点，针对他的不同特点，采取不同的说话方式，这样才有利于解决问题。

春秋时期的纵横家鬼谷子先生指出："与智者言，依于博；与博者言，依于辨；与辨者言，依于要；与贵者言，依于势；与富者言，依于高；与贫者

言，依于利；与卑者言，依与谦；与勇者言，依于敢；与愚者言，依于锐。"
意思是说：和聪明的人说话，须凭见闻广博；与见闻广博的人说话，须凭辨
析能力；与地位高的人说话，态度要轩昂；与有钱的人说话，言辞要表现出
高人一等的学识；与穷人说话，要动之以利；与地位低的人说话，要谦逊有
礼；与勇敢的人说话不要怯懦；与愚笨的人说话，可以锋芒毕露。

3. 摸准别人的心理说话

通过对方无意中显示出来的态度及姿态，了解他的心理，有时能捕捉到
比语言表露更真实、更微妙的思想。

例如，对方抱着胳膊，表示在思考问题；抱着头，表明一筹莫展；低头
走路，步履沉重，说明他心灰气馁；昂首挺胸，高声交谈，是自信的流露；
真正自信而有实力的人，反而会探身谦虚地听取别人的讲话；抖动双腿常常
是内心不安、苦思对策的举动，若是轻微颤动，就可能是心情悠闲的表现。

对请托对象的了解，不能停留在静观默察上，还应主动侦察，采用一定
的策略，才能够迅速准确地把握对方的思想脉络和动态，从而顺其思路进行
引导，这样的交谈易于成功。

针对不同的对象谈话或请托应考虑以下 7 个方面：

（1）年龄差异。对年轻人应采用鼓动性的语言；对中年人应讲明利害，
以供他们斟酌；对老年人应以商量的口吻，尽量表示尊重的态度。

（2）性别差异。对男性需要采取较强有力的劝说语言，对女性则可以温
和一些。

（3）地域差异。生活在不同地域的人，所采用的劝说方式也应有所差别。
北方人表现得粗犷一些，南方人则表现得细腻一些。

（4）职业差异。要运用与对方所掌握的专业知识关联较紧密的语言与之
交流，这样对方对你的信任感就会大大增强。

（5）文化程度差异。一般来说，对文化程度低的人所采用的方法应简单
明确，多使用一些具体数字和例子；对文化程度高的人，则可采用抽象说理
的方法。

（6）性格差异。若对方性格豪爽，便可单刀直入；若对方性格迟缓，则要
"慢工出细活"；若对方生性多疑，切忌处处表白，应不动声色，使其疑惑自消。

（7）兴趣爱好差异。凡是有兴趣爱好的人，当你谈起有关他的爱好这方
面的事情时，他都会兴致盎然。同时，无形中对你也会产生好感，为你找人
办事儿打下良好的基础。

4. 视对方的文化层次说话

与人说话沟通必须看清对方的文化层次。埋头做事者常常是事业心很强或对某事很感兴趣的人，一旦开始做事，便全身心投入，不愿再见他人。这种人往往惜时如金，爱时如命，铁面无情。要敲开这种人的门，首先不要怕碰"钉子"，还要有足够的耐性，并且要善于区分不同情况，再对症下药。

毕加索的妻子弗朗索瓦兹·吉洛特十分爱好绘画，一入画室便不容有人打扰。一次她正在作画，儿子小科劳德想让妈妈带他去玩，便敲响了门，可吉洛特已全身心投入到绘画上，听到敲门声和儿子的喊声，只是回应了一声"哎"，仍旧埋头作画。停了一会儿，门还没开，儿子又说："妈妈，我爱你。"可得到的回应也只是："我也爱你呀，我的宝贝儿。"

门还是没开。儿子又说："我喜欢你的画，妈妈。"

吉洛特高兴了，她答道："谢谢！我的心肝，你真是个小天使。"可仍旧不去开门。儿子又说："妈妈，你画得太美了。"吉洛特停下笔，但没有说话，也没有动。儿子又说："妈妈，你画得比爸爸好。"吉洛特的画当然不会比丈夫——绘画艺术大师毕加索画得更好，但儿子的话却句句说到了她的心里，她也从儿子那夸大的评价中感到了儿子的迫切心情，于是，把门打开了。

自命清高者常常是洁身自好的墨客或仕途失意的文人，或者是那些自命不凡、看破红尘的人。这种人文化层次一般都较高，他们自以为比别人高明，他们不愿与常人交往，却希望同有才华的人结交，因此要顺利地叩开这种人的大门，最有效的办法就是善于表现自己，设法展示出自己的才华，引起他的爱才心理。

交往主动一点，结交就会多一点

有些事情，个人是无法选择的。比如，你无法选择自己的父母，无法选择自己的亲戚，也无法选择自己出生的时间和空间，等等。但是，一个人在长大成人，尤其是经济独立之后，你可以自由选择、营造你的人脉网，结交什么样的朋友，构成什么样的人际关系网络。这是我们最大的自由。

实际上，许多人都囿于个人生活与工作的狭小范围与具体环境的局限，除了自家人和亲戚关系，还有那么几个同学、同事、朋友和熟人，都是"顺其自然"、被动形成的。许多中年人和老年人大多一直过着"两点一线"的生活，几十年如一日的只在家庭和工作单位之间来往。作为个人，能有意识地选择和结交朋友、有意识地建立自己的信誉、经营人际关系网络的寥寥无几，这是营造人脉网的遗憾。

经常会遇到这样一种场面：在生日宴会上，几个好朋友聚在一起欢天喜地地玩玩闹闹，而旁边会有人只是一声不吭地吃着东西，没有加入到那些人的行列中。这样的人实际上是白白放弃了扩大自己交际圈的好机会。如果能主动争取和别人交流，那就会开拓一个自己不曾了解的崭新世界，也会促进自己的成功。

那么，怎样才能和对方良好地交流呢？有这样一句话："对方的态度是自己的镜子。"在日常的人际交往中，有时自己感觉"他好像很讨厌我"，其实这时正是自己讨厌对方的征兆。因此，对方也会察觉到你好像不喜欢他，当然两个人就越来越讨厌彼此了。在出现这种情况的时候，自己要主动与对方交流，主动敞开心扉。

在生活中，胡先生十分重视创造与人结识的机缘。比如，他刚刚搬到世纪花园的时候，一天傍晚，他看见邻居家的女主人走了出来，便隔着十几英尺的树丛向对方望，然后非常自然地找到恰当的时机，抬起头，露出笑容，喊一声："你好！"随后，胡先生便弯腰穿过树丛，到她的后院，开始与她聊起天来。他们就这样认识了，彼此留下电话，约好互相帮助，大家有个照应。

人们对主动交往有很多误解。比如，有的人会认为"先同别人打招呼，显得自己没有身份""我这样麻烦别人，他肯定会反感的""我又没有和他打过交道，他怎么会帮我的忙呢"等等。其实，这些都是害人不浅的误解，没有任何可靠的事实能证明其正确性。但是，这些观念却实实在在地阻碍着人们，阻碍了人们在交往中采取主动的方式，从而失去了很多结识别人、发展友谊的机会。

当你因为某种担心而不敢主动同别人交往时，最好去实践一下，用事实去证明你的担心是多余的。不断地尝试，会积累你成功的经验，增强你的自信心，使你在工作场合的人际关系愈来愈好。

关注他人，和谐相处

关于具体如何去丰富人际关系，著名的人际大师卡耐基教给我们一些诀窍。掌握了这些诀窍，我们以后便可在社交场上与他人轻松地和谐相处，获得友好的人际关系。

1. 多说平常的语言

著名作家丁·马菲说过："尽量不说意义深远及新奇的话语，而以身旁的琐事为话题作为开端，是促进人际关系成功的钥匙。"

对一个初识者，最好不要刻意显露自己，宁可让对方认为你是个善良的普通人。因为一开始你就不能与他人处于共同的基础上，对方很难对你产生好感。如果你摆出一副高人一等的样子，别人也会用同样的态度对待你。

2. 了解对方的兴趣爱好

初次见面的人，如果能用心了解并利用对方的兴趣爱好，就能缩短双方的距离，而且加深双方的好感。

3. 引导对方谈得意之事

任何人都有自鸣得意的事情，但是，再得意、再自傲的事情，如果没有他人的询问，自己说起来也无兴致。因此，你若能恰到好处地提出一些问题，定使他欣喜，并敞开心扉畅所欲言，你与他的关系也会融洽起来。

4. 坐在对方的身边

面对面与陌生人谈话，确实感觉很紧张，如果坐在对方的身边，自然会比较自在，既不用一直凝视对方，也避免了不必要的紧张感，而且会很快亲近起来。

5. 找机会接近对方的身体

每个人都会在自己的身体周围设定一个势力范围，一般只允许特别亲密的人侵入。如果你侵入了，就会产生与对方有亲密人际关系的错觉。

6. 注意自己的表情

人的心灵深处的想法，都会形诸于外，在表情上显露无遗。如想留给初次见面的人一个好印象，不妨照照镜子，审慎地检查一下自己的面部表情是否和平常不一样，过分紧张的话，最好先对着镜中的自己傻笑一番。

7. 留意对方无意识的动作

初次见面的场合中，如果有一方想结束话题，往往会有看手表等对方不易察觉的无意识动作。因此，当你看到交谈的对方突然焦躁地看着手表，或者望着天空询问现在的时刻，就应该尽早结束话题，让对方明了你不是一个毫无头脑的人，你清楚并尊重他的想法，必能留给对方一个美好的印象。

8. 避免否定对方的行为

初次见面是建立良好人际关系的重要时期，在这种场合，对方往往不能冷静地听取意见、建议并加以判断，而且容易产生反感。同时，初见面的对象有时也会恐惧他人提出细微的问题来否定其观点，因此，初见面时应当尽量避免有否定对方的行为出现，这样才能造成紧密的人际关系。

当然，这并不是让你不提相反意见，你尽可能地避免当着他的面提出，或者可以借用一般人的看法以及引用当时不在场的第三者的看法，就不会引发对方反射性的反驳，还能够使对方接受并对你产生良好印象。

9. 了解对方所期待的评价

心理学家认为，一些人往往不满足自己的现状，然而又无法加以改变，因此只能各自持有一种幻想中或期盼中的形象。在人际交往中，他们非常希望他人对自己的评价是好的，比如胖人希望看起来瘦一些，老人愿意显得年轻些等。

10. 找出与对方的共同点

如果你想得到对方的好感，找出与对方拥有的某种共同点，即使是初次见面，无形之中也会涌起亲切感。一旦接近了心理的距离，双方很容易推心置腹。

11. 以笑声支援对方

做个忠实的听众，适时地反应情绪，尤其要发挥笑的作用，可以使对方摈弃陌生感、紧张感。即使对方说的笑话并不很好笑，也应以笑声支援，产生的效果或许会令你大吃一惊。因为，双方同时笑起来，无形之中产生了亲密友人一样的气氛。

12. 表现出自己关心对方

表现出自己关心对方，必然能赢得对方的好感。记住对方说过的话，事后再提出来当话题，也是表示关心的做法之一，尤其是兴趣、梦想等，对对方来说，是最重要、最有趣的事情，一旦提出来做话题，对方一定会觉得愉快。

用热情加固你们的缘分

在现实生活中，可能很多人都觉得市场经济是冷冰冰的，没有什么人情可言，所以很多人在追逐经济利益中感受不到温暖，只会觉得恐慌。但是我们的心态是可以调整的，我们的态度是可以改变的。保持一颗热情的心，你就会感染身边的每一个人。

成功学的创始人拿破仑·希尔指出，若你能保有一颗热忱之心，那是会给你带来奇迹的。热忱是富足的阳光，它可以化腐朽为神奇，给你温暖，给你自信，让你对世界充满爱。

如果你没有足够的热情，下面的乔·吉拉德热忱训练四部曲，将会对你有所帮助：

1. 要对某件事十分在乎，随时要有某事可以寄托你的热忱，或许是一个目标或想法。对某件事的在乎其实就是为培养热忱而暖身。

2. 把你的兴奋大声地表现出来。早晨醒来，告诉自己："要快乐哟!"你就会真的变得很快乐。因为上天给了你一个很棒的礼物——全新的一天，你要让今天过得比昨天更好。

3. 利用"充电器"。找一个能让你充电的对象，他必须是天生的赢家，是个强者。在你能量不够时，他能给你力量。

4. 以童心看世界。不管你年纪有多大，都要用充满好奇的童心看待整个世界，要随时保持热切期待的心态。孩子们总是抱着渴望、好奇的态度，觉得这个世界充满了惊奇和未知。每一天对他们来说都是探险，所以，他们总是全身心地投入每一天。这种态度值得成年人学习。保持孩童般的热忱，学着全身心投入每一天。

锻炼你的热情，和你每天的体能运动一样重要。如果你想要成功地认识陌生人，你想让陌生人喜欢你、尊敬你、接受你，千万要热情地对待他。

让对方知道你了解他、包容他

与人结交并建立良好的合作关系，需要了解他人，包容他人。每个人都有自己的优缺点，在与人合作的过程中，你不可能只与他人的优点合作，当与他人的缺点发生冲撞时，你唯一能做的就是包容。

关于这方面，还有一个意义深刻的故事。

有一天，沙漠与海洋谈判。

"我太干，干得连一条小溪都没有，而你却有那么多水，变成汪洋一片，"沙漠建议，"不如我们来个交换吧。"

"好啊，"海洋欣然同意，"我欢迎沙漠来填补海洋，但是我已经有沙滩了，所以只要土，不要沙。"

"我也欢迎海洋来滋润沙滩，"沙漠说，"可是盐太咸了，所以只要水，不要盐。"

海洋与沙漠的交易不可能达成，我们想得到一种东西，也必须容忍其他一些东西也跟过来。只有这样才是所谓的"双赢"。

戏剧学院的两个同学，毕业后一起进入演艺圈。他们都很有才气，在学校的时候就显得与众不同，两人虽然彼此惺惺相惜，却也因好强而暗中较量。

虽然两人同时毕业于戏剧学院，但一位是导演系的，一位是表演系的，因此入行后，一位当导演，一位做演员。

经过一段时间努力，两人在工作岗位上都表现得很出色，也各自拥有了一定地位。有一次，刚好有部电影可以让他俩合作，基于两人是要好的同学，而且心里对彼此的才能和需求都非常了解，所以爽快地答应一起合作。

这个导演对于演员一向要求比较严格，所以在拍戏的过程之中，虽然是自己的同学也毫不客气地加以指责。而已经是名演员的老同学也有自己的见解和个性，所以片场的火药味总是很浓。

有一天，导演因为几个镜头一直拍不好，不禁怒火中烧，对着自己的老同学大发脾气，一句重话马上脱口而出："我从来没见过这么烂的演员！"

名演员一听，非常生气。他走到休息室，再也不肯出来继续拍戏。

一个人在社会生活中，不可能永远是孤军打天下，总会有与别人携手合作的时候。因此可以说，合作关系是人际关系的另一面镜子。

学会与别人结交并合作有很多的技巧，不是说你本着一颗真诚的心就可以万事大吉的。要与人合作必须了解别人，只有在了解了别人的基础上，才谈得上合作的关系，只有对别人有了充分的了解，才能扬其长避其短，使其有信心与你共事。

客观而言，了解别人也是一种能力，而不仅仅是一种态度。在很多情况下，我们都是感情用事，不够理智，不懂得换位思考，这为我们带来了许多麻烦，所以我们每个人都应该以一颗包容的心，忍受别人不合理的行为和各种不顺心的情况，学习去欣赏并接受不同的生活方式、文化等。

没事也要常联系

很多人都有过这样的经历：当自己遇到了困难，认为某人可以帮自己解决时，本想马上去找他，但后来想一想，过去有很多时候本来应该去看人家的，结果都没有去，现在有求于人了就去找他，是不是太唐突了？甚至因为太唐突了而担心遭到他的拒绝？但是这有什么办法呢？

要知道，为人交友，本来就应该有事没事都常来常往。缺乏了必要的联系，时间一长，再牢靠的关系也会变得松懈，再好的朋友也会变得互相淡漠，到时候再去求人办事做生意，就会不知不觉地平添一些隔膜。

所以，即使你现在不需要他人或者他人的帮助，你也有必要和他们保持联系。如果你只在需要支持和帮助的时候才想起与他们联系，那么很快他们就会明白，你只是在利用他们，这样做不但不能和他们建立起良好的关系，还容易损害你们已经建立起来的关系。在不需要帮助时与他人保持联系，还会给你的生意带来很多意想不到的机会。

有一个业务员，他只能在每年从八月中旬开始到九月底为止的这段时间里才能见到他的一个客户，"除此以外，我和他没有任何其他的联系"。

这个业务员有一天忽然心血来潮，邀请那位客户一起吃午饭。他回忆说："我们一点也不谈生意上的事情，这一点，我有言在先。我发现，我们两个人都喜欢某位作家。之前，我发现了一位新作家，他的作品和我们喜欢的作家的作品风格相近，在我家里有这位作家的书，我想把它们送给那位客户以示友好。我把书带到办公室，包装好了以后寄给了他。"后来，他们两个又经常在一起谈论这个作家以及其他的一些话题。令这个业务员没想到的是，他从这个客户这里竟然又接到了很多生意。尽管那次午餐纯属业务员无意中想到的，却为他的业务带来了大量契机。

可见，你和他人的关系持续的时间越长、联系越多，关系也就越深厚，你所得到的益处也就越多。

打动对方最亲近的人

人人都有亲人，都会关心自己最亲近的人，一旦发现了别人也在关心着自己所关心的人，大都会产生一种无比亲近的感觉。

我们在人际交往中，完全可以利用人们的这种心理倾向，从关心对方最亲近的人着手，赢得对方的好感，拉近彼此的距离。要知道，关心对方的亲人，哪怕对方原本对你有成见，并不乐意帮你办事，但只要他的亲人动了心，在一旁帮你说话，掌握决定权的人耐不住亲人的软硬兼施，也常常不得不让步。

温强是一家外贸公司的一名职员，工作三年有余，虽没有一官半职，但业绩不错，是公司的重点培养对象。

公司准备分配最后一批公房，温强正打算结婚，于是，一知道消息便交了申请。可是，后勤的负责人告诉他，由于资历尚浅，没有希望分房。

单位里占着两套房的人有的是，想着自己连一间房也分不到，温强越想越生气，一怒之下，他撬开一套公房的门，住了进去。

单位领导得知此事，大为恼火，勒令温强退房，在遭到坚决拒绝之后，公司对他进行了处罚：停发工资、取消年终奖、行政记过一次。

三个月后，温强的生活陷入了困境。因为装修房子、买家具几乎花光了他的所有积蓄。

有老同事开导温强，叫他去找单位后勤主任认错，至少把工资给发下来。走投无路之下，温强去见了后勤主任，但主任根本不理他。连着一周，他天天去，依然没用。

温强见主任的夫人是个善良的人，便趁主任不在的时候，向她诉苦，博得她的同情，又帮她干活，赢得她的好感。通过聊天，温强得知主任上初中的小女儿数学成绩不太好，让主任夫妇很担心，便主动提出给孩子补课。

此后，温强便趁主任不在家的时候去给小女孩补数学，每周三次。也许是他的方法得当，也许是他的鼓励有效，一个月不到，小女孩的数学成绩就有了很大的进步。两人的关系也日渐融洽，最后竟像朋友一样。当然，主任夫人也从同情他到感激他，并喜欢上了他。

此后一个多月的时间里，温强再没去找过后勤主任，背地里却坚持到主任家，给主任的孩子补习功课。

终于，有一天，单位通知温强交一份检讨书和一份困难补助，说是要给他补助几百元生活费，只要他交上检讨书，单位就撤销停发工资的决定。

这消息一传开，同事们纷纷猜测，说领导一定是看在他过去的业绩上，才改变处分决定的。

不难发现，只有温强自己最清楚，是后勤主任的夫人和孩子替自己说了好话。也就是说，让温强从困境中爬出来的不是他过去的成绩，而是他现在的感情投资，是他对人们心理的了解与利用。

对关心自己的人心存感激，这是人之常情。即使对方是你的敌人，只要他知道你曾经或正在关心他最亲近的人，即便他不能把你当做朋友，他也不可能再与你为敌。毕竟，亲人之间总是心连心的。

所以，只要你心诚，关心到位，另一颗心就不可能没有感觉。

第二章　用行动吸引对方

美丽比一封介绍信更具有推荐力

　　虽然有些人认为外貌几乎是无法经过个人努力而改变的特征，以它作为人际吸引的因素不公道；尽管人们常说"人不可貌相，海水不可斗量，以貌取人，贻误大事"，但是，爱美之心，人皆有之，爱美是人的天性，无论在哪种文化背景中，漂亮的人总是容易被人喜欢，总是更容易促进其人际关系的发展。所以，外貌对于人际吸引的极大影响力，已经是不言而喻了，尤其是和陌生人初次打交道更是显得重要。

　　亚里士多德曾经说过"美丽比一封介绍信更具有推荐力"。有研究表明，长相好看的人比相貌平平的人挣的钱更多，拥有的工作更让人羡慕，而相貌平平的人比相貌丑陋的人又会好一些。对加拿大人做的一项调查发现，好看的人比丑陋的人挣的钱要多 75%。同样的背景下，对管理职位的申请，漂亮的申请者比相貌平平的申请者赢得的职位级别要高。还有一项研究发现，在西点军校，相貌英俊的学员毕业时被授予更高的军衔。

　　有心理学家曾做过一个实验：让一组被试阅读附有作者照片的文章，文章有的水平高、有的水平低，作者有的漂亮、有的不漂亮；让另一组的人只看第一组看过的文章，但没有附作者的照片。看完后让两组的被试评价文章水平的高低。结果发现，第一组被试对漂亮作者的文章评价分数要高于对不漂亮作者的文章评价，但是第二组被试则是根据文章的真实水平做出了比较客观的评价。

　　西方学者的研究发现，法官在"执法如山"的法庭上给犯人判刑时，也很难逃脱外貌晕轮效应的影响，有时判决的结果令人震惊不安：对于罪行相同的盗窃犯，外貌漂亮的平均被判刑 2.8 年，不漂亮的平均被判刑 5.2 年。

不过，对于诈骗犯判刑的情况却不是如此。似乎法官们认为，越漂亮的诈骗犯越危险，越应该重判。

上面的例子都说明，外貌对于一个人在人际交往中能否给别人好感，能否吸引别人，起了举足轻重的作用。

可见，在人际交往中，我们一定要保持良好的仪表，注意你的装扮，讲究你的衣着，这样才能增加人际吸引力。

热情友善的称赞是获得友谊的最好方式

看看你身边的人，你想过你喜欢的人通常具有哪些特征吗？你喜欢他们，是因为他们漂亮吗？还是因为他们聪明？或者是因为他们有社会地位？

心理学的研究表明，我们通常喜欢的人，是那些也喜欢我们的人。他不一定很漂亮，或很聪明，或者有社会地位，仅仅是因为他很喜欢我们，我们也就很喜欢他们。

那么，我们为什么会喜欢那些喜欢我们的人呢？这是因为喜欢我们的人使我们体验到了愉快的情绪，一想起他们，就会想起和他们交往时所拥有的快乐，使我们看到他们时，自然就有了好心情。

而且，那些喜欢我们的人使我们受尊重的需要得到了满足。因为他人对自己的喜欢，是对自己的肯定、赏识，表明自己对他人或者对社会是有价值的。

有心理学家曾做过这样一个实验：

让被试"无意中"听到一个刚与他说过话的伙伴告诉主试喜欢或不喜欢他。接着，当这些同伴和被试在一起工作时，被试的面部表情会因他们听到的内容而异。当被试听到同伴喜欢他们时，他们会比在听到同伴不喜欢他们时在非言语表现上更积极。另外，后来的书面评定显示，被喜欢的被试比不被喜欢的被试更多地被同伴吸引。

其他的研究也证明了相似的结果：人们对那些他们认为喜欢他们的人，持更积极的态度。这就是喜欢的互逆现象。

对于喜欢的互逆现象，卡耐基很久以前就在著作《如何赢得朋友和影响他人》中提到，人们获得友谊的最好方式是"热情友善地称赞他人"。但是，在我们为赢得他人友谊而不遗余力地去赞美他人之前，我们需考虑一下情境，有时赞美并不一定能导致喜欢。

喜欢的互逆性规律也有例外发生，其中之一就是当我们怀疑他人说好话是为了他们自己时，别人的赞美并不会导致我们去喜欢他。

此外，对那些自我评价很低的人来说，喜欢的互逆性也不会发生。因为他们可能认为喜欢他的人没有眼光，并且因此而不去喜欢那些人。

在生活中，有很多这样的情况，就是两个人的相互喜欢是由一个人对另一个人单方面喜欢开始的。比如一个女孩开始时对一个追求她的男孩并没有多少好感，但是这个男孩子表现出了对她特别喜欢的态度，使这个女孩久而久之也对这个男孩动心了，最后接受了他的追求。

当然，这个规律也不是绝对的。有时我们喜欢某个并不喜欢我们的人，相反，我们不喜欢的人有时却很喜欢我们。我们只能说在其他一切方面都相同的情况下，人有一种很强的倾向，喜欢那些喜欢我们的人，即使他们的价值观、人生观都与我们不同。

“远亲不如近邻”，离他近更容易被关注

请你想一想：在你成长的过程中，谁是你最亲近的朋友。多数情况下，他们可能是和你邻近的孩子们。

相同的现象也常发生在大学生宿舍里。有研究者统计发现，许多大学生总是和最近宿舍里的人最友好，和那些被安排住得最远的人最不友好。更使人吃惊的是，类似的情况发生在更为亲密的关系中，比如婚姻。例如，一个对 20 世纪 30 年代期间同一城市的结婚申请的研究显示，有三分之一的夫妻由双方住所相隔不超过五个街区的人组成。

上面的这些都说明，空间距离在决定友谊方面有着极大的影响。社会心理学家斯坎特、费斯汀格和巴克对住在综合楼房里的已婚大学生的友谊做了仔细、详尽的研究。他们发现了在综合楼中空间的特定结构和友谊发展的关联性。

例如，他们发现友谊和相互间公寓的邻近性有密切联系。住在一门之隔的家庭比住在两门之隔的更可能成为朋友；那些住在两门之隔的家庭比住在三门之隔的更可能成为朋友；以此类推。而且，住得离邮箱和楼梯近的人比住得离这类特色结构远一些的人在整幢楼中有更多的朋友。

也许你会感到疑惑，这个邻近性和吸引相关的事实是否是因为相互喜欢所以选择彼此住近一些。然而，研究发现，邻近性对喜欢有同样的影响。例如，对被根据姓氏字母顺序安排教室座位和房间的受训警察的研究发现：两个受训者的姓氏在字母表上的顺序越接近，他们就越有可能成为朋友。

显然，邻近性为友谊发展提供了机会，尽管它并不确保一定会发展友谊。

为什么邻近性能产生喜欢？首先，邻近的人，低头不见抬头见，为了拥有一份美好的心情，人们不得不与邻近的人搞好关系。其次，由于邻近，由于熟悉，即使是简单的人际互动也会提高我们对他人的好感。再次，根据交换理论，人们在互动过程中，总是希望以较小的代价换取最大的报酬，而邻近性则满足了这一要求。

西方心理学家最简单的解释认为"离得近的人比离得远的人更有用"。因为离得近，接触的机会多，刺激频率高，选择朋友就比较容易。一个人和我们住得越近，我们就越能了解他，与他也就越能成为朋友。

但是邻近性是否就一定具有人际吸引力呢？事情并不那么简单。我们知道，自己所喜欢的人往往是邻近的人，而自己所厌恶的人也往往是邻近的人。所以邻近是吸引的必要条件，但不是唯一的条件，只有当邻近的人具备了相互满足需要这一条件，或者说，人们对邻近者怀有好感时，邻近性才会产生吸引力。比如，同在一个单位工作的人，有的关系非常融洽，彼此默契配合，工作效率倍增；而有的关系则相当紧张，甚至到了有你无我的程度。这些都是在邻近关系中时常发生的现象。但是，事情也是相对的，离开了具体的情境，离开了满足需要这一人际关系的基础，忽视了其他因素的作用，就会把邻近性孤立起来而犯绝对化的错误。

用小错误点缀自己，你会更具吸引力

美国心理学家阿伦森通过实验发现，与十全十美的人相比，能力出众但有一些小错的人最有吸引力，是人们最喜欢交往的对象。这种现象就是"犯错误效应"。

阿伦森让被试看四个候选人的演讲录像，这四个人是：几乎是一个完美的人；一个犯过错误但能力超众的人；一个平庸的人；一个犯过错误的平庸人。看完录像后，让被试评价哪一种人最具有吸引力。

结果表明，犯过错误、能力超众的人被认为最有吸引力。几乎是完美人的人居于第二位，其次是平庸的人和犯过错误的平庸人。

这个著名的实验很好地证明了生活中常见的一些现象：有一些看起来各方面都比较完美的人，却往往不太讨人喜欢；而讨人喜欢的，却往往是那些虽然有优点，但也有一些明显缺点的人。

为什么会这样呢？这是因为，一般人与完美无缺点的人交往时，总难免因为自己不如对方而有点自卑。如果发现精明人也和自己一样有缺点，就会减轻自己的自卑，感到安全，也就更愿意与之交往。你想，谁会愿意和那些容易让自己感到自卑的人交往呢？所以，不太完美的人，更容易让人觉得可亲、可爱。

从另一个角度来看，世界上不可能存在真正完美、没有缺点的人。如果一个人总是表现得很完美，倒很容易让人怀疑其中有造假的成分。或者说，故意把自己表现得很完美，这本身恐怕就是一个不好的缺点。

而那些追求完美的人，一定活得比一般人更累，而且与他们生活在一起或合作的人，也容易因为被他们要求，而活得比较累。

有一位女青年，具有高学历，长得也很漂亮，事业上也很有成就。她在方方面面都对自己严格要求，在很多人眼里，可以说是一位相当完美的人。当然她在择偶方面的标准也相当高，稍有缺点的就看不上，觉得配不上自己。她觉得婚姻是终身大事，不能马虎，宁可等着，也不能将就。结果，抱着这样的观念，一晃四十岁了，还是孑然一身。她自己感到很奇怪，像她条件这样好的人，为什么就不能被好男人发现呢？

其实她不知道，也许正是她的"完美"把许多男士吓着了。每个人固然希望自己的另一半能具有较多的优点，可是如果这个人真的十全十美，却也让人受不了。首先，会怕自己配不上对方；其次，因为对方要求高，你稍有缺点，他（她）就要求你改正，你肯定会活得很紧张、很累。

如果让人们选择是活得累而完美，还是活得轻松而有缺陷，恐怕大多数人都会选择后者。

实际上，缺点和优点也要辨证地看。人是一个有机的整体，往往是因为他有这个优点，才导致他有另一个缺点。比如一个慷慨大方的人，可能也有大大咧咧、容易粗心的毛病；一个爱干净、处处完美的人，也容易显得小气和斤斤计较。很多时候，就看你选择什么，放弃什么。往往你选择一个优点，就必须放弃另一个优点。

吸引他最直接的方法：关键时刻拉他一把

有成功，就有失败；有得意者，就有落魄者。或许你昨天还是成功的典范，是一个意气风发、春风得意的人，到了今天，你就可能由于某种原因而一贫如洗，变成一个普普通通的人，甚至是还不如普通人的落魄者……

在当今社会，这种现象并不罕见。落魄者的情况各不相同，有的是经济原因，有的是思想品德所致，还有的是工作失误的结果。不管是主观原因还是客观原因，对于落魄者来说，从天上掉到地下，其痛苦心情可以想象。在这种际遇地位剧烈变化的情况下，不少人自惭形秽，觉得没脸见人，也有的则更加自尊、敏感，对他人的态度往往异常关注。

从人生的角度来看，人不可能一帆风顺，挫折、背时是难免的。当他落难的时候，虽然自己倒霉，但也是对周围人们，特别是对朋友的考验。远离而去的可能从此成为路人，但同情、帮助其度过难关者，将以"雪中送炭"般的恩惠将其直接吸引，同时，他也将感激你一辈子。正所谓莫逆之交、患难朋友，往往就是在困难时候形成的。这时形成的交情也往往最有价值，最让人珍视。

"我不知道他那时候那么痛苦，即使知道了，我也帮不上忙啊！"许多人遗憾地说。这种人与其说他不知道朋友的痛苦，不如说他根本无意知道。

人们总是可以敏感地觉察到自己的苦处，却对别人的痛处缺乏了解。他们不了解别人的需要，更不会花工夫去了解；有的甚至知道了也佯装不知，大概是没有切身之苦、切肤之痛吧。

虽然很少有人能做到"人饥己饥，人溺己溺"的境界，但我们至少可以随时体察一下别人的需要，时刻关心朋友，帮助他们脱离困境。当朋友身患重病时，你应该多去探望，多谈谈朋友关心的或感兴趣的话题；当朋友遭到挫折而沮丧时，你应该给予鼓励："这次失败了没关系，下次再来。"当朋友愁眉苦脸、郁郁寡欢时，你应该亲切地询问他。这些适时的安慰会像阳光一样温暖受伤者的心田，带给他们希望。

从现在开始，别再漠视那些落魄的朋友了，伸出你的手，关键时刻拉他一把，你将会像磁铁一样吸住他一辈子！

吃亏是福

让别人占点便宜，是为了自己以后不吃亏，所以吃亏是福，不要怕便宜了别人。

陈嚣与纪伯是邻居。某天夜里，纪伯偷偷地将隔开两家的竹篱笆向陈家移了一点，以便让自己的院子宽一点，恰好给陈嚣看到了。纪伯走后，陈嚣将篱笆又往自己这边移了一丈，使纪伯的院子更宽敞了。纪伯发现后，很是惭愧，不但还了侵占陈家的地，而且还将篱笆往自己这边移了一丈。

陈嚣的主动吃亏，让纪伯感到内疚，他产生了"以小人之心度君子之腹"的感觉，就欠了陈嚣的一个人情债。每当他想起时，他还会内疚，还是会想法报答纪伯。

不管是大亏还是小亏，对办事有帮助的，你要尽可能地吃下去，不能皱眉。尤其是大亏，有时更是一本万利的事情。

徐先生从香港到广州，投资 200 多万港币，在花园酒店附近，兴建了一家酒家，但生意平平，头三个月就亏了 50 多万元。

一天，他在同一街上看到两家时装店，一家生意兴旺，另一家却相当平淡。什么原因呢？他走进那家旺店一看，原来店里除了高档货外，还有几款特价服装。

他受到了启发，于是就创出了"海鲜美食周"的点子——每天都有一款海鲜是特价的，售价远远低于同行的价格。当时，基围虾的市场价格为 38 元一斤，徐先生把它们降到 18 元。

不出所料，这一招一举成功，很多食客就冲着那一款特价海鲜，走进了他的酒家大门。

降低价格，原来是准备亏本的，但由于吃的人多，每月销出 4 吨基围虾，结果不但没亏本，反而赚了钱。

自此以后，他的酒家门庭若市，顾客络绎不绝。

饭店酒楼的经营者之所以能够成功，往往是在人的"贪便宜""好尝鲜"的本性上做足了文章。因为贪便宜，一看到原本 38 元一斤的基围虾跌到 18 元一斤，于是人们便蜂拥而至抢便宜货，酒楼因此也就出了名，大把的钱自然流入老板腰包。

　　不过，让别人占点便宜并不是要大家随时随地都去吃亏。吃亏是有学问、有讲究的。我们要学会吃亏，要吃在明处，至少你应该让对方"哑巴吃汤圆——心中有数"。这样做你才能让别人觉得欠你人情，以后你若有求于他，他才会全力以赴。

用"流行语"增加你的语言魅力

　　"流行语"就是那些在一定时间、一定范围里高频率地运用于人们口头交际中的鲜活新潮的词句。它和着时代的脉搏，折射着生活的灵光，为人们的日常言谈增添着魅力与色彩。

　　流行语并不一定是一个国家或民族的共同语、规范语，它有较强的地域特征。例如，香港人把谈恋爱称为"拍拖"；广东人逢人称"阿哥"；南京人说事情好到极点为"盖帽了"；北京人谈吃喝用"撮"……有些流行语在传播中扩大了范围，如北京人把闲谈聊天叫"侃"，现在其他不少地方也用开了："没事我们一道侃侃去。"

　　大多流行语往往在一定的年龄、文化水平以及职业的人群中使用。比如在商业界，"看好""看涨""看跌""滑坡""走俏"等词语运用得很普遍；在演艺圈，"走红""领衔""性感"很流行。流行语多数是现有词句的一种比喻、替代、延伸，例如，知识分子把从商称为"下海"，把改行叫做"跳槽"，把撰写文章搞创作戏称为"爬格子"。

　　流行语具有较强较浓的时代色彩，沉淀着一定时期内的政治色彩、文化特点与生活气息。比如，对别人称自己的妻子，旧时代是"内人""太太"，现代则有"爱人""那口子""另一半"等说法；说一个人样子好、气质佳，以前是"眉清目秀"，后来是"健壮有朝气"，现在是"潇洒风流""有魅力"等。

　　在日常谈话、交往活动中，恰到好处地使用流行语可以起到多方面的作用。

　　流行语可丰富、更新自己的谈话色调。一个人的谈话色调既包括话题、语调、声音的选择，也包含词句的筛选与锤炼。现实生活中有些人与别人交谈时老是一种腔调，老运用一些自己重复多遍、陈旧蹩脚的词句、口头禅，毫无新鲜明朗的气息，给人的感觉是迂腐而沉闷，如鲁迅笔下的孔乙己，"之乎者也"不断，又像电视剧《编辑部的故事》中的牛大姐，官腔套话不离口。跟紧时代的步伐，注意吸收运用流行的词句，可以使自己的谈吐变得丰富多彩，永远保持谈话色调的生机、活力，使话语常讲常新。

使用流行语可沟通联系，赢得别人的好感。愉快顺利的交谈活动，往往离不开流行语的使用。比如称呼别人，以前多是"师傅""同志""××长"，现在多用"女士""先生""小姐""老板"，这样更能增强谈话双方的亲近感、尊敬感，使交谈始终处于轻松自如的状态下，不至于因过于拘谨、正儿八经而影响沟通，引起别人反感。

使用流行语可增添生活情趣。生活是五彩斑斓的万花筒，人们常在一起聊天、谈笑，少不了流行语的点缀。一位男生发现一位女生新穿了一件连衣裙，故意惊呼道："哇！真 3.14。"这 3.14 是圆周率 π 的值，与流行语"派"谐音，因而立刻博得大家一阵会心的大笑。

流行语是怎么来的？其实，流行语不是哪位名人或语言学家创造发明出来的，我们每个人都可以留心于生活，留心于别人的言谈，并借鉴、发挥，推陈出新，启动灵感，随口说出。平时不妨从以下 5 方面去搜集、学习：

1. 从电视电影里学。当代影视与人们的生活愈来愈贴近，不少精彩对白、主持人的即兴妙语、广告语的妙趣横生令人赞叹不绝，我们可以从中借鉴。比如有人劝朋友去看一个展览："去看看吧，不看不知道，展览真奇妙！"显然这里仿用了"正大综艺"主持人的开场语。

2. 从港台语言中学。如"真性格""好帅""当心公司炒你鱿鱼"等等，很新奇，用语优美，不妨一借。

3. 从流行歌曲中学。许多流行歌曲不但能唱出人们的真情、心声，而且唱词通俗，生活气息浓。某男士谈恋爱，刚接触对方，生怕对方看不中自己的"外相"，灵机一动，说道："我知道我很丑，可是我也很温柔。"他妙用了一首歌名，很快赢得了姑娘的好感。再如"不是我不小心""我的未来不是梦""你知道我在等你吗"等，结合讲话的场合、语境、心境，信手拈来，适时穿插，一定情趣斐然。

4. 从报刊用语里学。如某报上曾有一篇题为《检察机关浑身是眼》的文章，某位善谈者巧借活用，与人评论小偷："他浑身是手，什么都偷。"

5. 从方言俚语中学。方言俚语表达含蓄，俗得够味，很受人们喜爱。如"磨叨"在北方方言中是费口舌之意，我们也可以拿来运用，如："还磨叨什么？快走吧。"

当然，运用流行语还必须考虑交谈对象的年龄、知识水平以及谈话背景。

借助健康的富于生命力的"流行语"，你可以在搞好人际关系这方面更加如鱼得水，"流行语"是语言不可或缺的"调味剂"。

反复暗示，让他对你加深印象

心理学家指出，交际过程中，通过对一点的反复强化、暗示、刺激，对方便会以此为基础，加深对你的印象。

关于这一点，我们就以常见的"反复性的暗示"为例。这是应用了一个人如果反复接受几次相同的刺激，这种刺激就会在意识中留下某种"痕迹"这种心理学上的原理。但是，如果仅仅是单纯的"反复"，那么就犹如"米糠中钉钉""黑夜中打炮"——徒劳一场。所以，要把这种暗示效果用于那些有先入之见的人时，必须考虑到对方是根据个人的经历使自己的先入之见得到"强化"的。

大家知道，有的宣传或广告是通过引人注意的词句或特定的标志来加深我们对商品或人物的印象的，这其中的道理和暗示的作用是一样的。如果你经常听到"带有足球标志的书店""车站旁边的餐厅"等等，那么，久而久之，你会不知不觉地对它们产生一种亲切感。

尤其是当对方具有某种先入为主的观念时，通过突出与对方的先入之见相反的事物给他加深印象会更为有效。例如，食品厂家千方百计让你感觉到快餐食品是手工制作的；在给人留下冷冰冰印象的银行或保险公司里，贴上给人以温馨感觉的宣传标语；等等，都是利用了这种方法。不仅仅是宣传、广告，在面对面地与对方交流时，如果也能这样多次重复与对方的先入之见完全不同的语言或态度，也会收到良好的效果。

有一个想当歌手的年轻人去拜访一位作曲家，作曲家将他拒之门外。但是这个年轻人就在作曲家门前静坐不起，最后作曲家终于接待了他。这种"肉搏战"看起来似乎与说服无关，但是可以说这符合"通过重复加深印象"的道理。这样，年轻人通过将自己例外化，告诉作曲家"我与其他人不同！"由此打破了作曲家的先入之见。

这种通过重复来加深印象的交流之所以奏效，是因为它在给对方心理上带来一种"暗示作用"的同时，对方可以建立一种对你有利的"新观念"。

美国一位语言学家说："同一个音节或语法结构的重复会给人带来强烈的感化力。"例如，林肯最有名的语言是"来自人民的为人民的人民政府"。如果只是为了表明意思，只说"人民的政府"就可以了。人们听到林肯的讲话，似乎更加强化了人民政府已经诞生的这种意识。

这种"反复重复一点的效果"在恋爱电影镜头中也常常看到。例如，认为自己算不上美人的女性被男友多次地说"你的眼睛真美！"等赞美的话之后，她便开始觉得自己很漂亮，更加倾心于这位男友。这种强化实际上也就是前面所说的给对方植入并加深"新的观念"。

客观来讲，接收到相同的资讯，会让人形成一种它们确实很重要的错觉，因而将它们储存起来。透过这种方式，对方就能对你的想法留下深刻的印象，并转化成记忆保存下来。因此，优秀的交际高手，都会不断地使用"反复性的暗示"。

"反复性的暗示"有两种不同的操作模式，一是重复相同的语句；二是换汤不换药，用不同的方式表达相同的意念。两者情况大致如下：

1. 反复使用相同的语言。一而再，再而三地运用字义相同或相近的语言。比如，你的友人患了癌症，非得动手术才能存活下去。偏偏你的朋友十分怕动手术，这时你就必须说服他接受手术。为此，你得不停地重复告诉他："你想活下去，就得动手术，否则的话……还是尽快接受手术吧！"

2. 用不同的方式重复相同的意念。如果老是重复相同的语句，弄不好反而让人觉得你婆婆妈妈，不堪其扰。因此，变换方式来表达相同的意思，就能避免这种情况的发生。

我们不妨举上面的例子来做变化。"你想继续活下去，对吧！如果你放弃的话，情况只会越变越糟！目前没有比动手术更有效的方法了！你看看人家小李，手术后不是痊愈得很快吗？如果你动了手术，也会跟他一样。振作点，别再说丧气话啦！"这样是不是比上面的例子更能够表达你的心意。

"重述是修辞学上唯一的原则。"刚开始只有你自己明白，别人未必能摸得着头脑。因为理解一种新的观念，很需要一些时间，并且必须集中全部注意力。所以为使人家彻底了解，必须反复申说解释，但是不可以用一句完全相同的话，免得听众反感。最好用几种不同措辞，改换几种说法，你的听众，就不会当你重复了。

美国政治家柏修安说："如果你自己还没有明了那个问题，你绝对无法令人家来明了那个问题。反之，你对那个问题越是认识清楚，你把那个问题传达到人家心里也越是容易。"

上面第二句话，就是第一句话的重述。我们所讲的"反复性暗示"也是一种重述性的"部分刺激"。当你说到第二句的时候，对方还没有工夫来细细地辨味一下他究竟是不是重复，反而觉得这样一解释，显得格外清楚了。

在18世纪与19世纪之间，爱尔兰有一位政治家欧康尼尔，他有很丰富的演说经验。他说："要使大家能够相信并且接受一种政治的真理，只讲一两次甚或是十次是不会成功的。"（记住这句话）他又继续说："要使政治上的真理深入人心，必须要再三地申述，因为听众若是继续听那一件事，在不知不觉中就和这一个真理连在一起了。到了后来，他们把那一件事静静地安置脑海中，就像信仰宗教一样的不再去怀疑了。"

美国议员哈里曼·强生，就因为懂得这个道理，才能连任加利福尼亚州的州长达6年之久。他在任州长之前，每次的演讲，差不多总是说："朋友们，请记住一点，我要做下次的加利福尼亚州的州长，我做了州长之后，一定要命令哈林的劣政以及南太平洋铁路公司滚蛋。"

美以美学会的创始人约翰·斯烈的母亲也深懂这个道理，所以她的丈夫问她为什么老把一件事要对儿子讲上20次的时候，她就说："因为我说了19次，他还没有学会。"

美国第38任总统威尔逊，他也深明这个道理，所以他的演说，常常应用这一方法。下面一段话中的末两句的措辞完全是第一句话的重述："你们知道近几年来的大学生，他们并没有受到教育；你知道我们所用的教授方法并不曾教出一个人；你知道我们所有的训导也不曾训练出来一个人。"

有一位销售部经理曾不止一次地说："我不得不把公司的规章制度强加于客户身上。许多规定他们并不喜欢，当他们坚持要我对他们例外的时候，我感到很为难。"

举个例子，你可以说："我明白您有不满意的地方，但是我们不能给任何人例外。"或"我也想给您例外，但我不能。"如果此人还继续要求，把刚才所说的冷静地确切地再重复一遍，不要提高嗓门或者推卸责任。你会发现，当你第三次重复这句话时，对方就不会再坚持了。但是要记住：当你不能按照对方的要求去做的时候，如果可能的话，尽量提供至少两个可供选择的方案。

当通过语言解释不能起到突出化作用而且很难给人带来亲近感时，可使用这种方法。如：通过说"卖××的阿姨"等等，将推销员特定化，这样可以给人带来亲近感，容易让对方接受与他的先入之见相对立的新观念。因此，在这种情况下，主要目的不是要打破对方的先入之见，而是通过一种"缓和剂"将对方的先入之见引导到有利于自己的方向上来。

可见，你要让对方对你印象深刻，想让对方对你先入之见有客观的认识，你就可以遵循这一原则：给他人反复的暗示。

制造戏剧性，与众不同地吸引对方注意

千篇一律的东西容易让人感到乏味。人与人打交道也是这样，普通的人总是容易被忽视。不妨用些小技巧，制造一些戏剧性的效果，以引起别人的注意。

公元前140年，汉武帝刘彻登基做了皇帝，征召天下各地贤良正士。于是，全国各地的读书人纷纷涌进长安城上书应征，一时间长安城人满为患。当时写作使用竹简，刘彻翻阅了堆积如山的竹简，但只有一篇自荐书深深打动了他，获得了御笔亲点的唯一名额。此人便是后来著名的"智圣"东方朔。靠着一封自荐书，东方朔成为唯一的幸运儿，从此开始汗青留名的生涯。

那封让东方朔在万人之中脱颖而出的自荐书是这样写的："我东方朔少年时就失去了父母，依靠兄嫂的抚养长大成人。我十三岁才读书，勤学刻苦，三个冬天读的文史书籍已够用了。十五岁学击剑，十六岁学《诗》《书》，读了二十二万字。十九岁学孙吴兵法和战阵的摆布，懂得各种兵器的用法，以及作战时士兵进退的钲鼓。这方面的书也读了二十二万字，总共四十四万字。我钦佩子路的豪言。如今我已二十二岁，身高九尺三寸，双目炯炯有神，像明亮的珠子，牙齿洁白整齐得像编排的贝壳，勇敢像孟贲，敏捷像庆忌，廉俭像鲍叔，信义像尾生。我就是这样的人，够得上做天子的大臣吧！臣朔冒了死罪，再拜向上奏告。"

东方朔这番"个人简历"，《史记》评之为"文辞不逊，高自称誉"。不过，他出奇制胜，先声夺人，一下让汉武帝记住了他。不过汉武帝还是很有分寸，毕竟这只是"高自称誉"的小打小闹，没有任何治国之道。

汉武帝虽然用了东方朔，但只让他做了个管公车的小官，平日很难见到皇帝更不用说得到皇帝的重用，而且一天领取的钱米只够一宿和三餐。

东方朔思来想去，决定从给皇上喂御马的"弼马温"入手。一日，他借机向那班侏儒恐吓道："你们死在眼前了，还不知道吗？"侏儒们惊问为什么。

东方朔又说道:"我听说朝廷召入你们这些侏儒,名为侍奉天子,实际上是设法除掉你们。因为你们既不能当官,又不能种田,也不能当兵打仗,对国家毫无用处,还要消耗粮食和衣物,还不如处死了好,可以省下许多费用。主要是怕杀你们没有借口,所以骗你们进来,暗地里加刑。"侏儒们听了这话,个个吓得要死。东方朔又假装劝他们说道:"你们按我的计去做可以免去一死。"侏儒们忙问有何妙计,东方朔说道:"你们必须等到皇帝出来时,叩头请罪,如果天子问你们为何事请罪,可推到我东方朔身上,包管无事。"

侏儒们信以为真,随后天天到宫门外等候,好容易等到皇帝出来,便一齐到车驾前,跪伏叩头、泣请死罪。武帝莫明其妙,惊问是何原因?众侏儒齐声说道:"东方朔传言,臣等将尽受天诛,故来请死。"武帝道:"朕并无此意,你们先退下,待朕问明东方朔便知道了。"

众侏儒拜谢而去,武帝即命人召见东方朔。东方朔正愁没有机会见到武帝,因此特设此计,既听到召令,立即欣然赶来。武帝忙问道:"你敢造谣惑众,难道目无王法吗?"东方朔跪下答道:"臣东方朔生固欲言。死亦欲言,侏儒身长只有三尺多,每次领一份食物及钱二百四十文。臣东方朔身长九尺多,也是只得同样食物一份及钱二百四十文,侏儒吃不完用不完,臣东方朔饿得要死。臣以为陛下求才,可用即用,不可用应该放我归家,省得在城里吃不饱穿不暖的,反正难免一死!"武帝听了,不禁大笑,随后任命他为待诏金马门,这样离皇帝更近了。

东方朔就是这样另辟蹊径,不按常规出牌,在处理事情上善于用一些可以产生戏剧性效果的方式,来引起皇上的注意,博得皇上的好感,可谓是效果显著。

今天,我们不妨效仿一下这位"东方智圣",换一种思维方式,不随波逐流,能够多运用智慧、幽默等制造出一些特别的效果来,定会为你的人际交往增色不少。不过在应用的时候,也要注意切不可弄巧成拙。

渲染氛围,增强对他的吸引力

生活中,无论是吃饭,还是学习,大家总喜欢说:"要有氛围!"没错,氛围真的很重要,尤其在与人交往的时候,如果渲染得当,可以大大增强你的吸引力。不信吗?那不妨来看一看下面的例子吧!

为了丰富学生的课余生活，某大学专门邀请一位著名教授举办了一个讲座，但由于临时改变地点，时间仓促，又来不及通知，结果到场的人很少。教授到了会场才发现只有十几个人参加。他有点尴尬，但不讲又不行，于是他随机应变，说："会议的成功不在人多人少，中共一大才到了十几人，但意义非同小可。今天到会的都是精英，我因此更要把课讲好。"

这句话把大家逗得开怀大笑。这一笑，活跃了气氛，再加上教授讲课充满激情，使得那一次讲座非常成功。

人际交往就如同舞台上的演出，为了演出的成功，不仅需要很好的台词、演技，还需要一种看不见、摸不着，却必不可少的——氛围。就像电影中，要有背景音乐来渲染气氛。在人际交往的场合，也往往需要营造点氛围，好像交际的润滑剂，使交际能顺利地进行下去。

在交际活动中，如果把交际桌看成是会议桌，气氛就很难营造起来，也无法让对方投入。想让对方投入，一般要靠自己的带动。有一种生意人，他们可以在会议桌上非常严肃、非常理智，然而，一旦到了社交场合，却又放得很开，与人斗酒、唱卡拉 OK、开各式各样的玩笑，一副百无禁忌的样子。其实，他们是在营造交际气氛。

在日常生活中，个人的情绪体验是受多种因素影响的，如光线、气温、噪声以及卫生条件等都会左右我们的情绪，而这些情绪反应又影响到人际吸引力。梅（May）和汉密尔顿（C. V. Hamilton）的实验研究就证明了不同的音乐背景对人际吸引力的影响。他们以女大学生为被试，首先测定她们最喜欢和最不喜欢的音乐，然后请她们评定一些陌生男性的照片，在评定过程中播放不同的背景音乐作为衬托。结果发现，当碰到她们喜欢的音乐作为背景时，对照片中的人物评价较高；当用她们不喜欢的音乐作为评价背景时，对照片中的人物的评价往往较低；而在没有音乐背景配合时，评价介于上述两种情况之间。

个体的体验不仅受物理环境的影响，同时还受个人的知识、经验、个性等因素的影响，带有强烈的个人主观色彩。在人际交往中，我们应当看到个体的主观体验会影响我们对一个人的评价。当我们作为社交活动的组织者或主导的一方时，应当注意环境布置的细节问题，使客人们能在清洁舒适、平等友好的场合中畅所欲言。同时，在具体的交往场合中，我们自己又要发挥理智的、能动的调节作用，尽量客观地评价交往对象，不要受环境氛围的困扰和迷惑。

在和谐、融洽的交际氛围中，在平等、自由等具有安全感的人际情境中，我们更愿意进行主动的交流与沟通。因而，在人际交往时，我们要善于通过环境、幽默的言谈等营造良好的交际氛围，以增加吸引力。

摸清对方性格再行动

人们在相互交往中，可能都有这样的体验：如果对一个人不了解，你和他在感情上就必然有距离，谈话不知从什么话题开始，吃饭不知选哪类饭店、点哪类菜肴，送东西不知选什么礼物……其实，如果我们了解对方的性格，一切就大不一样了。

一个人性格的形成，往往跟他生活的时代、家庭的环境、所受的教育和经历有关。我们在考察一个人的性格的时候，最好也要了解他的性格形成的原因。这样，你可能就会理解他、体谅他、帮助他，慢慢地，你们相互间就会增进了解，也可能成为好朋友。

在《三国演义》中，诸葛亮针对张飞脾气暴躁的性格，常常采用"激将法"来说服他。

马超率兵攻打葭萌关的时候，诸葛亮对刘备说："只有关羽、赵云二位将军，方可对敌马超。"

这时，张飞听说马超前来攻关，主动请求出战。

诸葛亮佯装没听见，对刘备说："马超智勇双全，无人可敌，除非往荆州唤云长来，方能对敌。"

张飞说："军师为什么小瞧我！我曾单独抗拒曹操百万大军，难道还怕马超这个匹夫！"诸葛亮说："你在当阳拒水桥，是因为曹操不知道虚实，若知虚实，你怎能安然无事？马超英勇无比，天下的人都知道，他渭桥六战，把曹操杀得割须弃袍，差一点丧命，绝非等闲之辈，就是云长来也未必能胜他。"

张飞说："我今天就去，如战胜不了马超，甘当军令！"

诸葛亮看"激将"法起了作用，便顺水推舟地说："既然你肯立军令状，便可以为先锋！"

诸葛亮就是这样聪明，因为摸透了张飞的性格，每当遇到重要战事，他都先说张飞担当不了此任，或说怕他贪杯酒后误事，激他立下军令状，增强他的责任感和紧迫感，激发他的斗志和勇气，扫除轻敌思想。

虽然我们周围的人情况各有不同，如对方的兴趣、爱好、长处、弱点、情绪、思想观点等，这些都是需要注意的内容，但身份与性格无论如何是很重要的"情况"，不得不优先注意。

不知你是否养过猫狗之类的宠物，爱抚宠物最基本的方法就是轻抚，每当主人有这个动作时，猫就会眯起眼睛，并发出满足的叫声。狗呢？就快乐地摇起尾巴，甚至回过身来舔你的手你的脸，作为对你的回应。为什么会这样呢？因为主人摸透了宠物性情，知道它们喜欢被人轻抚。

人其实也是如此，如果你能摸透对方的性格，掌控对方的性情，那么掌控他就不是什么难题了。

把话说到对方心坎上

在生活中，人们难免与人交往，这就需要言语上的沟通。只有把话说到对方的心坎上，才能给交际架起绚丽的彩桥。

诸多实践证明，如果不能根据对象的不同而采取不同的言语方式，就容易制造对立，产生麻烦。可是怎样才能在说话中尽量避免得罪他人给自己制造那么多不必要的麻烦呢？这就需要我们学会与不同对象说话的技巧。

1. 与年长者交谈，态度要谦虚

大家还记得那个有些世俗但非常会说话的韦小宝吗？他刚开始进宫的时候，遇到的第一个人就是海公公。尽管他以后常常被海公公利用，可是他对海公公说话时，却表现出了少有的谦虚和恭敬。对于他的这种表现，别的小太监很不能理解，他却说："他怎么说都是老人家嘛。"

在这里，韦小宝告诉了我们一个道理，那就是要尊重长辈，在与长辈对话的时候，要尽量保持得谦虚、恭敬。尽管长辈常常会因为自己的辈分而倚老卖老，可是他们获得的经验，却是我们凭借一时的聪明学不来的。

另外，跟年长者交谈的时候，要尽量避开他的年纪，不要一直在重复他的年纪大，这样常常会招致对方的反感。因为很少有人喜欢别人说自己年高，相对之下，他们喜欢显得比自己的真实年龄更年轻，这并非说他们企图隐瞒自己的年龄。事实上他们或许是因为自己能生活得很健康而感到骄傲。

老年人较之常人更易情绪激动，在他们的一生中，他们曾成就过许多值得骄傲的事情，而他们非常喜欢谈论这些作为。他们常喜欢人家来求教他和听他的劝告，喜欢人们尊敬他。

2. 与年幼者交谈，态度应深沉、慎重

这里，我们依旧以非常会说话的韦小宝为借鉴。很多人认为，"深沉"、"慎重"这样的词汇，用在韦小宝身上是很奇怪的。因为形象的刻画，他给人的感觉总是有些不负责任的。可是，事实上韦小宝比谁都注意自己的态度，在什么时候说什么话，他的心里也是很清楚的。比如，在比自己年纪小的太监面前，他总是很细心的教给他们一些道理，让他们逐渐地适应宫中的生活。但是，与年幼的人交谈也是很有技巧的：韦小宝从来不让对方直呼他的姓名，尽管亲近，但是保持了一个度，这样说出来的话才能有威信，不至于如同朋友之间开玩笑似的不被人重视。

另外，与年幼者谈一些他们很感兴趣的事物，让他们相信自己是从他们的立场来观察事物的，让他们能明白自己也有与他们一样的观念，这样谈话就能很顺利地进行下去了。

与年幼者交谈时，要注意尽量不要打破他们的梦想，不要使自己的话超过自己的知识范围。尽量讲他们感兴趣的事，不要讲自己感兴趣的事，以把他们吸引过来，而不是让他们吸引自己。

3. 与地位高者交谈，保持自己的个性

与地位高的人交谈，并不一定要用尽全身力气去抬高对方，这样说话往往会得不到对方的尊重。仍然以韦小宝为例，他在与地位高于自己的人谈话时，一直在强调保持自己的个性。比如，他跟皇上说话，就总是用一副别的太监不敢用的态度，而且很滑稽、很有趣。所以皇上在评价韦小宝的时候说："他是唯一一个不做'应声虫'的人。"可见，在地位高于自己的人面前保持个性的重要性。

同时，与地位高者谈话还应注意以下几点：

态度上表现出尊敬；

对方讲话时全神贯注地听；

不随意插话，除非对方希望自己讲话；

回答问题简练适当，尽量不讲题外话；

说话自然，不紧张。

除了上述几个类型的人之外，我们还可能遇到其他的人。可是不管对方是什么人，我们都应该向韦小宝那样，做到"见什么人说什么话"。因为只有这样，你才能在职场、商场、情场都左右逢源，应付自如。

瞄准目标，说话专挑心窝子

伟大诗人杜甫曾有过"语不惊人誓不休"的名句。在交际中，好的口才让你左右逢源，八面来风，使自己备受众人的欢迎。

如何拥有"惊人"的交际口才呢？以下两大方面是最好的参考：

1. 从感性上感染对方

人是有理性又有感性的动物，理性和感性共同支配着人所做出的一切决定和行动，正因为如此，我们在交际中不仅要注意从理性上说服对方，还要注意从感性上感染对方，甚至于主要在感性上引起对方的共鸣进而达到交际的目的。这就要求我们必须学会打动人心的交际技巧。要想打动人心，最关键的是要尽量把抽象的事物和感受具体化，使之成为可感可触的东西。避免直接、抽象地陈述不幸者所承受的痛苦，而是将这些痛苦形象化，使之成为人们可感可触的东西。

抽象的事物往往只能给人一个概念，而形象、具体的事物则容易给人留下深刻的印象，同时容易激活人的形象思维，为人留出广阔的想象与回味的空间。人们的不幸和痛苦也是一样，抽象的表述再翔实也无法充分调动人复杂丰富的感受，而只有当这些不幸和痛苦凸显化、立体化，成为可感可触的东西时，人们才会产生联想，才会有真切的体验，内心的同情与感动才会被激发出来。因此，要想打动别人，把不幸形象化的能力是非常重要的。

一个寒冷的冬天，纽约一条繁华的大街上，有一个双目失明的乞丐站在路边乞讨。那乞丐的脖子上挂着一块牌子，上面写着"自幼失明"。一个诗人走近他身旁，他向诗人乞讨。诗人说："我也很穷，不过我给你点别的吧。"说完，他便随手在那乞丐的牌子上写了一句话。

那一天，乞丐得到很多人的同情和施舍。后来，他又碰到那诗人，他很奇怪地问诗人："你给我写了什么呢？"那诗人笑笑，念牌子上他所写的句子道："春天就要来了，可我不能见到它。"

同是有感情的人类，人们对于幸福与不幸的体味是大致相同的。细述自己或他人的不幸感受，一方面可以通过心理和情感的刻画来引发人们对于类似体验的心灵共鸣，另一方面也可以通过语言、表情、动作的渲染来制造强烈的现场感，使人们如亲临其境，无法不被当时的情景和人物所感染。

2. 注意语言的附加意义

在语言交谈中，具有"附加意义"的词语，在运用时须特别谨慎，如果随意滥用，势必造成相反效果。尤其，在语言运用上，必须注意各种不同文化背景的语言差异。

例如，我们对同事、朋友、邻居说声"吃过饭了吗?"或"一大早要到哪里去呀?"谁都知道这是一种问候，是打招呼，会使人从心底感到亲切友好，但如果对象不对或地方不对，就会引起误解或不快。

上面同样是问这些话，在一些外国人听来，却会引起误解或不快。问他是否吃过饭了，对方会认为你准备请他吃饭；问他一早上哪儿去，如对方是欧美人，就会认为你多管闲事，从此对你敬而远之。"你要多穿些衣服，别感冒了。"在我们听来是种关怀，但美国人听了也许会认为你是在指使他做什么，因此对你产生反感。在人际交往中必须对此特别注意。

第二次世界大战时，荷兰总理和英国首相丘吉尔的"一句话会议"，可说是使用语言中附加意义的成功实例。

当时，荷兰本土被德军占领，荷兰流亡政府在伦敦设立总部，几天后，荷兰总理第一次会见英国首相丘吉尔。

双方会面时，他只是友好地向丘吉尔伸出手并说了声："Good bye!"

就这么简短，说完转身就走。

丘吉尔却说："先生，我真希望所有的政治会议，都如此简短而且切中要害。"

的确，作为一次政府首脑的会话，时间如此短暂，话语如此简短，恐怕是绝无仅有的。但仔细想想，在国土沦丧、人民遭受侵略者蹂躏的时候，对于一个流亡政府的总理来说，实在再没有比说"再见"两字更为合适的话了。

在这非常的时刻，一声"再见"所传达的信息，远比一篇冗长的演说更令人印象深刻。为祖国人民焦虑、对战争必胜的信念、对盟友的坚定信赖……都包含在这一声"再见"之中了。

第三章　把别人放在心上

巧说第一句话，陌生人也能一见如故

假如在一个严冬的夜晚，与一位现在很陌生、但希望将来能成为朋友的人见面，你想说些什么作为初次见面的开场白呢？

大多数人都认为从谈天气切入最好，如"今晚好冷啊"。可是，单纯地使用它，虽然能彼此引出一些话来，但这些话往往对你们彼此无关紧要，于是，再深一步地交谈也就出现困难了。不过，如果你这样说："哦，今晚好冷！像我这种在南方长大的人，尽管在这里住了几年，但对这种天气还是难以适应。"相信，对方若也是在南方长大的，就会引起共鸣，接着你的话头说出一些有关的事；对方若是在北方长大的，他也会因为你在寒暄中提到了自己的故乡在南方，而对你的一些情况发生兴趣，有了要进一步了解你的欲望，从而可把你们的交往引向深入。

要知道，人都是独立的个体，都具有思维能力，与陌生人打交道时，你与对方都会存有一定的戒心，这也是初次交往的一种障碍。而初次交往的成败，关键就要看你们如何冲破这道障碍。如果你用第一句话吸引对方，或是讲对方比较了解的事，那么，第一次谈话就不仅仅是形式上的客套了。如果运用得巧妙，双方会因此打成一片，变得容易接近。

实际交往过程中，有的人采用一种很自然的、叙述型的谈话开头，也能给人一种亲切感，同时还能让人想继续向他询问一些细节。

在一个街道的计划生育办公室，一名记者正在了解此地青年男女早婚早育的情况。那位主管此事的女干部没有像他想象的那样给他列举一堆的数字，而是很自然地为他讲了个故事。

"今年的元月 26 日那天，这个街区某校的一名 15 岁的高中少女，初次见到本区的一个体户青年，这个青年也不过 20 岁出头，刚刚到法定的结婚年龄。元月 29 日，也就是距他们相识不过 3 天的时间。他们就双双到当地婚姻登记机构要求登记结婚，那少女发誓说她已工作，父母远在边疆，因此无需取得父母的同意。婚姻登记机构当然不相信，一定要她出示户口本以验证她的实际年龄，但他们却不知从哪里找来一治安人员，硬是替他们作了证，领取了结婚证书。就这样新郎为新娘租了一家旅馆，两人在那里住了 3 个月有余，少女的母亲发现已为时过晚，因为少女已经怀孕，而新郎却在此后突然不知去向，并到此为止，一直再没出现过。"

听完故事后，记者非常喜欢这段自然的开头，因为那名女干部说出具体的时间，令人预感将要有一段回忆或暗示一件有趣的事情要发生。令人产生渴望要了解细节的欲望，既为其采访提供了很好的素材，同时也从侧面揭示出早婚早育的后果。

总结来说，说第一句话的原则就是亲热、贴心、消除陌生感。常见方式主要有 3 种：

1. 问候式

"您好"是向对方问候致意的常用语。如能因对象、时间的不同而使用不同的问候语，效果则更好。对德高望重的长者，宜说"您老人家好"，以示敬意；对年龄跟自己相仿者，称"老×（姓），您好"，显得亲切；对方是医生、教师，说"李医师，您好"、"王老师，您好"，有尊重意味。节日期间，说"节日好""新年好"，给人以祝贺之感；早晨说"您早""早上好"则比"您好"更得体。

2. 攀认式

赤壁之战中，鲁肃见诸葛亮的第一句话是："我，子瑜友也。"子瑜，就是诸葛亮的哥哥诸葛瑾，他是鲁肃的挚友。短短的一句话就定下了鲁肃跟诸葛亮之间的交情。其实，任何两个人，只要彼此留意，就不难发现双方有着这样或那样的"亲""友"关系。

例如，"你是××大学毕业生，我曾在××进修过两年。说起来，我们还是校友呢！""您来自苏州，我出生在无锡，两地近在咫尺，今天能遇同乡，令人欣慰！"

3. 敬慕式

对初次见面者表示敬重、仰慕，这是热情有礼的表现。用这种方式必须注意：要掌握分寸，恰到好处，不能胡乱吹捧，不说"久闻大名，如雷贯耳"

之类的过头话。表示敬慕的内容也应该因时因地而异。

例如，"您的大作《教你能说会道》我读过多遍，受益匪浅。想不到今天竟能在这里一睹作者风采!""桂林山水甲天下。我很高兴能在这美丽的地方见到您这位著名的山水画家。"

不过，说好了第一句话，仅仅是良好的开端。要想谈得有味，谈得投机，你还得在谈话的过程中寻找新的共同感兴趣的话题，这样才能吸引对方，使谈话顺利地进行下去。

熟记名字，更容易抓住他的心

人们在日常应酬中，如果一个并不熟悉的人能叫出自己的姓名，就会产生一种亲切感和知己感；相反，如果见了几次面，对方还是叫不出你的名字，便会产生一种疏远感、陌生感，增加双方的心理隔阂。一位心理学家曾说："在人们的心目中，唯有自己的姓名是最美好、最动听的东西。"许多事实也已经证实，在公关活动中，广记人名，有助于公关活动的展开，并助其成功。

美国的前总统罗斯福在一次宴会上，看见席间坐着许多不认识的人，他找到一个熟悉的记者，从记者那里一一打听清楚了那些人的姓名和基本情况，然后主动和他们接近，叫出他们的名字。当那些人知道这位平易近人、了解自己的人竟是著名政治家罗斯福时，大为感动。以后，这些人都成了罗斯福竞选总统的支持者。

记住对方的名字，最好时而高呼出声，这不仅是起码的一种礼貌，更是交际场上值得推行的一个妙招。你想一想，对于轻易记住你的名字的人，我们怎不顿觉亲切，仿佛双方是老友相逢，这时，他来求我们什么事情，我们怎好不竭尽全力予以优先惠顾呢?

在交际场上，如果第一次见面时你留给一位姑娘一个良好的印象，可是第二次见面时，你却嗯嗯啊啊地叫不出她的名字来，这位姑娘心里会不舒服，认为自己如此不具分量，她会记恨你一辈子的。那么，即使原来想好好谈谈，或谈生意，或谈人情，这一下全变得兴味索然了。叫不出对方的名字，谈下去就没戏了，因此你或许断了一方财路，或许使一段姻缘夭折。

在对方面前，你一张口就高呼出他的名字，会让对方为之一振，对你顿生景仰之意。就是原本不利的情势，也往往会因为你的这一高呼而顿时"化险为夷"。

一位著名作家说："记住人家的名字，而且很轻易地叫出来，等于给别人一个巧妙而有效的赞美。因为我很早就发现，人们把自己的姓名看得惊人的重要。"

对自己的名字是如此重视。不少人不惜任何代价让自己的名字永垂不朽。且看两百年前，一些有钱人把钱送给作家们，请他们给自己著书立传，使自己的名字留传后世。不言而喻，一个人对他自己的名字比对世界上所有的名字加起来还要感兴趣。

卡内基也是认识了这一点才成为钢铁大王的。

卡内基小时候，曾经抓到一窝小兔子，但是没有东西喂它们。他就想出了一个绝妙的主意。他对周围的孩子们说："你们谁能给兔子弄点吃的来，我就以你们的名字给小兔子命名。"这个方法太灵验了，卡内基一直忘不了。当卡内基为了卧车生意和乔治·普尔门竞争的时候，他又想起了这个故事。

当时，卡内基的中央交通公司正跟普尔门的公司争夺联合太平洋铁路公司的卧车生意。双方互不相让，大杀其价，使得卧车生意毫无利润可言。后来，卡内基和普尔门都到纽约去拜访联合太平洋铁路公司的董事会。有一天晚上，他们在一家饭店碰头了。卡内基说："晚安，普尔门先生，我们别争了，再争下去岂不是出自己的洋相吗？"

"这话怎么讲？"普尔门问。

于是卡内基把自己早已考虑好的决定告诉他——把他们两家公司合并起来。他把合作，而不是竞争的好处说得天花乱坠。普尔门注意地倾听着，但是他没有完全接受。最后他问："这个新公司叫什么呢？"

卡内基毫不犹豫地说："当然叫普尔门皇宫卧车公司。"

普尔门的面孔一亮，马上说："请到我的房间来，我们讨论一下。"

这次讨论翻开了一页新的工业史。

如果你不重视别人的名字，又有谁来重视你的名字呢？如果有一天你把人们的名字全忘掉了，那么，你也很快就会被人们遗忘。

记住别人的名字。对他人来说，这是所有语言中最甜蜜、最重要的声音。

如果你想让人羡慕，请不要忘记这条准则："请记住别人的名字，名字对他来说，是全部词汇中最好的词。"

熟记他人的名字吧，这会给你带来好运！

"我们"常挂嘴边，消除对方陌生感

曾经有一位心理学家，做了一个有名的实验，就是选编了三个小团体，并且分派三人饰演专制型、放任型、民主型的三位领导人，然后对这三个团体进行意识调查。结果，领导人饰演民主型的这个团体，表现了最强烈的同伴意识。而其中最有趣的，就是这个团体中的成员，大都使用"我们"一词来说话。

经常听演讲的人，大概都有这样的经验，就是演讲者说"我这么想……"，不如说"我们是否应该这样"更能使你觉得和对方的距离接近。因为"我们"这个字眼，也就是要表现"你也参与其中"的意思，所以会令对方心中产生一种参与意识，按照心理学的说法，这种情形是"卷入效果"。

小孩子在玩耍时，经常会说"这是我的东西"或"我要这样做"，是小孩子的自我和自己显示欲所造成的。但有时在成人世界中，也会出现如此说法，而这种人不仅无法令对方有好印象，可能在人际关系方面也会受阻，甚至在自己所属的团体中，形成被孤立的场面。

人心是很微妙的，同样是与人交谈，但有的说话方式会令对方产生反感，而有的说话方式却会令对方不由自主地产生好感。卡耐基因此告诉人们，若想把自己表现得更好，形成圆满的人际关系，就应善加利用这种"卷入效果"。

用细微动作可以拉近与陌生人的距离

与陌生人相处时，必须在缩短距离上下工夫，力求在短时间内了解得多些，缩短彼此的距离，力求在感情上融洽起来。孔子说："道不同，不相为谋。"志同道合，才能谈得拢。

我们在百货公司买衬衫或领带时，女店员总是会说："我替你量一下尺寸吧！"

这是因为对方要替你量尺寸时，她的身体势必会接近过来，有时还接近到只有情侣之间才可能的极近距离，使得被接近者的心中涌起一种兴奋感。

　　每个人对自己身体周围，都会有一种势力范围的感觉，而这种靠近身体的势力范围内，通常只能允许亲近之人接近。如果一个人允许别人进入他的身体四周，就会有种已经承认和对方有亲近关系的错觉，这一原理对任何人来说都是相同的。

　　本来一对陌生的男女，只要能把手放在对方的肩膀上，心理的距离就会一下子缩短，有时瞬间就成为情侣的关系。推销员就常用这种方法，他们经常一边谈话，一边很自然地移动位置，跟顾客离得很近。

　　因此，只要你想及早造成亲密关系，就应制造出自然接近对方身体的机会。

　　有一场篮球比赛，一位教练要训斥一名犯了错的球员。他首先把球员叫到跟前，紧盯着他的眼，要这位年轻小伙子注意一些问题，训完之后，教练轻轻拍了拍球员的肩膀和屁股，把他送回到球场上。

　　教练这番举动，从心理学的观点来看，确实是深谙人心的高招。

　　第一，将球员叫到跟前。把对方摆在近距离前，两人之间的个人空间缩小，相对地增加对方的紧张感与压力。

　　第二，紧盯着对方的双眼。有研究表明，对孩子讲故事时紧盯着他的眼，过后孩子能把故事牢牢记住。教练盯着球员的眼睛，要他注意，用意不外乎是使对方集中精神倾听训斥。否则球员眼神闪烁、心不在焉，很可能会把教练的训斥全当成耳边风，毫不管用。

　　第三，轻拍球员身体，将其送回球场。实验显示，安排完全不相识的人碰面，见面时握了手和未曾握手，给人的感受大不相同。握手的人给对方留下随和、诚恳、实在、值得信赖等良好印象，而且约有半数表示希望再见到这个人。另一方面，对于只是见面而没有肢体接触的人，则给人冷漠、专横、不诚实的负面评价。

　　正确接触对方身体的某些部位，是传达自己感情最贴切的沟通方式。如果教练只是责骂犯错的球员，会给对方留下"教练冷酷无情"的不快情绪。但是一经肢体接触之后，情形便可能大大改观，球员也许变得很能体谅教练的心情："教练虽然严厉，但终究是出于对我的一番好意！"

　　此外，与陌生人交谈，应态度谦和，有诚意，力求在缩短距离上下工夫，力求在短时间里了解得多一些。这样，感情就会渐渐融洽起来。我国有许多一见如故的美谈，许多朋友，都是由"生"变"故"和由远变近的，愿大家都多结善缘，广交朋友。善交朋友的人，会觉得四海之内皆朋友，面对任何人，都没有陌生感。

1. 适时切入

看准情势，不放过应当说话的机会，适时插入交谈，适时的"自我表现"，能让对方充分了解自己。

交谈是双边活动，光了解对方，不让对方了解自己，同样难以深谈。陌生人如能从你"切入"式的谈话中获取教益，双方会更亲近。适时切入，能把你的知识主动有效地献给对方，实际上符合"互补"原则，奠定了"情投意合"的基础。

2. 借用媒介

寻找自己与陌生人之间的媒介物，以此找出共同语言，缩短双方距离。如见一位陌生人手里拿着一件什么东西，可问："这是什么……看来你在这方面一定是个行家，正巧我有个问题想向你请教。"对别人的一切显出浓厚兴趣，通过媒介物引发他们表露自我，交谈也能顺利进行。

3. 留有余地

留些空缺让对方接口，使对方感到双方的心是相通的，交谈是和谐的，进而缩短距离。因此，和陌生人的交谈，千万不要把话讲完，把自己的观点讲死，而应是虚怀若谷，欢迎探讨。

不同的人、不同的心情，会有不同的需要。要想打动陌生人，就得不失时机地针对不同的需要，运用能立即奏效的心理战术。通过对方的眼神、姿势等来推测其当时的心思，再有效地运用，如拍肩、握手、拥抱等非语言沟通方式来传情达意，如果你懂得运用这些技巧，便能很快地拉近与陌生人的心理距离。

别出心裁称赞他人，增进彼此好感

与人交流的过程中，尤其是有些陌生的人，适时称赞对方没被其他人赞美过的地方，不仅能让对方感到高兴，激发他的交谈积极性，而且更容易打开对方心扉，拉近彼此的好感，甚至使他变为你的挚友。

法国前总统戴高乐1960年访问美国时，在一次尼克松为他举行的宴会上，尼克松夫人费了很大的劲布置了一个美观的鲜花展台：在一张马蹄形的桌子中央，鲜艳夺目的热带鲜花衬托着一个精致的喷泉。精明的戴高乐将军一眼就看出这是女主人为了欢迎他而精心设计制作的，不禁脱口称赞道："女主人为举行一次正式宴会要花很多时间来进行这么漂亮、雅致的计划和布置。"尼克松夫人听了，十分高兴。事后，她说："大多数来访的大人物要么不加注意，要么不屑为此向女主人道谢，而他总是想到和讲到别人。"在以后的岁月中，不论两国之间发生什么事，尼克松夫人始终对戴高乐将军保持着非常好的印象。

别人都没注意到的地方，戴高乐却注意到了，并直截了当地将他的欣赏表达出来，这怎能不让尼克松夫人高兴呢？因此，我们在对陌生人加以赞美时，如果能悉心挖掘那种鲜为人赞的地方，对方会非常开心，陌生人很快就会变成挚友。这一点，你完全可以向一位聪明的女人讨教，她就是因为拍了《真善美》而红遍天下的影星茱莉·安德鲁丝，她除了演技好、容貌美、歌声令人陶醉之外，还有一张伶俐的嘴。

有一天，茱莉·安德鲁丝去聆听鼎鼎大名的指挥家托斯卡尼尼的音乐会，在音乐会结束之后，她和一些政要名流一起来到后台，向大指挥家恭贺演出的成功。

大家都夸奖指挥家："指挥得实在是棒极了！"

"抓住了名曲的神韵！"

"超水准的演出！"

大指挥家一一答谢，由于疲累，而且这种话实在是听得太多了，所以脸上显出有些敷衍的表情。忽然，他听到一个高雅温柔的声音对他说："你真帅！"

抬头一看，是茱莉·安德鲁丝。

大指挥家眼睛亮了起来，精神抖擞地向这位美丽的女士道谢。

事后，托斯卡尼尼高兴地到处对人说："她没说我指挥得好，她说我很帅哩！"恐怕大指挥家还是头一回听到有人赞美他帅呢！

就这样，大指挥家把茱莉当成了挚友，时时去为她捧场。虽然只是一次见面，大指挥家就时常抱怨与她"相见太晚"。

人人都有自己的长处，也都有短处。人们一般都希望别人多谈自己的长处，不希望别人多谈自己的短处，这是人之常情。跟初谈者交谈时，如果以特有的方式赞扬对方的长处作为开场白，就更能使对方感到高兴，对你产生好感，交谈的积极性也就得到了激发。

所以，赞美要具体化，正如伏尔泰所说："言而无物，其言必拙。"赞美用语越具体，越说明你对他的了解，这不失为一种特殊的赞美方式。

幽默，让对方更加向你靠近

幽默使生活充满了情趣，哪里有幽默，哪里就有活跃的氛围。

在人际交往中，幽默是心灵与心灵之间快乐的天使，拥有幽默就拥有爱和友谊。

一个秃头者，当别人称他"理发不花钱，洗头不费水"时，他当场变了脸，使原本比较轻松的环境变得紧张起来。一位演讲的教授，也是一个秃头，他在自我介绍时说："一位朋友称我聪明透顶，我含笑地回答：'你小看我了，我早就聪明绝顶了。'"然后他指了指自己的头说，"我今天演讲的题目是外表美是心灵美的反映。"教授就这样开始了自己的演讲，整个会场充满了活跃的气氛。

同样是秃头，同样容易受到别人的揶揄和嘲谑，为什么不同的人得到的却是别人不同的认可，其间的缘故就是没有幽默感。

由此可见，幽默不仅反映出一个人随和的个性，还显示了一个人的聪明、智慧以及随机应变的能力。但需要注意的是，幽默既不是毫无意义的插科打诨，也不是没有分寸的卖关子、耍嘴皮。幽默要在入情入理之中，引人发笑，给人启迪。

生活中应用幽默，可缓解矛盾，调节情绪，促使心理处于相对平衡状态。著名的喜剧大师卓别林曾说："通过幽默，我们在貌似正常的现象中看不出不正常的现象，在貌似重要的事物中看不出不重要的事物。"

幽默并非天生就有，而是需要自己用心培养。那么，怎样培养幽默感呢？

1. 首先要领会幽默的真正含义

幽默不是油腔滑调，也非嘲笑或讽刺。正如有位名人所言："浮躁难以幽默，装腔作势难以幽默，钻牛角尖难以幽默，捉襟见肘难以幽默，迟钝笨拙难以幽默，只有从容、平等待人、超脱、游刃有余、聪明透彻，才能幽默。"

2. 扩大知识面

幽默是一种智慧的表现，它必须建立在丰富的知识基础上。一个人只有具有审时度势的能力、广博的知识，才能做到谈资丰富，妙言成趣，从而做出恰当的比喻。因此，要培养幽默感，必须广泛涉猎，充实自我，不断从浩如烟海的书籍中收集幽默的浪花，从名人趣事的精华中撷取幽默的宝石。

3. 陶冶情操

幽默是一种宽容精神的体现，要使自己学会幽默，就要学会宽容大度，克服斤斤计较，同时还要乐观。乐观与幽默是亲密的朋友，生活中如果多一点趣味和轻松，多一点笑容和游戏，多一份乐观与幽默，那么就没有克服不了的困难，也不会出现整天愁眉苦脸、忧心忡忡的痛苦者。

4. 培养敏锐的洞察力

提高观察事物的能力，培养机智、敏捷的能力，是提高幽默的一个重要方面。只有迅速地捕捉事物的本质，以诙谐的语言做出恰当的比喻，才能使人们产生轻松的感觉。

当然，在幽默的同时还应注意，重大的原则总是不能马虎，不同问题要不同对待，在处理问题时要极具灵活性，做到幽默而不俗套，使幽默为人们的精神生活提供真正的养料。

运用认同术是达成共识的有效方法

在交际中寻找共同点的说话术，俗称"套交情"，也叫"认同术"。这种认同是交际中与陌生人、朋友、尊长、上司等沟通情感的有效方式。它是要在交际双方的经历、志趣、追求、爱好等方面寻找共同点，诱发共同语言，为交际创造一个良好的氛围，进而赢得对方的支持与合作。

例如，对待朋友，应该尽量抓准每一个机会增进交往，和朋友达成共识。你可以及时地给予对方雪中送炭式的帮助，从而拉近你和朋友的距离，使朋友对你更加忠诚。当朋友获得成功时，及时地、由衷地祝福朋友，分享朋友的喜悦，会使朋友更加快乐，并会感激你对他的祝贺。当朋友有困难时，应帮助他渡过难关，真正地体现有福同享、有难同当的精神。

如果朋友对你的某些行为流露出不满甚至批评时，应该弄清朋友不满是什么原因造成的。有时可能是朋友误会了你的意思，而有时或许是由于你的粗心没能照顾到对方的情绪，使对方产生不满，无论何种原因，你都应该谅解朋友，坦诚地向对方解释自己的行为，甚至赔礼道歉，以化解对方的不满，求得对方的原谅。

与朋友交往时应多强调精神因素，淡化物质上的交往。交朋友时以对方的道德品质、脾气和性格是否与自己相投作为择友标准，不要以贫富贵贱作为择友标准。与朋友交谈或来往时应强调精神上的交流，如聊一聊最近的生活感触，互相给予鼓励和支持等，不要一味地谈钱、谈物质，这样会给对方很不好的印象。当对方遇到物质方面的困难时，应慷慨给予对方物质帮助，不要吝啬，这样会使朋友觉得你是一个真正的朋友，所交的朋友一般是在年龄相仿的人之间。但如果与跟自己年龄相差很大的人交朋友，也会有意想不到的效果。老年人遇事经验丰富，年轻人遇事热情有冲劲，两者的交往可以取长补短，所以社会上也不乏"忘年之交"。

人与人交往的最好结果是心与心的相通、志与志的相合、心理与心理的相容和分寸适度的距离感。无论哪方面，都应该力求达到一种"求同存异"的效果。

在现实生活中，由于每个人所处的环境不同，因此在经历、教育程度、道德修养和性格等方面也各不相同，这些方面的差距不应成为友谊的障碍。友谊的长久维持应该是正确对待这类差距的结果。应该承认自己和朋友在对待事物方面的差距，承认这种差距，适应这种差距，双方可以有争论、有辩解，从争论中寻找两人的契合点，求同存异。在涉及精神信仰的因素中应尊重对方，在涉及认识水平的问题上应通过暗示、影响等方面使对方认识到你们之间的差距。总之，有时保持这种差距，比强迫对方或自己改变以缩短差距要可行得多。

当然，朋友之间在兴趣爱好上有距离是司空见惯的事，如何才能使朋友之间的爱好协调起来呢？一般来说，朋友之间的兴趣爱好是相近的，但有时又是截然不同的。在这种情况下，应该尊重彼此的兴趣爱好，互相取长补短，如此不仅可以拓宽自己的知识面，还能使友谊更上一层楼。在交朋友时，应注意多结交一些与自己兴趣爱好相差甚远的朋友，这样可以使自己见闻更广阔，思想更活跃。

我们常说："距离产生美。"朋友之情再深，也没必要天天黏在一起，因为相距越近，越容易挑剔对方的缺点和不足，忽视对方的优点和长处，长期下去，会导致矛盾摩擦甚至断交。如果朋友之间保持一定的距离，可以使朋友彼此忽视缺点，而发现的是对方的优点和长处，并对对方有所牵挂，这样友谊就易于维持下去。

总之，不管怎么样，对他人要善于运用认同术，着力达到"求同存异"的境界是最主要的。这样才能维持长久的交情，经营完善自己的关系网络。

表达你的好感，让对方也有好感

认同别人，就是认同自己。表达你对别人的好感，就会赢得别人对你的好感。

在朋友圈中，李波是一个极有魅力的人，大家总会不知不觉地受他的影响。他走到哪儿，就会给哪儿带来生气与活力。当你讲话时，他会全神贯注地倾听，让你感觉自他听你说话的那一刻起，你就比以前更加重要了。

人们都喜欢接近他，愿意与他在一起工作、学习和聊天。

一个阳光灿烂的秋日，小明和李波坐在办公室里闲谈，忽然看见陈平向他们走来。

"讨厌的人过来了，我可不想碰到他。"小明说着，想出去避开一下。

"为什么？"李波问。

小明解释说："到这个单位以来一直感觉和他关系不太好，我不喜欢他提出的一些问题，他也不满意我所做的事情。""除此之外，"小明又说道，"那家伙就是不喜欢我，跟我不喜欢他一样。"

李波看着陈平，"看上去他没有那样讨人厌烦啊，至少不像你说的那样，或许你想错了，"他说，"或许是你逃避他。你这样做，只因为你害怕，而他可能也觉得你不喜欢他，因此他对你也就不那么友善了。人们都喜欢那些喜欢自己的人，如果你对他表示好感，他就会以同样的方式对待你，去跟他说说话吧。"

于是，小明试着迎向前去，热情地问候陈平刚过去的周末怎么样，是否过得愉快。陈平听到小明的问候，表现出十分惊奇的样子，而此刻李波正看着他们，咧着嘴在笑。

人与人的沟通有时候并没有想象中的那样难，如果你愿意表达自己的好感的话。

人都是喜欢听一些表扬的话，让自己高兴的话，当然，这种表扬和高兴不是那种有目的的拍马屁之类的话语，不是那种有意美化别人的献媚，而是实实在在地表达你的赞美，表达你的真诚。

表达你的好感，是人际交往的润滑油，推动着人际关系向美好的方向发展。况且，这种表达不用投资，不需本钱，只要你发自内心的一个微笑，一个欣赏的眼神，一句轻轻的赞许，就行了。

又有人说："生活是一面镜子。你对人生表达好感，人生回报给你的也必是一片好感。"

善待他人同时也是在善待自己。正像站在镜子前一样，你怒他也怒，你笑他也笑，一切取决于你的态度。朋友，不妨试试看，用感激去装扮你的人生，点缀你的生活吧。试试看，从今天开始，多些感激，勇敢向他人表达你的好感吧！

激发对方的情绪，让他滔滔不绝

在某些沉闷的环境里，没有人愿意开口跟陌生人说一句话，那是出于一种防备心理，在这种时候，你应该学会如何去激起谈话对象的某种情绪，让他慢慢开始滔滔不绝。

假如你正坐在火车上，你已坐了很久了，而前面还有很长很长的路程。你想与他人讲讲话，这是人类的群体性在作祟，而你要尽力使你的谈话显得有趣和富有刺激性。

坐在你旁边的一位像是一个有趣的家伙，而你颇想知道他的底细，于是你便搭讪道："真是一段又长又讨厌的旅程，你是否也有这种感觉？"

"是的，真讨厌。"他同意着，而且语调中包含着不耐烦的意味。"若看看一路上的稻田，倒会使人高兴起来。在稻谷收获之前的一两个月，那一定更有趣。"

"唔，唔！"他含糊地答应着。

这时你再也没有勇气说下去了。你在农业方面，给他一个表现兴趣的机会，他若是个农夫，接下来他一定会发表一番他的看法。

假若一个话题能引起他的兴趣，那么无论他是如何沉默的一个人，他也会发表一些言论的。因此你在谈话停滞之时，思考了一番后，又重新开始了。

"天气真好，爽快极了！"你说，"真是理想的踢球时节。今年秋季有好几个大学的球队都很出色呢！"

那位坐在你身旁的乘客直起身来。

"你看理工大学球队怎么样？"他问。

你回答："理工大学队很好，虽然有几个老将已经离队，然而几位新人都很不错。"

"你曾听到过一个叫李刚的队员吗?"他急着问。

你的确听说过这个球员,你猛然发现此人和李刚长得很像,立刻毫无疑问地判断李刚定是此人之子。于是你说:"他是一个强壮有力、有技巧,而且品行很好的青年。理工大学队如果少了这位球员,恐怕实力将会大减。但是李刚快要毕业了,以后这个队如何还很难说。"

这位乘客听了这话便兴高采烈、滔滔不绝地谈了起来。可见,你激发了他说话的情绪,情绪一上来,就很难控制,谈话就会滔滔不绝。

和陌生人谈话的场合是不可避免的,那种紧张压抑的气氛抑制了大家说话的勇气,这时,必须想办法挑起一种快乐的情绪,让所有人都参与到交谈当中来。

一般说来,对一个素不相识的人,只要事先做一番认真的调查研究,你往往都可以找到或明或暗、或近或远的亲友关系。而当你在见面时及时拉上这层关系,就能一下子缩短彼此的心理距离,使对方产生亲近感。

一个人爱不爱说话,关键看他的情绪状况是怎样的,有很多沉默寡言的人,就要注意引导,激发他的说话情绪。至于其中的技巧,你要在交谈中察言观色,以捕捉可谈的信息,如果可以,事前最好做一番调查研究。

来点儿社交技巧,增进彼此感情

有位老谋深算的公司经理计划利用现任职位上的客户资源开办一家新公司赚笔大钱。于是他找了两名以前的手下,共商创业的事。后来他发现他们三个人太少,很难成功。于是他要他的手下另外再找七个人,组成十个人的创业团队。

他的手下顺利地找到了他们所需要的人手。这位经理却发现,他与这七个新伙伴根本就不认识,他们是否值得信任实在是一个大问题。

于是他想到了每晚分别与一个新伙伴共进晚餐的好办法。席间他除了交代各人的职责之外,还郑重地向他们表示"我也跟你们一样需要钱!"

结果,由于彼此有了共同的目标,这个计划最后终于成功了。

上例中,由于彼此有着共同的目标,因而迅速打开彼此的心扉,拉近了彼此之间的距离。在人际交往中也是一样,若你与对方有共同的目标,则很容易就能增加彼此之间的亲密感。除了共同目标能够增强亲密感之外，还有其他一些增强亲密感的技巧。

1. 与人初次相见，坐在他的旁边较易进入状态

相信每个人都有过这样的经验，那就是与人面对面谈话时，往往会特别紧张。因为人与人一旦面对面，眼睛的视线难免会碰在一起，容易造成彼此间的紧张感。

相反地，与人肩并肩谈话，在精神上绝对比面对面谈话要来得轻松。因此与人初次相见，坐在他的旁边往往较容易进入状态。这一点同样适用于与异性约会的时候。

2. 若与对方有共同点，就算再细微的也要强调

"你家住哪……喔，那个地方我以前常去，附近是不是有一家卖香烟的杂货店?"像这样，为了缩短与对方之间的距离，只要是可以拉近彼此距离的话题，就算再细微的也要强调。

因为人与人之间一旦有了共同点，就可以很快地消除彼此间的陌生感，产生亲近的感觉。这样不但可以使对方感到轻松，同时也具有使对方说出真心话的作用。事实上，我们每个人都具有这样相同的心理。例如两个陌生人一旦发现彼此竟然曾就读于同一所小学，顷刻间就会产生"自己人"的感觉，立刻会打成一片。

因而，与人交往时，找到一些共同点强调一下，往往会收到意想不到的效果。

3. 每次见面都找一个对方的优点赞美，是拉近彼此间距离的好方法

如果我们每次见面都被人夸赞，自然而然地会想再见到这位赞美我们的人，这是任何人都会有的心理。因此，每次见面都找出对方的一个优点来赞美，可以很快地拉近彼此间的距离。

4. 闲聊自己曾经失败的事比谈自己成功的事更易拉近彼此间的距离

人们在一起的时候，常会聊一些话题来拉近彼此间的距离。此时若谈自己曾经失败的事，会比谈自己成功的事更容易拉近彼此间的距离。因为老是炫耀自己成功的事情，容易让人产生反感，而留下不好的印象。

5. 把与自己关系密切的人名写在电话记事簿的首页，会让他欣喜万分

当你到一位交往很久的同事家做客，你们尽兴地谈完准备回家的时候，他对你说："这些文件待会儿再送到您家。"说完他顺手打开电话记事簿，准备确认你的电话号码与住址。突然间你发现，你的名字竟然被写在第一位，

老实说，你当时一定非常高兴！

每个人对"自己"都非常敏感，因此一旦发现自己受到与众不同的待遇时，不是感到非常兴奋就是感到非常愤怒！

如果把与自己关系密切的人名写在备忘录的首页，往往可以让对方感到高兴，而收到意想不到的效果。

切合对方实际，给他最想要的赞美

在人的一生中，有无数让他们引以为自豪的事情，这些都是一个人人生的闪光点。这些东西又会不经意地在他们的言谈中流露出来。对于这些引以为荣的事情，他们不仅常常挂在嘴边，而且深深地渴望能够得到别人由衷的肯定与赞美。

乾隆皇帝喜欢在处理政事之机品茶、论诗，对茶道颇有见地，并引以为荣。有一天，宰相张廷玉精疲力竭地回到家刚想休息，乾隆忽然来造访，张廷玉感到莫大的荣幸，称赞乾隆道："臣在先帝手里办了13年差，从没有这个例，哪有皇上来看下臣的！真是折杀老臣了！"张廷玉深知乾隆好茶，命令把家里的陈年雪水挖出来煎茶给乾隆品尝。乾隆很高兴地招呼随从坐下："今儿个我们都是客，不要拘君臣之礼。生而论道品茗，不亦乐乎？"水开时，乾隆亲自给各位泡茶，还讲了一番茶经，张廷玉听后由衷地赞美道："我哪里懂得这些，只知道吃茶可以解渴提神。一样的水和茶，却从没闻过这样的香味。"李卫也乘机称赞道："皇上圣学渊源，真叫人瞠目结舌，吃一口茶竟然有这么多的学问！"乾隆听后心花怒放，谈兴大发，从"茶乃水中君子、酒乃水中小人"开始论起"宽猛之道"。真是妙语连珠、滔滔不绝，众臣洗耳恭听。

乾隆的话刚结束，张廷玉赞道："下臣在上书房办差几十年，两次丁忧都是夺情，只要不病，与圣祖、先帝算是朝夕相伴。午夜扪心，凭天良说话，私心里常也有圣祖宽，先宗严，一朝天子一朝臣这个想头。我为臣子的，尽忠尽职而已。对陛下的旨意，尽力往好处办，以为这就是贤能宰相。今儿个皇上这番宏论，从孔孟仁恕之道发端，譬讲三朝政纳，虽然只是三个字'趋中庸'，却发聋振聩令人心目一开。皇上圣学，真是到了登峰造极的地步。"其他人也都随声附和，乾隆大大满足了一把。

张廷玉和李卫作为乾隆的臣下，都深知乾隆对自己的杂经和"宏论"引以为豪。而张李二人便投其所好，对其大加捧赞，达到了取悦皇帝的目的。

他人最想要的赞美一定是真诚的，不是那种公式般的"捧"，千篇一律，最让人反感。

言之有物是说一切话所必具的条件，与其泛说久仰大名、如雷贯耳，不如说您上次主持的讨论会成绩之佳，真是出人意料等话，直接提及对方的著名工作。若恭维别人生意兴隆，不如赞美他推销产品的努力，或赞美他的商业手腕；泛泛地请人指教是不行的，你应该择其所长，集中某点请他指教，如此他一定更高兴。

此外，赞美的话一定要切合实际，到别人家里，与其乱捧一场，不如赞美房子布置得别出心裁，或欣赏壁上的一幅好画，或惊叹一个盆栽的精巧。若要讨主人喜欢，你要注意投其所好，主人爱狗，你应该赞美他养的狗，主人养了许多金鱼，你应该谈那些鱼的美丽。赞美别人最近的工作成绩、最心爱的宠物、最费心血的设计，这比说上许多无谓的虚泛的客套话更佳。

尽量引导对方多说

著名的成功学大师卡耐基先生曾说："最出色的沟通艺术，是会听而不是会讲。"

有一天，有个小国的人到大国来朝贺，他向皇帝进贡了三个一模一样的小金人，小金人金光灿灿，把皇帝的大殿映照得金碧辉煌。这下可把皇帝给高兴坏了。

但这小国的人却故意习难，还带来一道很奇怪的题目：这三个小金人哪个最有价值？皇帝把珠宝匠请了过来，可无论是做检查，称重量，看做工，都是一模一样的，没有区别的东西又怎么能判断出价值的高下呢？皇帝又问了很多大臣和民间的智者，大家都不知道这个问题怎么回答，皇帝束手无策了。

怎么办？使者还等着回去汇报呢！泱泱大国，不会连这个小事都不懂吧？

终于，有一位退位的老大臣站了出来，说他有办法。

皇帝将使者请到大殿，老臣胸有成竹地拿着三根稻草，插入三个小金人的耳朵里。第一个小金人耳朵里的稻草从另一边耳朵出来了，第二个小金耳朵里的稻草从嘴巴里出来了，而第三个小金人，稻草从耳朵里进去后掉进了肚子，什么动静也没有。老臣说："第三个小金人最有价值！"使者默默无语，大臣答对了。

实际上，所有人在心底都重视自己，喜欢谈论自己以及自己所关心的事，没有人愿意听你唠唠叨叨地在那儿自吹自擂！

谈论自己太多，而让别人说得太少是许多人人际关系不够好、人际网络不够宽的重要原因。如果一个人说得太多，别人说话的时间就少了，你就无法知道什么对他是重要的，赢得他人好感的办法是什么。只有自己少说、引人多说，才能激发别人与你互动的兴趣，才能与之建立良好的关系。

如果引别人多说呢？"设问"是一大秘诀。

设问，即是原本没有疑问而自提自问，是明知故问。设问用得好，能引人注意，诱人思考，把谈话内容变得更加吸引人。

联邦自动售货机制造公司的业务部要求所有的推销员去从事业务时，都带上一块两英尺宽、三英尺长的厚纸板，纸上写着："要是我可以告诉您如何让这块地方每年收入 300 美元，你会感兴趣的，对吗？"当推销员与顾客见面时，就打开纸板铺在柜台或者合适的地方，引起顾客的注意与兴趣，引导顾客去思考，从而转入正题。这个方法让该公司的市场不断扩大。

"设问"是沟通过程中一大利器，是接近那些难以接近的人的最好办法。如果你想在你的生活与工作中与需要建立关系但又很难相处的人交往，你可巧妙地设问，让他们多多谈论自己。要知道，人们在谈论自己的时候，总是高兴的、投入的，只要他们高兴了，便容易与你形成互动。

第四章　信任是人际交往的基石

层层释疑，让对方放下心理包袱

无论是求人办事，还是想进一步发展彼此的交情，赢得他人信任是成功交际必不可少的基本条件。因为人的思想是复杂的，有时会对某些事情感觉不是很有把握，或对某一事物不理解、想不通，于是疑虑重重，这些往往是不可避免的。

想从根本上解决这一问题，就要求我们要善于以情定疑，把道理说透。一旦消除了这些疑虑，自然就能够赢得对方的信任。不过，消除别人的疑虑并不是一件很容易的事情，而需要一点一点的、层层递进，穷追不舍，把道理讲明白、讲透彻，这就是层层释疑的方法。

1921 年，美国百万富翁哈默听说苏联实行新经济政策，鼓励吸收外资，就打算去苏联做粮食生意，当时苏联正缺粮食，恰巧美国粮食大丰收。此外，苏联有的是美国需要的毛皮、白金、绿宝石，如果双方交换，是一笔不错的交易。哈默打定了主意，来到了苏联。

哈默到达莫斯科的第二天早晨，就被召到了列宁的办公室，列宁和他进行了亲切的交谈。粮食问题谈完以后，列宁对哈默说，希望他在苏联投资，经营企业。西方对苏联实行新经济政策抱有很深的偏见，搞了许多怀有恶意的宣传。哈默听了，心存疑虑，默默不语。

聪明的列宁当然看透了哈默的心事，于是耐心地对哈默讲了实行新经济政策的目的，并且告诉哈默："新经济政策要求重新发展我们的经济潜能。我们希望建立一种给外国人以工商业承租权的制度来加速我们的经济发展。"

经过一番交谈，哈默弄清了苏维埃政权的性质和苏联吸引外资企业的平等互利原则，于是很想大干一番。但是不一会儿，他又动摇起来，想打退堂鼓。为什么？因为哈默又听说苏维埃政府机构，人浮于事，手续繁多，尤其是机关人员办事儿拖拉的作风，令人吃不消。

当列宁听完哈默的担心时，立即又安慰他道："官僚主义，这是我们最大的祸害之一。我打算指定一两个人组成特别委员会，全权处理这件事，他们会向你提供你所需要的帮助。"

除此之外，哈默又担心在苏联投资办企业，苏联只顾发展自己的经济潜能，而不注意保证外商的利益，以致外商在苏联办企业得不到什么实惠。

当列宁从哈默的谈吐中听出这种忧虑，马上又把话说得一清二楚："我们明白，我们必须确定一些条件，保证承租的人有利可图。商人不都是慈善家，除非觉得可以赚钱，不然只有傻瓜才会在苏联投资。"

列宁对哈默的一连串的疑虑，逐一进行释疑，一样一样地都给他说清楚，并且斩钉截铁，干脆利落，毫不含糊，把政策交代得明明白白，使得哈默的心好像一块石头落了地。没过多久，哈默就成了第一个在苏联租办企业的美国人。

假如当初列宁不是很巧妙地解开哈默的疑问，那么哈默很有可能就不会在苏联投资了，那样无论对哪一方都将会是一种损失。

因此，在交际中当对方心存疑虑时，你若是想赢得对方的信任，最好采用层层释疑的方法，巧妙解开对方的疑团，让对方放下心理包袱，那么彼此间的交往就会变得顺畅多了。

赢得信任，设身处地为对方着想

会打棒球的人都知道，当我们要接球时，应顺着球势慢慢后退，这样做的话，球劲儿便会减弱。与此相似，当我们在与他人交往的时候，若能运用接棒球的那一套方法，使对方充分说出他的意见，认真倾听，并随时保持询问对方意见的风度，会很容易赢得对方信任，避免许多不必要的冲突。

杰克·凯维是加利福尼亚州一家电气公司的一位科长，他一向知人善任，并且每当推行一个计划时，总是不遗余力地率先做榜样，将最困难的工作承揽在自己的身上，等到一切都上了轨道之后，他才将工作交给下属，而自己退身幕后。虽然，他这种处理事情的方法是很好的，但他太喜欢为人表率，所以常常让人觉得他似乎太骄傲了。

最近不知怎么搞的，一向神采奕奕的凯维却显得无精打采。原来最近的经济极不景气，资金方面周转不灵，再加上预算又被削减，使得科里的业务差点停顿。凯维看这种情形若继续下去，后果一定不可收拾。于是他实施了一套新方案，并且鼓励员工："好好干吧！成功之后一定不会亏待你们的。"但没想到眼看就要达到目标，结果还是功亏一篑，也难怪他会意志消沉了。平日对凯维就极为照顾的经理看了这些情形后，便对他说："你最近看起来总是无精打采的，失败的挫折感我当然能够了解，但是我觉得你之所以会失败，是因为你只是一味地注意该如何实现目标，却忽略了人际关系这个软体的工程，如果你能多方考虑，并多为他人着想，这种问题一定能够迎刃而解。"经理停顿了一下，又接着说："大丈夫要能屈能伸，才是一个好的管理人员。我觉得你就是进取心太急切了，又总喜欢为员工作表率，而完全不考虑他们的立场，认为他们一定能如你所愿地完成工作，结果倒给了员工极大的心理压力。大概也就是因为这个缘故，大家都说你虽能干，但你的部属却很难为。每个人当然都知道工作的重要性，所以你实在大可不必再给他们施加压力。你好好休息几天，让精神恢复过来，至于工作方面，我会帮助你的。"

看了杰克·凯维的这一段亲身经历后，你一定也有相同的感触，那就是，要想在这个社会上生存，并不是只靠热情与诚意便可取得成功的。或许你原本对自己的能力极有信心，但往往会因过分能干或热心，反而给别人带来跟不上的感觉，而自己也会有挫折感，这一切都是因为你不曾站在他人的立场，为他人着想之故。只要你能奉"设身处地为对方着想"为圭臬，便可减少许多原可避免的困扰。

一些人只为了与知心的朋友共聚一堂，作一次彻夜长谈，可以不远千里跋涉。但是，很不幸的是有许多人却认为自己没有谈话的对象，没有诉苦的对象，也没有可以依赖的朋友，而在这孤独的想法的背后，往往是有事实根据的。相反，这世界上也有许多并不孤独的人，但是他们喜欢替别人乱出主意，或一开口便牢骚满腹，甚至喜欢改变别人，好管闲事。其实这两种人都并非人们所需要的人，一般人所需要的是可以理解他、了解他、安慰他、喜欢他的人。

"我理解你"这短短四个字，就是你能向他人说出的最体贴、最温柔的一句话。换句话说，就是对方最乐于听到的一句话。

"我理解你"，当你对别人说出这句话时，表示你能体会他的心情及他说话的意思，而对他来说，你便具有强大的魔力，而且非常值得信任。

用好态度打消对方疑心，让他知道你可信

在消除对方疑虑取得信任的过程中，好态度是一个不容忽视的重要因素。下面，我们一起来看看卡耐基在这方面的亲身经历。

有一次，卡耐基受一家公司委托，请求某位学者帮忙。起初工作进展得好像很顺利，但是不久之后，公司的负责人给他打来了一个令人不解的电话，说不知道为什么，学者的态度突然变了，弄不好会拒绝工作。卡耐基对他采取了各种方法，仍无济于事。即使是允诺改善工作报酬、放宽日期也未能打动他的心。

卡耐基想总得见他一面，听听情况。于是，当天晚上，他陪公司负责人拜访了那位学者。在学者家里，卡耐基听到学者说的话之后感到非常意外，那位学者提到担心公司方面是否能履行有关合同，和公司配合得不够默契，等等。

卡耐基知道在这种情况下说服也是不起作用的，因此在回家的途中，他向与他同路的公司负责人建议说："我不知道究竟是什么原因造成了这样的结果，也许是一些不重要的小事引起了他对公司的不信任，现在说服他是没有用的。为了打破僵局，你应该尽快向对方表示出公司的诚意和热情。"

第二天早上天刚亮，公司负责人就兴高采烈地给卡耐基打电话说："先生，他又愿意接受工作了。"原来，那天夜里他们分手以后，卡耐基又回到学者家附近，在那里拦了一辆出租车，等待着次日要搭第一趟火车去旅行的学者，并把他送到了火车站。他又说："我一直祈祷着学者能乘坐我准备好的出租车，因为他坐不坐这辆车是事情能否成功的关键。"听他这么一说，卡耐基认为那位学者的不信任感也该冰消瓦解了。

这件事只不过是卡耐基的一点点经历，相信很多读者也可能被对方这样拒绝过。不难看出，卡耐基之所以会感到那位学者拒绝工作的原因可能来自对公司的不信任感，也可能是从他的言行中发现了具有不信任感的人所具有的特征。

如果对人不信任，通常就会产生强烈的疑心。因此，一般人不认为是什么大问题的事情他却会觉得非常严重。例如，反复叮咛对方要守约、保守秘密、互相尊重人格等这些做人最基本的原则，或是将互相信任的人之间用来

开玩笑的事情，视为了不得的大问题。

同时，若是担心自己不知何时被不信任的对方所"出卖"，也是会表现出拒绝对方接近的态度。例如，说话带刺，或是你说一句，他却反驳两三句。不过，这些表现尚属初期的症状，一个怀有根深蒂固的不信任感的人，或认为反驳对方也无济于事的人，往往会采取没有反应、装作没听见或爱理不理的拒绝方式。尽管他与你对面而坐，往往表示出与所谓敞开胸襟的态度完全相反的别扭态度。有时虽然自己不开口，却想窥测你心中的细微变化。因此，眼神中会充满冷漠的寒光或将视线移向别处。

还需要注意的是，如果发现对方持有不信任感，对他使用了不适应他心理的交流方法，反而会加厚对方的心理屏障。因此，首先要搞清楚对方产生不信任感的原因，然后再根据它将会怎样发展下去这种心理结构，进行进一步的交流往来。

说出他"应该"知道的事，消除不信任感

一般情况下，不信任感容易产生在我们未给予对方充分的信息，让对方怀疑你对他隐瞒了什么事。因为双方掌握的信息量有出入，对方会担心自己处于不利的状态。如果不消除对方这种心理状态，就想让他做什么事情，他会担心你在利用他的无知，因此就会对你产生不信任感。

在这种情况下，有两点必须引起我们的注意。

首先，不要认为对方可能已经知道了某件事情，就不再告诉他。这时"因为他没问，所以我没说"这种说法是行不通的。缺乏信息的对方往往会因为以下两种原因而不去主动询问：第一，不知道自己的不明之处，也就是说，不知道自己在哪方面缺乏信息；第二，因为不知道，所以担心对方知道自己不知道。所以，为了防止因信息量的差距而产生不信任感，或是已经产生了不信任感想加以消除，你首先应该把你认为"他应该知道"的事情详细告诉对方，以缩小这种信息量的差距。

其次，必须注意的是，在给予对方信息时，如果都是你这一方的信息，反而会招致对方对你的不信任。因此，你应该自然地说明对方自己可以确认那些信息是否可靠的办法。例如，你可以对他说："你去问某某，就更清楚了。"另外，运用在说服的同时讲明消极信息的做法也是消除不信任感的好

方法。

我们平时在日常生活中，不要老是向有求于自己的人说"不"。在可能的情况下，为了以后有求于别人，应尽可能地说"是"，这样等有朝一日换你想说服他时就会轻松许多。正如卡耐基所指出，要想成功地搭建沟通的桥梁，首先应让对方感觉你是可信的。

说话要抓住能够表示诚意的时机

一个参赛的棒球运动员，虽有良好的技艺、强健的体魄，但是他没有把握住击球的"决定性的瞬间"，或早或迟，棒就落空了。同样，一个人说话的内容无论如何精彩，但如果时机掌握不好，很难让对方注意到你的诚意，他不仅不会对你产生信任感，你也无法达到说话的目的。因为听者的内心，往往随着时间的变化而变化。所以要对方信任你，愿意听你的话，或者接受你的观点，或者与你进行深入地交流，就应当选择适当的时机表示你的诚意。

要知道，时机对交际者来说非常宝贵。但何时才是这"决定性的瞬间"，怎样才能判明并抓住它并没有一定的规律，主要是看当时的具体情况，凭经验和感觉而定。但这里有一个"切入"话题时机的问题。

交际场合往往会出现这种情况：有的人口若悬河，滔滔不绝，十分健谈；而有的人即使坐了半天，也无从插话，找不到话题。讲话要及时"切入"话题，首先必须找到双方共同关心的基本点。

杰克新买了一台洗衣机，因质量问题连续几次拉到维修站修理，都没有修好。后来，他找到商场经理诉说苦衷。

经理立即把正在看侦探小说的年轻修理工汤姆叫来，询问有关情况，并提出批评，责令其速同客户回去重修。

一路上，汤姆铁青着脸不说一句话。杰克灵机一动，问道："你看的《福尔摩斯》是第几集？"对方答道："第一集，快看完了，可惜借不到第二集。"杰克说："包在我身上。我家还有不少侦探小说，等一会儿你尽管借去看。"

紧接着，双方没有丝毫的不信任感，围绕着侦探小说你一言我一语，谈得津津有味，开始时的紧张气氛也消除了。后来，不但洗衣机修好了，两个人还成了好朋友。

切入话题除了要注意双方所关心的共同点，还要考虑在什么时候最好。

人们经过研究指出：在讨论会上，最好是在两三个人谈完之后及时切入话题，这样效果最佳。这时的气氛已经活跃起来，不失时机地提出你的想法，往往容易引起对方的关注。而要是先发言，虽可以在听众心中造成先入为主的印象，但因过早，气氛还较沉闷，人们尚未适应而不愿随之开口；若是后发言，虽可进行归纳整理，井井有条，或针对别人的漏洞，发表更为完善的意见，但因太晚，人们都已感到疲倦，想尽快结束而不愿再拖延时间，也就不想再谈了。

想赢得他人信任的时候，要特别注意把时机选在对方心情比较平和的时候。因为场合、时机都与人的心境有关，把人的心境单独提出来，作为一个独立因素是必要的。开口说话之前，应先看看对方的脸色，看了脸色，再决定说什么话。这种所谓"脸色"，不过是心境在脸部的一种反映而已。在人心境不好时，"无所不愁"，心境好时，"无所不乐"；当你与人说话时，必须把这作为一个前提来考虑。

其实，无论多么严重的不信任感，其原因大多数都是极其微小的。但是，不论它多么微小，如果有了不信任的萌芽，又任其发展，那么在以后和各种场合中，人们往往只听得进那些加强不信任感的信息，并让它逐渐成长发展起来。每个人都是一个多面的个体，即使对同一个人，感觉也不完全一样，有时有好感，有时又有厌恶之意。一旦对某人产生了不信任感，好感便完全抹杀，只留下一片厌恶的记忆。

在大致可分为刚开始萌芽、处于发展中的不信任感和已经发展起来的不信任感中，其解决的方法也各有差异。这种差异并不是不信任感念头产生之后的时间差，确切地说应该是已经发展为根深蒂固的不信任感与尚未达到这种程度的不信任感的差别。

对于刚开始萌芽、处于发展中的不信任感，应该尽早除掉。这就如同刚生长出来的杂草一样，刚出土时芽很嫩，容易受到外界的影响。所以，对于处在萌芽状态中的不信任感，只要你满怀诚意，一般都能迅速地将其消除。

一个懂得人心理的调解人员，即使事故的责任主要在于受伤者，也不能马上对因家人受重伤而处于悲愤之中的家属进行调解。不论是挨骂还是受到冷落，都要以谦恭的态度给以安慰，满怀诚意地前去看望，以等待对方有关的人情绪镇定下来。即使对方的情绪镇定下来之后，他的不信任感本身也并未消除，因此，这时充满诚意的交涉态度才会收到较好的效果。要掌握好表示这种诚意的时机也是不可忽视的一个重要问题。

学会推销自己，让他知道你重要

交际中，想要赢得他人的信任，首先需要让对方对你有所了解，那么，自我推销就显得非常重要。尤其在初次见面时，如果能让人对你留下深刻的印象，那将是非常重要的。

为了做好自我推销，你首先要做好自我介绍。

当你们见面，目光相对，互露微笑之后，接下去就是"我叫……"的自我介绍，这种介绍的要点就是要讲清楚自己的名字和身份。如果对方因没有搞清你的名字而叫错你，彼此一定会觉得很尴尬，很容易造成不愉快的场面。因此，自我介绍时，除了要讲清楚自己的名字和身份外，最好附带一句能给别人留下深刻印象的解释，比如说："我姓张，弓长张。"这样不但不会使对方发生误解，还可以加深对方的印象。

非常重要的一点是必须记牢对方的名字，最好的办法就是找机会说出对方的名字，帮助记忆，在讲话中时常提到对方的名字，这样对方会觉得你很重视他，而感到愉快，促进感情交流。

接下来，你就可以向别人推销你的优点了，当然在自我推销时，你必须抓住时机。在中国历史上关于推销自己的故事就很多，毛遂自荐便是最著名的一个例子。

当时，赵国被秦国打得节节败退，公子平原君计划向楚国求救，打算从门下食客当中挑出20名文武兼备的人物与他随行，结果精选出19位，还差一位无法选出，平原君伤透了脑筋，这时有个叫毛遂的人自我推荐，要求加入。

平原君大为惊讶，就对毛遂说："凡人在世，如同锥子在袋子里面，若是锐利的话，尖端很快就会戳穿袋子，露在外面，而人会出人头地。可是，你在我门下三年，一向默默无闻，你没有崭露锋芒。"

毛遂回答说："我之所以默默无闻，就是因为我一直没有机会，如果把我放在袋子里面，不仅尖端，甚至连柄都会露在外面。"

平原君听完后，就决定让他加入行列，凑足了20人，前往楚国求救。到了楚国后，毛遂大露锋芒，协助平原君成功地完成了任务。其余19人都望尘莫及，自愧不如。

无论与什么人打交道，请记住，只有你真正向别人推销出你的才能时，别人才会信任你，你们的交往才会顺利进行，你的事情自然也会更好办。

"泄露"自己的秘密是赢得信任的绝佳技巧

要赢得对方的信任，进而说服对方的方法是很多的，但其中很重要的一方面就是说话必须要有效果，要懂得说话的技巧和方法。

爱默生认为，不管一个人的地位如何低，都可以向他学习某些东西，因此每一个人跟他说话时，他都会侧耳聆听。相信在银幕外面时没有一个人听过的话比卡耐基更多，只要是愿意说出个人体验的人，就算他所得到的人生教训微不足道，卡耐基仍然能够听得津津有味，始终不曾感到乏味。

有一次，有人请卡耐基训练班的教师在小纸条上写下他们认为初学演说者所碰到的最大问题。经过统计之后发现，"引导初学者选择适当的题目演说"，这是卡耐基训练班上课初期最常碰到的问题。

什么才是适当的题目呢？假使你曾经具有这种生活经历和体验，经由经验和省思而使之成为你的思想，你便可以确定这个题目适合于你。怎样去寻找题目呢？深入自己的记忆里，从自己的背景中去搜寻生命中那些有意义并给你留下鲜明印象的事情。

多年前，卡耐基根据能够吸引听众注意的题目做了一番调查，发现最为听众欣赏的题目都与某些特定的个人背景有关，例如：

早年成长的历程。与家庭、童年回忆、学校生活有关的题目，一定会吸引他人的注意。因为别人在成长的环境里如何面对并克服阻碍的经过，最能引起听众的兴趣。

你的嗜好和娱乐。这方面的题目依各人所好而定，因此也是能引人注意的题材。说一件纯因自己喜欢才去做的事，是不可能会出差错的。你对某一特别嗜好发自内心的热忱，能使你把这个题目清楚地交代给听众。

幼年时代与奋斗的经过。像有关家庭生活、童年时的回忆、学生时代的话题，以及奋斗的经过，几乎都能赢得听众的注意，因为几乎所有的人，都很关心其他的人在各自不同的环境中，如何碰到障碍，以及如何克服它。

年轻时代的力争上游。这种领域的话题，亦颇富于人情味以及趣味的。为了争口气，在社会上扬眉吐气，这种力争上游的经过，必能牢牢地抓住听众的心，你如何争取到现在的工作？你如何创办目前的事业？是什么动机促成你今日的成就？这些都是受到欢迎的好题材。

特殊的知识领域。在某一领域工作多年，你一定可以成为这方面的专家。即使根据多年的经验或研究来讨论有关自己工作或职业方面的事情，也可以获得听众的注意与尊敬。

不同寻常的经历。你碰到过伟人吗？战争中曾经受过炮火的洗礼吗？经历过精神方面的危机吗？诸如这些经验，都能够成为很好的谈话题材。

因此，你可以用下面的方法赢得听众的信任。

1. 说自己经历或考虑过的事情

若干年前，卡耐基训练班的教师们在芝加哥的希尔顿饭店开会。会中，一位学员这样开头："自由、平等、博爱，这些是人类字典中最伟大的思想。没有自由，生命便无法存活。试想，如果人的行动自由处处受到限制，那会是怎样的一种生活？"

一说到这儿，他的老师便明智地请他停止，并问他何以相信自己所言。老师问他是否有什么证明或亲身经历可以支持他刚才所说的内容。于是他告诉了我们一个真实感人的故事。

他曾是一名法国的地下斗士。他告诉我们他与家人在纳粹统治下所遭受的屈辱。他以鲜明、生动的词语描述了自己和家人是如何逃过秘密警察并最后来到美国的。他是这样结束自己的讲话的：

"今天，我走过密歇根街来到这家饭店，我能随意地自由来去。我经过一位警察的身边，他也并不注意我。我走进饭店，也无须出示身份证。等会议结束后，我可以按照自己的选择前往芝加哥任何地方。因此请相信，自由值得我们每个人为之奋斗。"

全场观众起立为他热烈地鼓掌。

2. 讲述生命对自己的启示

诉说生命启示的演说者，绝不会吸引不到听众。卡耐基从经验中得知，很不容易让演说者接受这个观点——他们避免使用个人经验，以为这样太琐碎、太有局限性。他们宁愿上天下地去扯些一般性的概念及哲学原理。可悲的是，那里空气稀薄，凡夫俗子无法呼吸。人们都会关注生命，关注自我，因此当你去诉说生命对你的启示时，他人自然会成为你的忠实听众。

3. 真切显露你的诚意

这里有个问题，即你以为合适的题目，是否适合当众讨论。假设有人站起来直言反对你的观点，你是否会信心十足、热烈激昂地为自己辩护？如果你会，你的题目就对了。

开个人情户，日后储蓄多

有人把人情比做是一种资源，应该在最需要的时候用；有人把人情比做是"消防队员"，救急不救穷。无论是哪一种，人情都可以帮助你畅行于复杂的人际社会。因此，为自己开设一个"人情"账户是非常必要的。

在某招聘网站做编辑的李萌，一早就接到一位半生不熟的朋友的来电，请求李萌帮她找工作。

这位朋友说："您好！我在贵网站看到您是负责这个网站的编辑，不知道贵网站现在是否还招聘编辑？我有两年网站编辑的经验，非常希望能够加入咱们这个团队。"

李萌知道自己的网站目前没有空缺职位，也不招聘新人。按理说，这种情况直接拒绝那个人非常容易。不过李萌觉得，没必要说得太直接，于是她婉转地说："很遗憾，我们网站目前还没有招聘计划，不如您到 A 或 B 网站去咨询一下，说不定那里有适合您的选择。"

虽然本质上未能如愿以偿，但这位朋友听了李萌的话仍然感觉很温暖，说："那给您添麻烦了，我再去其他地方试一下吧！谢谢您！"

这件事就这样过去了，李萌压根也没怎么放在心上。但一个月后的某天，李萌开始感谢那次偶然的邂逅。

领导让李萌负责自己的网站和 A 网站进行友情链接。由于 A 网站比自己所在网站受关注度高很多，李萌担心对方的负责人可能会拒绝。但她还是硬着头皮拨通了 A 网站上显示的相关负责人的电话。

电话刚接通，李萌先自我介绍道："您好，我是××网站友情链接的负责人李萌。不知道能否打扰您一下，想和您谈谈关于邀请贵网站与我们进行友情链接的事情。"

孰料，对方听完用很愉快的声音回答道："哦，原来您是××网站的李萌啊。不知道你是否还记得一个月前我们其实通过电话的？正是听了您的指点，我来 A 网站应聘，才有幸得到今天的工作……"

李萌万万没有想到自己竟会与那个偶然邂逅的人再次相遇，而且还是在工作上。后文自然就是李萌很成功地完成了领导交予的与 A 网站进行友情链接的任务。不仅如此，她后来还与那个偶然邂逅的朋友成了真正的好朋友，而且两人还是业务上的合作伙伴。

很多时候就是这样，不要小瞧一个偶然的邂逅，说不定你的人情储蓄就是从这个偶然邂逅的"客户"上开始的。

要建立好人情账户，一定要让自己有人情味。一个没有人情味的人，是永远玩不了"施恩"这看似简单实则微妙的人情关系术的。这种人只会用"互相利用，互相抛弃，彼此心照不宣"来推挡，而不去深思人情世故的奥秘之处，所以无法达到人情操纵自如的境界。

从现在开始，无论是与某人邂逅，还是与某人频频相遇，赶快去建立你的人情账户吧，只有先"开户"，你日后才能在此基础上不断储蓄。

分人一杯羹，日后落难有帮手

常言道，"人在江湖飘，哪有不挨刀"，很少有人能在这江湖是非之地叱咤风云而又全身而退，如果有的话，一来可以认为他运气太好，没有碰到厉害的角色；二来太会做人，达到了无懈可击的程度。

清朝著名的"红顶商人"胡雪岩，在他发达期间，纵横官场与商场，黑白两道，上下通吃，做人真正地做到了"人精"的地步。其中，他做人一个很重要的原则便是"利益均沾，资源共享"。他对于金钱的看法是有他独到见解的，其中，很重要的一点便是分他人一杯羹，互惠互利。

胡雪岩做生意，永远会把人缘放在第一位。"人缘"，对内指员工对企业忠心耿耿，一心不二；对外指同行的相互扶持、相互体贴。

有一次，胡雪岩打听到一个消息说外面运进了一批先进、精良的军火。消息马上得到进一步的确定，胡雪岩知道这又是一笔好生意，做成一定大有赚头。他立即找外商联系，凭借他老道的经验、高明的手腕，以及他在军火界的信誉和声望，胡雪岩很快就把这批军火生意搞定。

正当春风得意之时，他听商界的朋友说，有人在指责他做生意不仁道。原来外商已把这批军火以低于胡雪岩出的价格，拟定卖给军火界的另一位同行，只是在那位同行还没有付款取货时，就又被胡雪岩以较高的价格买走了，使那位同行丧失了赚钱的好机会。

胡雪岩听说这事后，对自己的贸然行事感到惭愧。他随即找来那位同行，商量如何处理这事。那位同行知道胡雪岩在军火界的影响，怕胡雪岩在以后的生意中与自己为难，所以就不好开列条件，只好推说这笔生意既然让胡老板做成了就算了，只希望以后留碗饭给他们吃。

事情似乎就可以这么轻易地解决了，但胡雪岩却不然，他主动要求那位同行把这批军火"卖"给他，同样以外商的价格，这样那位同行就吃个差价，而不需出钱，更不用担风险。事情一谈妥，胡雪岩马上把差价补贴给了那位同行。那位同行甚为佩服胡雪岩的商业道德。

如此协商一举三得，胡雪岩照样做成了这笔好买卖；没有得罪那位同行，博得了那位同行衷心的好感，在同行中声誉更加高了。这种通达的手腕和高超的做人"心机"日益巩固着他在商界的地位，成为他在商界纵横驰骋的法宝。

不乘人之危抢人饭碗是胡雪岩圆融的处事方式的具体体现。他一直恪守这一准则，使得他在商界中获得了极好的名声。

聪明人都懂得，人际场上，无论做什么事情，好处不能自己都占绝，干什么事情都不能吃干抹净，一定要为他人着想，有好处时分给他人一杯羹，这样不仅不会与他人结下怨仇，而且还为自己储蓄了人情，等你失势时别人才不会落井下石，而且还会出手相助。精通人情的"心机"，才能避开可能出现的人际关系陷阱。

关键时拉人一把

所谓患难，主要是指个人遇到的困难，遭到的不幸。摆脱困难，战胜不幸，不能完全依赖别人，要靠我们自己的力量，要借助友谊的力量。

人情储蓄，不仅仅是在那欢歌笑语中和睦相处，更是要在那困难挫折中互相提携，相濡以沫。有的人在无忧无虑的日常生活中，还能够和朋友嘻嘻哈哈的相处，可是一旦朋友遇到了困难，遭到了不幸，他们就冷落疏远了朋友，"友谊"也就烟消云散了。这种只能共欢乐不能同患难的人，不仅是无情的，更是愚蠢的。因为他们的自私，会让自己的人情储蓄负债，会让自己日后的人际关系道路越走越窄。

所以，当朋友遇到了困难的时候，我们应该伸出援助的双手。当朋友生活上窘迫困顿时，要尽自己的能力，解囊相助。对身处困难之中的朋友来说，实际的帮助比甜言蜜语强一百倍，只有设身处地地急朋友所急，帮朋友所需，才体现出友谊的可贵，让这份交情细水长流。

当朋友遭遇不幸的时候，我们要用关怀去温暖朋友那冰冷的心，用同情去安抚朋友身上的创伤，用劝慰去平息朋友胸中冲动的岩浆，用理智去拨散朋友眼前绝望的雾障。

当朋友犯了错误的时候，我们应该表示理解并尽可能地给予帮助。一般来说，朋友犯了错误，自己感到羞愧，脸上无光。但有些人，常担心继续与犯了错误的朋友相交会连累自己，因此而离开这些朋友，其实这种自私的行为很不可取。要知道，友谊的价值之一，就是在于帮助犯了错误的朋友一道前进。

当朋友遭到打击、孤立的时候，我们应该伸出友谊的双手，去鼓励对方，支持对方。如果在朋友遭到歪风邪气打击的时候，为了讨好多数，保持沉默，或者反戈一击，那我们就成了友谊的可耻叛徒。正如巴尔扎克的《赛查·皮罗多盛衰记》中所说的："一个人倒霉至少有这么一点好处，可以认清楚谁是真正的朋友。"一个好朋友常常是在逆境中得到的。假如有人在遭到打击、孤立的时候，即使你与他并不是挚交，但你却能够理解他、支持他，坚决同他站在一起，那他一定会把你视为一生的挚友，会为找到一个真正的朋友感到高兴。更重要的是，将来某一天如果你需要他的帮助时，他会心甘情愿地去为你"两肋插刀"。

总之，友情的赢得往往在关键的时刻，即当别人处于困顿的时刻。这个时候是放人情债的绝佳时刻，只要你在这关键时刻伸出你的手拉他一把，你就获得了他的好感，为日后储蓄了一笔人情"资金"。

感情常联络，日久自生情

关于感情联络一点，卡耐基为我们讲了一个浅显易懂的例子：一位同事生日，有人提议大家去庆贺，你也乐意前行，可是去了以后发现，这么多的人，偏偏来为他贺岁，他们为什么不在你生日的时候也来热闹一番？

这就是问题所在，这说明你的人情做得还不到家，你的人际关系还有欠佳的地方。要扭转这种内心的失落，你不妨积极主动一些，多找一些借口，日常与大家多联络联络感情。

比如，你新领到一笔奖金，又适逢生日，你可以采取积极的策略，向你所在部门的同事说："今天是我的生日，想请大家吃顿晚饭。敬请光临，记住了，别带礼物。"在这种情形下，不管同事们过去和你的关系如何，这一次都会乐意去捧场的，你也一定会给他们留下一个比较好的印象。

重视日常感情联络，可以学习入乡随俗。以职场为例，如果你所在的公司中，升职者有爱请同事的习惯，那等到你升职的时候就不要破例，趁这个机会可以和大家好好沟通一下感情。同时，如果人家都没有请过，而你却独开先例，同事们会以为你太招摇。所以，要按约定俗成的规定来办。

重视日常感情联络，还有一个因人而异的问题。对于深交的朋友，有求必应，关系密切，无论何种境况，都能肝胆相照。对于浅交之人，平时联络感情起初都遵循礼尚往来的原则，随着交往次数的频繁，逐渐再把关系推向深入。

不过，日常联络感情也需要适度，能联络时联络，不方便联络或很不情愿联络时就千万不能勉强。比如，同事间的送旧迎新，由于工作的调动或退休等原因，要分离了，可以去送行；来新人了可以去欢迎。

做好人际关系中的日常感情联络，还需把握一些必要的技巧：

第一，对于联络感情的话题内容应有专门的知识——当你和对方谈到某一件事时，你必须对此确有所认识，否则说起来便缺乏吸引力，不能让对方感兴趣。

第二，充分明了人与人之间的关系的真理——有许多事即使做法不同，但道理是永不能改变的，这种"永不能改变"的道理，自己要常常放在心里。

第三，要培养忍耐力——切忌凡事小气。经验证明，小气常使自己吃亏。

第四，能够利用语气来表达你自己的愿望——不要使人捉摸不定，有些人以为态度模棱两可是一种技巧，其实是相当拙劣的。真正懂得运用感情联络技术的人，都会让本身的立场迅速公开。

第五，人多时，若不同朋友之间发生分歧，自己最好保持中立，保持客观——按照经验，一个态度中立的人，常常可以争取更多的朋友，否则很容易得罪其中的一方。甚至对于你的"死党"，也不必口口声声去对他表明，只要事实上是"死党"就行。

第六，对事物要有衡量种种价值的尺度，不要死硬地坚持某一个看法。

第七，对事情要守密。虽然朋友间聊家常无话不说，但一个人不能守住秘密，会在很多时候出现过失，包括在亲近的朋友面前。

第八，对人亲切、关心，竭力去了解别人的背景和动机。

此外，没有经过准备而进行一次感情联络，不但不能成功，反而会遭受无可挽救的失败。如电话联络，预先准备好别人说有时间或没空时你应如何应对，就可以避免太多不必要的烦恼。

只有重视日常生活中的感情联络，我们才能给自己构建一个良好的人际交际的网络。

雪中送点炭，人情常相伴

在社会生活中需要感情投资，这个道理很多人都明白，但是如何进行感情投资却没有多少人清楚。其实，感情投资的最佳策略就是雪中送炭。

在《水浒传》中，有这样精彩的一幕：

话说宋江杀了阎婆惜后，逃到柴进庄上避难，碰上了武松。当时武松因在故乡清河县误以为自己伤人致死已躲在柴进庄上。但因为武松脾气不太好，得罪了柴进的庄客，所以柴进也不是十分喜欢他。"柴进因何不喜武松？原来武松初来投奔柴进时，也一般接纳管待；次后在庄上，但吃醉了酒，性气刚烈，庄客有些顾管不到处，他便要下拳打他们，因此满庄里庄客，没一个道他好。众人只是嫌他，都去柴进面前，告诉他许多不是处。柴进虽然不赶他，只是相待得他慢了。"所以，武松在柴进的庄上一直被大家孤立，找不到一个可以交心的朋友，只能一个人天天喝闷酒。

宋江知道武松是个英雄，日后定可为自己帮忙，因此，他到了柴进庄上一见到武松马上拉着武松去喝酒，似乎亲人相逢。看武松的衣服旧了，马上就拿钱出来给武松做衣服（后来钱还是柴进出的，但好人都是宋江做）。而后"却得宋江每日带挈他一处，饮酒相陪"，这饮酒的花费自然还是柴进开销的。临分别时，宋江一直送了六七里路，并摆酒送行，还拿出十两银子给武松做路费，而后一直目送武松远离。

正因为这样，武松一直对宋江忠心耿耿，为宋江出生入死。

宋江所费之钱可以说是小成本，他仅花了十两银子和钱行的一顿饭，却让英雄盖世的武松对他感恩戴德。而柴大官人庇护了武松整整一年，就算后来有所怠慢，也不会少他吃喝用度的，在武松身上的花费岂止区区十两银子。

相对于宋江而言，柴大官人真是得不偿失。这位宋大哥在武松心目中的分量恐怕要远远超过柴大官人。为什么柴进名满江湖、出身高贵，却成不了老大，而宋江却可以？因为宋江更懂得如何通过雪中送炭而收买人心。

在他人处于困境中的时候，我们能不打折扣地给予帮助，有朝一日，他们飞黄腾达了，就会第一个要还你人情。那是找他们帮忙，他们便会毫不犹豫。

当然，我们说要雪中送炭，并不是说逢人便送，遇人则结，而是"放出眼光，择其有资望者，或将来必有腾达高就者"。如果你认定某个不得势的人将来必定是个成功人物，那你该多多交往，或者乘机进以忠言，指出他失败的原因，激励他改过向上。如果自己有能力，更应给予适当的协助，甚至给予物质上的救济。而物质上的救济，不要等他开口，要采取主动。有时对方急需物质帮助，又不好意思对你明言，或故意表示无此急需。你如果得知此情形，更应尽力帮忙，并且不能有丝毫得意的样子。日后如有所需，他必全力回报。

赢得人心要耐心，细水长流情才深

在人际交往中，把握好与人交往的尺度才能在社会中如鱼得水，为办事做好铺垫。只有保持平静的、持续的接触，拓展出来的人际关系才是可以信赖的。

张军参加了一个社交聚会，交换了一大堆名片，握了无数次手，却也搞不清楚谁是谁。

几天后他接到一个电话，原来是几天前见过面也交换过名片的"朋友"，因为那位"朋友"名片设计特殊，让他印象深刻，所以记住了他。

这位"朋友"也没什么特别目的，只是和他东聊西聊，好像两人已经很熟了那样。

张军不大高兴，因为他和那个人没有业务关系，而且也只见了一次面，这样打电话聊天，让他有被侵犯的感觉，而且也不知和他聊什么好。

在现代社会中，这种情形常会出现，以张军的"朋友"来看，他有可能对张军的印象颇佳，有心和他交朋友，所以主动出击，另外也有可能是为了业务利益而先行铺路。但不管基于什么样的动机，他采取的方式犯了人际交往中的忌讳——操之过急。

拓展人际关系是必需的，但在社会上有一些法则还必须注意，才能不致弄巧成拙。

这个法则就是"一回生，二回半生不熟，三回才全熟"。

因为人都有戒心，这是很自然的反应，一回生，二回就要"熟"，对方对你采取的绝对是关上大门的自卫姿态，甚至认为你居心不良，因而拒绝你的接近，名人、富人或有权势之人，更是如此。

每个人都有"自我"，你若一回生，二回就要熟，必定会采取积极主动的态度，以求尽快接近对方。也许对方会很快感受到你的热情，而且也给你热情的回应，可是大部分人都会有自我受到压迫的感觉，因为他还没准备好和你"熟"，他只是痛苦地应付你罢了，很可能第三次就拒绝和你碰面了。

因此，赢得人心不可操之过急。

收获人情，借不如送

现实中，很多人碰到他人向自己借钱的问题时都很困扰，因为借他钱，有可能这一笔钱就要不回来了，要么就一再拖延，到最后才拿回一小部分。亲朋需要才会来借钱，如果时间一到便去催债，好像自己太没人情味，更怕一开口，就伤了彼此的感情。不借的话，自己的钱固然是"保住"了，但他们有难，不出手帮忙，道义上似乎也说不过去，也担心二人的感情恐怕从此要变质了……

借不借人钱，就是这么让人伤脑筋！

当然，也是有"有借有还"，甚至还本金也还利息的朋友。不过说老实话，这种借款行为还是潜藏着危机——如果他一而再再而三地向你借款，表示他的财务有问题，总有一天会连本金也还不出来！

可是，横在面前的人情、感情与道义，怎么办呢？聪明人的做法是：给他钱，而不是借他钱！

所谓"给他钱"有两个层面的意义。

第一个层面的意义是表面上是"借给"他，也言明归还期限和利息多少，但在心理上却抱着这笔钱是"一去不回头"的想法，他能还就还，不能还就当做是"送给"他的！这种态度很阿Q，却有很多好处。第一个好处是不会影响两人的感情，你也不会因为对方还不起钱或不还钱而难过；第二个好处是顾到了朋友间有难相助的"道义"；第三个好处是在对方心中播下一粒"恩与义"的种子，这粒种子或许会发芽、茁壮，待他日以"果实"对你做最真诚的回报。

　　第二个层面的意义是真的"给"他钱。也就是说，他虽然是向你借用的，但你却表明是给他的，是要帮他解决困难的，并不希望他还钱。这样子做也有很多好处。第一个好处是他不大可能再来向你"借钱"，不好意思了嘛！而你也可表示"我已竭尽所能"，将对方开口的数目打折给他，万一对方真的"还"不起钱，或根本不还钱，你则可以降低"损失"。第二、三个好处和前面一段说的一样，兼顾了"情与义"，同时也在对方心中种了一粒"恩与义"的种子，而这"人情"，他总是要担的。

　　如果"借"或"给"都觉得很难，那么就狠心拒绝吧！不过，在力所能及的情况下还是不要那么斤斤计较于钱能否再回到你的口袋中，因为钱毕竟不等同于幸福，人生真正的幸福和欢乐是浸透在亲密无间的家庭关系及友情中的。

第三篇

人际交往中的细节与规范

第一章　初次见面别马虎

握手要注意场合

握手是一种礼貌，但如果不看场合握手，就不能说是礼貌之举了。

听名人作报告，对方报告完毕，正在喝水解渴，你热情地伸手相握，无疑是对他的不敬；初次拜访别人，对方正在接电话，你迫不及待地与对方握手，显然是对他的打扰；别人双手抱着一堆资料从图书馆出来，你殷勤地伸手与对方相握，明显是给对方出难题；参加社交聚会，看到一个朋友正在和别人交谈，你马上要求握手，一定会被人视为冒犯。

握手不看场合会引起误会和尴尬，因此，握手之前一定要事先"观察好形势"。

温馨提示：

与人握手应选择合适的时间和场合。

握手的同时应该看着对方的眼睛，并致以问候。

在餐桌上、厕所里以及别人有事在身时不要与之握手。

切忌同时与两人握手

老朋友聚会、同时接待多位客人、演出结束时接受观众的问候……当面对的人员众多时，同时与两人握手似乎能表示自己对握手对象同等的、迫不及待的热情，其实这样做对被握的两个人同样不敬。

同时与两个人握手，便无法很好地与其中任何一位进行交流。如果两人身份较高，他们都会感到受了冷落；如果他们关系不合，他们会以为你别有用心。同时与两人握手，传达给别人的信息是：我没有时间，我对你们每个人都不感兴趣，我和你们握手，只是走过场而已。

同时与两人握手相当于同时对两个人冷笑。如果你不想得罪任何一个人，一定不要那样做。以交叉十字的形式握手被视为不祥，也应避免。

温馨提示：

一次只能和一个人握手。

握手时应根据一定次序，如职位、长幼等。

不清楚握手对象的身份、年龄等具体情况时，可按顺时针次序或从距离自己最近的人开始。

握手时应起身站立

坐着握手是向握手对象暗示你不想和他握手，代表和传达出的是消极态度。

坐着与陌生人握手，对方会觉得自己不受尊重；坐着与晚辈握手，对方会觉得你自以为是；坐着与下属或客人握手，对方会觉得你装模作样、摆架子。坐着握手可以被理解为否定对方，被误解为敌意，也可以被理解为无视对方，被误解为轻蔑。即使你无心得罪别人，也会给别人留下故意而为的印象。

即使年龄与身份相仿的熟人相见，坐着握手也不能称得上礼貌。边握手边和其他的人寒暄，说明你对握手对象心不在焉。

温馨提示：

除非你是残疾人，否则应该站起来与人握手。

年长者或身份较高的女性可以坐着与人握手。

握手时，另一只手不能插在衣兜里，嘴里不应该有食物、香烟等物。

不可无故拒绝握手

无故不要拒绝握手，否则让别人伸在空中的手放也不是，不放也不是，从而陷入尴尬无法收场。

无故拒绝与人握手，别人的第一反应多半是"他是不是看不起我?"名人在签名售书时拒绝与读者握手，就是摆架子；记者采访农民工时拒绝与对方握手，就是身份歧视；颁奖典礼上颁奖者拒绝与受奖者握手，就是暗示对方不配受奖；谈判双方无故拒绝握手，说明彼此缺乏信任；普通职工在接受上级慰问时拒绝与对方握手，就是冒犯上级。依次与一行人分别握手，却拒绝与其中的某个人握手，是公开蔑视对方。

无故拒绝与别人握手，不容置疑是礼仪的失败。

温馨提示：

别人提出握手时，应该主动配合并回应。

握手时不可勉强敷衍，而应真诚且力度得当。

面对需要与一群人握手时，要一视同仁。

以双手递接名片

名片虽小，送出和接受时也不该只用左手，甚至只用左手的两个手指，因为这是令人厌恶的行为。

左手递名片是对接受者的不敬，左手接名片是对递出名片者的不敬。在公众场合中，如果你的公众形象很好，左手递接名片会使你的形象受损；如果你尚未达到一定的知名度，左手递接名片会让你的公众形象贴上负面标签。面对长者这样做，你会给对方以"犯上"的印象；面对晚辈这样做，你会给对方以"耍大牌"的印象；面对平辈人这样做，对方会觉得你对他有消极看法。

温馨提示：

递接名片时动作应从容。

递送和接受名片时应用双手或右手。

男性不应主动向同性的配偶或其他女性亲属递送名片。

不可将脏污或折损的名片递给别人

将脏污或折损的名片递给别人，无论你是否有意为之，都是不礼貌的做法。

递给别人脏污或折损的名片，一方面说明你不珍视自己的形象，不在乎自己在别人心目中是否美好；另一方面说明你不在乎别人，故意用不完好的名片敷衍别人。

因此，千万不要递给别人有"毛病"的名片。

温馨提示：

自己的名片应该放在便于保护的地方，防止折损。

如果自己的地址或电话有变更，应该另印名片而不是涂改旧名片。

如果没有完好的名片，应该礼貌地告之对方并请对方原谅或待他日补送名片。

递名片时把正面朝向对方

递名片给别人时，不少人没有想过应该把正面朝向对方。

递名片时正面朝向自己，表明你对自己更为关注。将名片文字的反方向递给别人，对方阅读起来会有困难。虽然这个"方向性"问题是极小的细节，却能体现出一个人是否懂得为他人着想，是否有值得敬佩的合作精神。如果不想引人误解和不快，还是不要把名片正面朝向自己吧！

如果你的名片背面是空白的，将背面朝上递给别人同样是错误的。

温馨提示：

递送名片时，应将名片的正面朝向对方。

送出名片的同时，应用友好的目光看着对方的眼睛。

递送名片时，应适当与对方寒暄或稍加自我介绍。

不可无故拒绝别人索要名片的要求

无故拒绝别人索要名片的要求是错误的。

如果对方身份比你低很多，拒绝递名片，对方会认为你看不起他；如果对方身份比你高很多，拒绝递名片，对方会认为你不尊敬他；如果对方态度很真诚，拒绝递名片是辜负对方；如果对方仰慕你而提出请求，你的无故拒绝是伤害对方；如果你觉得对方与你没有交往的可能，断然拒绝递名片会破坏你在对方心目中原本不错的形象。

无故拒绝给别人名片会让对方无法下台，尴尬收场。

温馨提示：

无论对方身份地位如何以及与自己的关系如何，都不应断然拒绝发送名片。即使拒绝，理由和态度也要委婉。

平时应随身携带足够多的名片以备发送和交换。如果自己未携带名片或名片已用完，应礼貌地向对方说明。

事先可以准备未留详细地址的社交名片，预备发给不准备深交的人。

收到名片后要回应对方

收到名片后，在表情和语言上没有任何表示，往往会让送出名片的人摸不着头脑，从而产生怀疑、失望、生气等负面情绪。

代表单位外出参观访问或接待来宾时收到对方人员名片后再无任何表示，对方会认为你所在的单位员工素质低下；作为个体与别人交往时接到名片后不做回应，别人会认为再没有与你继续交往的必要。收到名片而不做回应，在别人看来，你把送出名片的人当成了"透明人"。

收到名片不理不睬，就像得到别人的帮助后表现得若无其事一样令人厌恶。

温馨提示：

收到别人的名片后首先应面露微笑，态度恭敬。如果你坐着，接名片时一定要站起来。

接过别人的名片后要向对方表示感谢。

接到别人名片后应回赠自己的名片给对方。

不宜在用餐过程中交换名片

别人刚把酒杯举起准备干杯，你就提出要交换名片；别人相谈正欢，你提议交换名片；别人正忙着夹菜，你提出交换名片……餐桌上交换名片看似便利，却很不妥当。

在进餐过程中交换名片，会影响大家吃菜、饮酒、交谈，影响宾主尽欢的气氛，而且不卫生，将名片上的细菌等脏污带到手上，会引起别人的不快。再者，在餐桌上交换名片，给人的感觉是功利性太强，容易引起别人的戒备心理。

从任何角度来考虑，在用餐过程中交换名片都是不合礼仪的。

温馨提示：

在餐桌上进餐、别人正在忙碌时不宜交换名片。

与别人没有交往必要时不必交换名片，对方无意与自己交往时不必交换名片。

参加宴会时，适合交换名片的时间是见面之初。

切忌叫错别人的名字或职务

任何人都不希望别人叫错自己的名字或者职务。

名字和职务是一个人最珍视的个人标志，不容亵渎。叫错别人的名字，说明你对他了解太少；叫错别人的职务，说明你居心叵测。当着总经理的面，把张副总经理叫成张总经理，总经理会皱眉，张副总会暗暗叫苦；别人已经升迁，你却依然用原来的职务称呼别人，对方会认为你心怀嫉妒。一次叫错可以原谅，如果多次叫错就是"顽固不化"。

温馨提示：

和别人打招呼时应看清楚对象再说话。

如果不能肯定对方的身份，可以事先询问别人。

叫错别人名字或职务后应及时道歉并改正。

同时招待几个客人时要作一番介绍

如果你同时接待几个客人，而他们彼此又不熟悉，不作介绍是很失礼的。

组织两个集体进行联谊活动却不对双方成员进行介绍，彼此间就不太容易确定身份，从而阻碍交往，产生交流障碍。如果不事先作介绍，个别人因为互不了解而随口说了不利于在座的其他人的话题，会让彼此都有误解，无法继续交流。

当有人拜访自己而又与在场者不相识时，不将来访者介绍给在场的其他人也是不可取的。

温馨提示：

应该把晚辈介绍给长辈，把职务低的人介绍给职务高的人。

应将男性介绍给女性，把后来者介绍给先到者。

应将本单位的人介绍给外单位的人，将自己的家人介绍给客人。

为他人作介绍要注意时机

别人正在和同伴讨论问题，你突然插入他们要介绍一个刚认识的朋友过来，对方一定会为受到打扰而不快；别人正在忙于公事，你强行介绍他给别人，对方一定没有心情接受；别人正在欣赏艺术作品或投入地运动，你上前为他介绍自己的同伴，对方一定会心不在焉；别人刚听到一个噩耗，正陷入忧伤，你上前热情为其介绍新朋友，对方会觉得你不会察言观色，不懂得体谅别人；别人正准备开车赶路，你热情地邀他认识某人，对方一定不胜其烦。

为他人作介绍不看时机，不仅事倍功半，还会招人诟病。

温馨提示：

作介绍应选择被介绍者有空闲且有心情的时候。

作介绍应选择气氛比较融洽的时机。

作介绍应选择被介绍者精神比较充沛的时机。

将某人介绍给别人之前要事先征求其允许

如果自作主张地充当介绍人，往往事与愿违。轻者别人怪你多管闲事，重者对方为此恼火，与你关系僵化。

如果甲与乙身份、地位悬殊且生活和工作环境完全不同，介绍双方认识则没有意义；如果甲与乙原本认识而有过结，介绍双方认识会使他们矛盾加剧，且会对你产生误解；如果一个人对某个群体没有兴趣，你介绍他加入是徒劳无功；如果某些人迫切想结识甲，但甲反感与陌生人接触过多，你未经同意介绍一群人给甲，必定会招致他的厌烦，且无法向群体交代。

因此，千万不要未经同意就将某人介绍给别人。对于被介绍的任何一方，这条法则都是适用的。

温馨提示：

为他人作介绍之前，必须私下分别征求双方的意见。

必须经过被介绍的双方首肯，介绍才有意义。

不要介绍明显没有共同点的人相互认识。

先把男士介绍给女士

一般情况下，先把女士介绍给男士是不对的。

所谓女士优先，不是说先介绍女性，而是女性有优先认识别人的权利。如果把一位女性经理介绍给外单位的普通男性业务员，把年轻女士介绍给年龄相当的男士，把年长的女士介绍给年轻男士，双方都会尴尬。先把女士介绍给男士，女士会认为你不尊重对方，男士则会感到不安。大家会觉得你连起码的礼仪规则都不知道，有负于介绍人的身份和职责。

如果没有特殊情况，一定不要先把女士介绍给男士。

温馨提示：

在社交场合中作介绍时，应该先把男士介绍给女士。

同时为多位女士作介绍时，可将年轻女士介绍给年长女士。

在正式场合，或者男士的年龄或地位远远高于女士，应将女士介绍给男士。

第二章　寒暄称呼要真诚

不要随便在路上寒暄"吃了没?""上哪儿去?"

"吃了没?""上哪儿去?"这两句对于中国人来说差不多已经是具有口头禅性质的招呼语了。不论场合,不分时间,只要是熟人见面,甚至不太熟悉的两个面孔相遇,这两句都会条件反射般脱口而出。在中国人的传统意识中,它们是不需要给出确切答案的问候语,相当于"您好""早上好""下午好"等。

然而把"吃了没?""上哪儿去?"这两句话用做招呼语是不合礼仪规范的。假如一个人刚从厕所出来,你随口说上一句"吃了没",太不合理,也太有失文雅。同样,"上哪儿去"也不能随意用,这是干涉他人隐私的行为,特别是你这样问候一个外国人时,对方一定会十分生气。

温馨提示:

招呼用语要随时间和场合变化而变换。早晨可说"早上好",晚上说"晚上好";遇见出席会议的人,可以说"准备发言吗""会议什么主题"等。

寒暄的内容可丰富多彩,最近看过的电影、热点新闻、公众人物等等都是合适的题材。

天气是永远不会过时和出错的寒暄题材,"你好""您好"是放之四海而皆准的招呼语。

寒暄时的话语和表情应该自然而随和。

和人打招呼时不能把手插在口袋里

把手插在口袋里打招呼,是轻视别人的表现,是不提倡的。

手插在口袋里和人打招呼时,除了使用语言,就只能使用眼神和头部动作。试想：一个人傲慢地冲你微笑一下，然后点几下头，如此招呼是不是很令你失望呢？没有人愿意理会不尊重自己的人。看似无关紧要的动作，实际上已给别人留下了不懂礼貌的印象。

温馨提示：

打招呼时应把插在口袋里的手拿出来。

打招呼时，可以将一只胳膊举起，掌心向外，左右摇晃手掌。你也可以小幅度、有规律地上下屈伸手指，手势要自然。如果是久违的朋友，你可以举起双手，用力挥舞向对方表示招呼。

如果你正在吸烟或吃东西，打招呼时，应该把烟从嘴上拿下来，把食物吃完再说话。

不可在很远的距离外大喊对方的名字

正在路上走着，突然听到有人大叫自己的名字，估计任何人都会有被吓了一跳的感觉。

如果对方正在约见密友，根本就不想遇见熟人，你远远地大声招呼会让对方想避又避不开，尴尬非常；如果对方是你的上司，措手不及的大声招呼会让他失态，继而厌恶你的"突袭行动"；如果对方正在和一帮人说话，并没有注意到与话题无关的声音，而你周围不认识的人们却向你投来不屑与不解的目光，你岂不是会很失望？如果在公司的走廊里，你的叫喊声回荡在整个办公楼，必然会引起公愤。

距离很远就大喊别人的名字，有损"彬彬有礼"的个人形象，这种行为是错误的。

温馨提示：

双方距离在 10 米以外，你可视而不见，双方距离 5 米左右时可视情况而定。

若对方步速极快，看起来很忙，不宜打招呼；对方步态从容，则可以选择适宜的方式打招呼。

如果对方已经看到你但马上转移注意力，说明他不想和你打招呼。

在会场、剧场等特别嘈杂或安静的公众场合，在远处以目光示意、点头、微笑就可以了。

打招呼时要看着对方的眼睛

眼睛是最能传情达意的器官，目光是人际交往中最重要的交流媒介之一。健全的人如果没有眼神的交流，成功的交际就无从谈起。

打招呼时不看对方的眼睛，首先会让对方怀疑你是不是在跟自己打招呼；紧接着，对方又会怀疑你的诚意——你是害怕我，还是讨厌我？还是看不起我，不屑与我打招呼？再怀疑下去，就涉及你的心理问题了，对方就会想：你是不是内心有什么事情呢？你是不是不够自信？

打招呼时不看对方的眼睛，就无法让对方感受尊重。看着别人的眼睛说话才不失礼仪，打招呼时看着对方的眼睛，这个招呼才算得体。

温馨提示：

打招呼的同时要看着对方的眼睛，如果不习惯看人眼睛，看对方眉毛之间、额头、鼻梁也可。

打招呼时，态度要热情大方，说话要吐字清晰。

打招呼时，目光不要游移不定，不停地四处逡巡，也不要目不转睛地盯着对方。

晚辈要先向长辈打招呼

打招呼时等着长辈先开口，不用推敲就知道是错误的行为。

尊重长辈是中国的传统美德。路上相遇，上门拜访，长辈已经向你投来问候的目光，你却面无表情，径直走向对方，死活不肯张开"金口"。这于情于理都不合适。等着长辈先打招呼，对长辈而言很丢面子；在别人眼里，你很缺少教养。

无论是因为你觉得长辈不值得尊敬，还是因为你害怕长辈的威严，你的沉默在长辈看来都是示威和轻蔑。如果长辈比较孤独而敏感，你的沉默还可能会对他造成伤害。沉默并不能表达你的问候，因此，见到长辈千万不要不开口。

温馨提示：

除非是在厕所、澡堂等地，在任何时候遇到长辈，晚辈主动问候都是必需的礼仪。

当你偶遇长辈而没有注意到对方时，一定要在发觉后第一时间主动而礼貌地打招呼。

即使你匆忙赶路或有事在身时，也不要忘了主动向长辈热情地招手致意。

不可用碰触他人身体的方式打招呼

见到别人时用碰触他人身体的方式打招呼，这不见得是个好习惯。

见到好友，猛地在背后拍对方的肩膀打招呼，你会惊吓到对方；见到领导，殷勤地用肩膀碰碰对方的肩膀，对方会觉得你态度谄媚，并且行为已经"过界"；见到女性熟人，面带笑容地用手指捅捅对方的胳膊或拽拽对方的头发打招呼，对方会觉得你行为暧昧、惹人猜疑。

这样打招呼看似亲密，其实很容易引起被接触者和旁观者的反感。这种行为是对他人尊严和身体的冒犯，容易给人留下没教养、没规矩的印象，如果引起误解，更是有理说不清。

温馨提示：

对于自己不熟悉的人，应避免用身体碰触对方。

对于异性，应避免用碰触对方身体的方式表示问候。

对于长辈和领导，应避免使用碰触对方身体的方式打招呼。

向别人介绍自己的同伴时只需作简单介绍

向别人介绍自己的同伴是坦诚和礼貌的表现，但事无巨细地详细介绍就不对了。

一个关系一般的朋友和恋人在公园里散步，与你相互打过招呼后，你热情无比地向对方介绍你身边的妹妹芳龄几何、职业如何，对方一定会感觉短短的几分钟"度秒如年"。详细介绍自己的同伴，对于没必要了解、根本不想认识你同伴的人而言是骚扰，对于有事在身的忙人而言是妨碍，对于和你关系一般的人而言是谄媚、讨好。

向别人详细介绍自己的同伴是对双方时间的浪费，这种看似礼貌的举动千万不能养成习惯。

温馨提示：

如果同伴和别人之间彼此没有认识的必要，只简单介绍自己与同伴的关系即可。

正式场合，简单向对方介绍同伴的姓名、单位、职务即可；在社交场合，只介绍同伴的姓名或姓即可。

偶遇的情况下，如果双方距离较远，不必介绍自己的同伴给对方。

寒暄要适可而止

寒暄是我们日常见面最平常且简单不过的礼仪，彼此微笑一下，互相说一声"你好"，几秒钟时间已足够。如果你寒暄起来无休无止，问候过"你好"，紧接着又问"你父母好吗""你家的宠物好吗"……必定会让人不胜其烦。

寒暄的作用就是打招呼，表示双方看到彼此了。寒暄的内容无非就是问候彼此，谈谈天气。关系好一点儿的，询问对方最近有何事由、家里亲人如何等等，通常不会有实质性内容。无论你与对方关系如何，如果把寒暄变成"废话联播"，你的礼貌就变成了对方的负担。换言之，如果你在路边或门口看到两个人伫立着喋喋不休地寒暄，想必定会感到很滑稽。如果他们的声音很大，你就会为自己受到了干扰而不开心。

寒暄，还是适可而止的好。

温馨提示：

如果你们以寒暄为切入点，准备开始一场正式的沟通，那么赶快换个地方，以免隐私泄露。

如果是许久不见的人，你可以多说几句，但最好不要超过3分钟。

如果你和对方关系一般，不要询问实质性问题，如询问对方身体是不是不好。

如果对方很匆忙，不要刻意地一定要和对方寒暄，招招手、点点头即可。

不可以敷衍的态度应对别人的寒暄

敷衍应对别人的寒暄，等于让别人的热情碰到了寒冰，看来是不值一提的小事，却能反映出一个人是否有修养、懂礼貌。

当你热诚地和一位偶像打招呼，他却做出一副不耐烦的样子，以"哼""哈"来应对你的寒暄，估计你以后再也不会认为他值得尊敬了。如果你很忙，没有时间说话，短暂回应一下对方的问候也是能做到的；即使你身份、地位非同一般，真诚地回应别人善意的问候也总是应该的。

将心比心，敷衍应对别人寒暄的行为是不礼貌的。故意躲避想要与自己寒暄的人，也是不应该的。

温馨提示：

当别人问候你时，一定要真诚道谢并向对方致以同样的问候。

如果对方地位高于你，你的敷衍会让他认为你对他有成见；如果对方地位低于你，你的敷衍会让他觉得你目中无人。

除非对方真的不礼貌或寒暄起来没有分寸，否则一定不要流露出厌恶、不屑的表情。

遇到认识的人要主动打招呼

中国有句话叫"多一事不如少一事"，表现在打招呼、寒暄上，就是看到自己面熟却不熟悉的人就当不认识，一掠而过，也省得认错了人而尴尬。

这么做是不对的。如果对方是你的新朋友，你沉默地从他身边走过，对方会认为你存心不愿与他深交；在电梯里遇上面熟的人不吭声，下次再见面，双方肯定都觉得尴尬而不好相处；在走廊里与一个其他部门的人同行时一声不吭，这短短的几分钟内，足以让你给对方留下顽固而不擅交往的印象。

温馨提示：

如果你在狭小的空间遇到自己认识的人，无论你是否确定他认识你，都应当礼貌地打个招呼。

如果是在大街上、肃静的公共场合遇到自己认识的人，可以不打招呼，只用目光向对方表示你认识他即可。

在和自己认识但不熟悉的人打招呼、寒暄时，可以先做简单的自我介绍，以便使对方加深印象。

在别人故意躲避的时候不可上前寒暄

我们在日常生活中随时都会遇到熟人，随时都可能用到寒暄。但如果别人显然是在回避你，你依然上前寒暄就不合时宜了。

度假期间，你无意中看到上司在和异性约会，上司也看到了你，但是他不动声色地扭过头去，希望不被打扰。你却坚持礼貌地上前打招呼，无疑是告诉对方：你知道了他的隐私，这在对方看来是变相的侵犯。朋友在街头摔了一个狼狈的跟头，一见到不远处的你就迅速低头，希望不被熟人嘲笑。你这时上前寒暄，对方会认为你故意给他增添尴尬。

寒暄如果不看场合，必然是错误的。

温馨提示：

当你发觉别人在躲避你时，你应该很自然地假装没看到对方。

当你遇到别人不愿让熟人看到的举动时，迅速躲开才是礼貌。

如果别人在某一刻或某个地方躲避了你，下次见面时不要提及此事。

在非正式场合也不可随意称呼别人

在非正式场合称呼别人并非不需要讲究。

对女服务员称"小姐"，会被对方视为侮辱和调戏；用对方恋人专用的昵称来称呼异性朋友，对方难免认为你有什么企图。在把"小姐"当做某种不良职业象征的地区称呼年轻女性为"小姐"，在把"同志"当做同性恋者代名词的地区称同性陌生人为"同志"，对方一定会生气、恼火。

从你对别人的称呼中，别人考察着你的素质和教养，判断着你对别人的尊敬程度，甚至从称呼中判断你的人际关系。不假思索地使用称呼，既容易造成误解，又可能给自己招来意外的麻烦。

温馨提示：

称呼别人之前，应先了解当地习惯，考虑自己和称呼对象的关系。

称呼同事、朋友、邻居、熟人，可直呼其名，或只叫对方名字而省略姓，或以"老谁""小谁"的方式称呼其姓。

在公共场合称呼陌生人，应根据对方的年龄和性别进行称呼，如"女士""先生""小伙子""老伯""大妈"等。

在职场上对别人称呼要恰当

在职场上使用不当的称呼是不礼貌的。

初入职场，跟着别人叫同事为"小王"，其实他比你大两岁且资格很老，你这种"自来熟"的称呼一定会令对方不悦。在公司总结会上，莽撞地以私下的叫法"小王"来称呼王总监，这对于王总监本人和你所处的场合来说都是不尊重的。同事已经换了部门了，你却还用对方原来的职务称呼他，如果对方提升了，他会认为你嫉妒他；如果对方降职了，他会认为你挖苦他。

由此看来，在职场上称呼别人不单是凭自己的经验就能让对方满意、让大家满意的，你必须综合考虑自己的身份、工龄、与别人的关系等各个方面，这样才不会出错。

温馨提示：

在正式场合可按对方的职务以姓相称，如"某教授""某主任"等，在特别正式的场合应以对方的全名加职务相称。

在对称呼有特定习惯的单位，应按照惯例称呼别人，比如在一些外企中彼此直呼其名。

不要随便用自创的绰号称呼同事，如果绰号不雅或含有戏弄意味更不能使用。

和别人说话要使用适当的称呼

和别人说话不用任何称呼，无论是对熟人还是对陌生人，都不是礼貌之举。

不使用称呼，只是用眼神、动作来告诉别人你是在叫他，有涵养的人会认为你是不好意思或害怕出错而不和你计较，自尊心或虚荣心强的人则会认为你轻视他而明里暗里地责怪你。想向陌生人求助，你突兀地走过去直接表达了你的想法，对方先是会被吓了一跳，接着就会为你的莽撞而不悦，继而不愿意提供帮助。

称呼不用占用几个字，但它包含了一个人对另一个人身份的肯定和最起码的尊重。只要与人说话，就不能省略称呼。

温馨提示：

在任何时候，因为任何原因和别人说话之前，一定要根据其身份礼貌地称呼对方。

不要用"哎"来称呼陌生人，对不太了解的熟人也不要这样称呼。

不要用"胖子""麻脸""稀毛"等别人的生理缺陷做称呼。

使用简称时要注意不导致混淆

使用简称在我们生活中非常普遍，比如称北京大学为"北大"，称社会科学院为"社科院"。

公司里有一位姜工程师，同时有一位江工程师，如果你在别人面前对他们都简称为"某工"，别人就无法知道你说的到底是谁；你将"国家图书馆"和"国际图书大厦"都简称为"国图"，告诉别人地址时就容易误导别人；将刑事诉讼案件专用名词"被告人"简称为民事诉讼案件专用名词"被告"，明显是南辕北辙。有些名词是约定俗成的，不能简称，或者不能使用别的简称，你自创简称就会给别人以无知或狂妄的印象。

简称如果使用不当，不但不能简化问题，反而会对人对己徒增烦恼。

温馨提示：

不要对外地人使用本地常用的、对方却不熟悉的简称。

不要使用容易混淆的简称。

对习惯上不使用简称的名词不要使用简称，如不能把"法定代表人"简称为"法人"。

第三章　日常生活别随意

手插口袋打招呼是不礼貌的

孟德斯鸠说："礼貌使有礼貌的人喜悦，也使那些受人以礼貌相待的人们喜悦。"每一个关于礼节的小细节都可能决定你下一步行动的成败。

不知道你是否有类似的经历，进入到一个新环境后，因为不得体的问候，或一个无意中失误的动作，阻碍了你和"新面孔"的交往。曾有这样一个故事：

小陈和小梁是同一公司的新人，但小梁比小陈晚来一个月。上班第一天，小梁在公司门口遇到小陈，小梁热情地点头微笑说："你好！"小陈看到小梁的手随意地插在裤袋里，准备挥动的右手略微抬了抬，又放下了。小陈淡淡笑了一下就走过去了。小梁一直很纳闷儿，不知道小陈为何对他的热情视而不见。

小梁的失败在于，他不知道把手插在口袋里和人打招呼是失礼的行为。

打招呼是礼貌和友好的表示，是对友好关系的肯定或期许。小小一个招呼能体现出一个人的性格、修养和交际能力，折射出一个人的精神面貌。打个招呼只需要几秒钟，却能影响到你以后生活的方方面面。

打招呼是一门重要的礼仪课程，有许多细节问题，比如，见到不同的人该怎么打招呼？在各种场合下怎么打招呼？什么情况下不必打招呼？遇到许多人在一起时先跟谁打招呼？别人跟你打招呼时你该如何回应？如何恰当地使用招呼用语？种种情况不一而足，都是需要我们仔细考虑和有充分准备的。如果你现在还不能准确地回答以上问题，那你就要重新开始学习了。

恰当的"招呼"是成功交际的第一张门票

想要成功交际，首先就要与别人相识。"打招呼"事关你在别人眼中的第一印象，是结识新朋友的必要前奏，不可小觑！

如果你向别人打招呼，应注视对方的眼睛，面带微笑，声音饱满，音量适度，手势自然。如果你把手插在衣袋里，冲对方满面微笑，下巴一扬，你的形象肯定要大打折扣。

双方见面时，一般是男性先向女性打招呼，年轻人先向年长者打招呼，下级先向上级打招呼；若是两对夫妻或情侣相遇，惯例是女性互相打招呼，然后男性分别问候对方的妻子或女友，最后男性互相打招呼。女性身处公共场合时，均应主动向别人微笑并点头致意，以示问候。熟人相见，谁先看到对方，谁就先开口，不用过于拘泥。

在大街上相遇，三四步距离的时候打招呼较合适。路上偶遇不很熟悉的异性时，不必因为怕对方误会而不打招呼。如果你是女性，不要只是表情冷漠地点点头，而要礼貌地同对方打声招呼，但不要显得太热情；如果你是男性，应首先打招呼，但表情不可过分殷勤。如果对方根本没有和你说话的意思，你也就假装没有看到对方好了！

两人以上结伴同行遇到熟人时，你应主动说明同伴与你的关系，如"这是我的同事"，但不必逐一介绍；然后，应向同伴们介绍一下你的这位熟人，也只需表明他（她）与你的关系即可，如"这是我的大学同学"。被介绍者应相互微笑示意。

如果男女两人一同出行，遇到女士的熟人，女士可以不把男伴介绍给对方，男士最好在她俩寒暄时自觉地在两米以外的距离等候，待她们谈话完毕后继续与女伴一起走；女士则应感谢男伴对自己的等候，且不要与人闲谈过多而使男伴长时间等待。若遇到男士的熟人，男士千万别忘记向对方介绍女伴，女士应在此时向对方点头致意。

有人远远地从对面走来，应该如何打招呼呢？如果是很熟的人，可能你会迫不及待地喊他的名字，如果是领导或不相熟的人从你对面走来，你就要郑重对待了。双方距离在 10 米以外，你可视而不见；双方距离 5 米左右时可视情况而定，若对方步速极快，看起来很忙，不宜打招呼；对方步态从容，则可以选择适宜的方式打招呼。如果对方是个小群体，你应做到面面俱到。打一个面向集体的招呼如"你们好"即可；如果他们谈笑正酣，你可不打招呼，以免打扰对方兴致（但事后有机会要说明）；如果你只认识对方集体中个别的人，只同熟人打招呼即可，但你的目光要照顾到其他人，以示尊重，这是一个能体现你修养的细节。

应当打招呼的场合

进入新环境，与新同事初次见面。

路上、车上、商场、公园、餐厅等公共场所遇到熟人。

在公司遇到领导、同事或其他部门的员工。

在家中接待进门的客人。

你有求于人或有人对你打招呼。

有人拜访你的同事，但同事恰好不在。

下班离开、参加聚会或做客离开。

参加集体活动入场或中途退场。

如何打招呼更得体

热情大方，亲切主动。有没有听过这句话——在人与人的交往中，礼仪越周到越保险。沃尔玛超市有一个著名的"3米微笑原则"，要求员工能做到看着顾客的眼睛微笑，向离自己3米之内的每一个人打招呼。我们不必遵照这个商业礼节与人打招呼，但这个原则中包含的热情和诚恳以及主动的态度是每个人应该具备的。热情大方的态度给人如沐春风之感，亲切自然的表情给人优雅从容之感，无形中拉近了你和被招呼者之间的距离，提升了你的魅力。

得体适度，符合身份。打招呼要适可而止，不温不火，既不显得冰冷淡漠，又不显得虚假客套才是较好的境界。时间也不要拉长成一次讨论。对长辈要谦恭有礼，可以相应的辈分称呼对方，如"伯伯""阿姨"之类。对同事叫名字或姓加职务即可，但态度要尊重，用语要正式。在办公室面对前来视察的领导，应该放下手头的工作，起立问好。关系密切的人之间打招呼，用语可轻松随意。与外国人打招呼，要采用相应的外国礼节。此外，我们还应根据对象的性格特点来选择打招呼的方式和用语。

因时而变，因地而变。打招呼要分时候，要随时间变化而变换招呼用语。早晨说"早上好""您早""天气如何如何"；中午说"上午很忙吧""午饭可好"；晚上说"晚上好""下班了"；等等。"您好"则是放之四海皆准的招呼语，尽可随时使用。

打招呼还要分场所。在路上、车上、商场、公园、餐厅等公共场所偶遇熟人，理当问候交谈，但没有必要表情和语调夸张，引他人侧目。如在会场、影剧院、音乐厅看到熟人，务必注意保持公共场所的安静，不要大喊大叫，影响他人。微笑着挥挥手、点点头即可。

碰到特殊的场合，即不宜按惯例和常规打招呼的场合，使人不便应答的场合，打招呼就得三思而行。比如两人在厕所相遇，尤其是领导和下属在厕所相遇时，简单的一个表示，点点头表明看到对方即可，也可以说一句"噢，你呀""嗨"等简短的话语，并不需要双方谈什么有实际意义的内容。在葬礼进行中遇到熟人，不必言语，点头、以目光示意即可。遇到特殊情况，比如对方恰逢落魄、伤心或难堪的事，建议你避开正题，绕开对方不愿提及的事，谈些轻松话题以缓和对方情绪。在此类情况下与当事人打招呼时，一定要说话谨慎、态度自然、合乎情理。避免使对方觉得奇怪或无聊，甚至怀疑你有不良动机。

打招呼的禁忌

打招呼时不要戴着帽子或墨镜，也不要叼着烟卷或把手插在衣袋里。那样会给人很无礼的印象。

打招呼时不要面无表情、语调生硬或无力，一言不发和喋喋不休都是不得体的举动。

不要不理睬向你打招呼的人，更别对偶遇的熟人无动于衷。

不要在对方有意回避你的情况下打招呼。

打招呼的同时不要把目光投向别处，好像很不在乎对方。

不要在对方无暇顾及招呼的时候刻意打招呼和等待回应。

与西方人打招呼时避免中式用语"你上哪儿去""你干什么去"等，在西方人看来，有干涉私事之嫌；更不应说"吃饭了吗"，被误认为你想请他吃饭就不好收场了。

与信奉伊斯兰教的人打招呼时，首先应说"真主保佑"以示祝福，否则会引起不必要的麻烦及误解，而影响双方的正常交往。

握手时谁先伸手有讲究

握手，是社交场合中必不可少的基本礼仪之一。握手意味着礼貌、尊重、友好，有时是表示礼节性的问候，有时候则是表示希望与对方结识和交往的诚意。握手，说起来是"举手之劳"，但其中的学问却不少。

大家看大型晚会时会发现，一旦明星们走进观众席，观众们就会争先恐后地伸出双手期待与偶像握手。明星们则像一个领袖或施予者，从容地握向一双双手。在这种场景中，观众们必须先伸手才能引起明星的注意，他们的主动无可厚非。但如果换作社交聚会或其他公共场合，握手时，应该先伸手的是地位相对较高的明星。

小新是某歌星的忠实歌迷，在一个著名景点游览时，意外地看到了那位歌星。她赶忙冲上前去向对方伸出双手，歌星却戒备地退后几步，并礼貌地连声说"对不起"。小新双手悬在半空，既尴尬又伤心。

小新的遭遇在于她不懂得握手时该谁先伸手的规则，更重要的原因是，她没有选对场合。那么面对不同的人，在不同的场合，握手时究竟谁该先伸手呢？为了成功社交，必须对握手的"游戏规则"有明确的了解。

相握该谁先伸手

现代社会到处强调人们要有主动精神，但握手的时候，可不是随便谁都能主动。握手的时候，首先要懂得先后次序，知道谁该先伸手，何时该先伸手。

"谁该主动"取决于握手双方的身份、地位、年龄、性别，以及当时的场合。具体而言，在正式场合如公务、商务场合，双方的身份和地位决定握手时谁先伸手；在非正式场合，如休闲聚会，双方的年龄、性别、婚否决定握手时谁先伸手。

"尊者"主动。握手礼仪的基本原则是地位较高的一方先伸手。握手的双方是长辈和晚辈时，长辈先伸手；握手的双方是长者与幼者时，长者先伸手；握手的双方是领导与下属时，领导先伸手；握手的双方身份地位有所区别，身份地位较高者先伸手；握手的双方是师生关系，老师先伸手；握手的双方是已婚者与未婚者时，已婚者先伸手；如果握手的双方性别不同，应由女性先伸手。

甲公司的秘书小凤是个年轻女性，有幸随总经理会见乙公司的总经理刘波。看到甲公司的总经理，刘波马上加快脚步走过去迎接对方，并伸出右手。小凤被刘波的领导风范所折服，一看到刘波向自己投来问候的目光，条件反射地伸出手，热情地说："刘总您好！"刘波一边伸出右手，口中寒暄着，一边暗自猜测："这是谁呢？这么年轻，看起来像个秘书，可是她主动和我握手，派头还不小。难道是另一位经理？没听说呀！"这时小凤对刘波自我介绍说："我是秘书小凤，请您多指教。"刘波这才明白小凤的身份。他觉得这个秘书不是不懂礼仪就是妄自尊大，心里马上看轻了小凤。心想，第一次和甲公司打交道就遇上这么个小错误，以后的合作过程中还不知道会出什么错呢！刘波还没进甲公司经理办公室的门，就已经给对方判了刑。

女性先伸手的规则只适用于公共场合和社交场合，当女性面对自己的上级领导或与重要客户进行商谈时，均应由对方先伸手。

在迎来送往的场合，谁先伸手取决于谁是主人、是迎接还是告别。客人到来时，应由主人先伸手，表示对来客的欢迎；客人告别时，应由客人先伸手，表示对主人款待的感谢。如果颠倒了次序，特别容易引起误会。

由尊而卑。当一个人面对众多握手对象时，握手时要讲究先与谁握、后与谁握。这种情况下，应掌握由尊而卑的原则。先与长辈握手，后与晚辈握手；先与长者握手，后与幼者握手；先与职务高者握手，后与职务低者握手；先与老师握手，后与学生握手；先与已婚者握手，后与未婚者握手；先与女性握手，后与男性握手。当主动握手者不太清楚对方群体的身份和年龄时，可按由近及远的顺序或顺时针的方向握手。

掌握握手的规则有利于我们在交际场合从容应对，但千万不要把这些规则当成"法律"去规范别人。如果你遇到身份比自己低的人主动伸手相握，万万不可冷眼拒绝，礼貌地与其配合才是得体的做法。

何时主动要看清

懂得握手时谁该先伸手，这不足以保证你能顺利达到目的。很多时候我们都要看"天时地利人和"，握手也不例外。只要我们选对时机，就能有效增进感情。合适的时刻包括初次见面、重逢、迎接、送别。此外，许多因素都影响到握手的效果，比如双方的亲疏程度、双方的性格与心情、所在场合的气氛等。对此我们要有所了解，充分考虑。

对于自己不熟悉的人，决定伸手之前，要看对方是否有心情、是否得空。对于熟悉的人，要看清彼此的距离和所处的场所、场合。

在正式的社交场合遇到自己敬重的长者或名人，当对方状态比较放松，身边没有众人围绕时，你可以先礼貌地问候，待对方主动伸手后再与其相握。在社交场合偶然遇到熟人时，要在双方距离较近的时候主动问候，与之握手，表示相遇的欣喜和问候。

在一次赛车爱好者的俱乐部活动中，张凯认识了一个外地的优秀赛车手，两人就实践中的许多问题和经验展开了热烈和深入的交流与讨论。交谈之后，他们又各自去结识新的朋友，度过了一个充实的下午。活动结束前，张凯在人群中找到那个外地车手，主动伸出手说："你是我在这次聚会上认识的第一位朋友，认识你让我感到非常荣幸，希望以后咱们能继续联系！"对方露出惊喜的表情，很高兴地握住张凯的手说："一定的，你是我在这次聚会上认识的最有礼貌的朋友，认识你也让我感到荣幸，电话联系吧！"那位外地车友起初其实没有记清楚张凯的容貌，因为这次告别时的主动握手，张凯给外地车友留下了良好的深刻印象，最后两人成了很好的朋友。

在社交场所与初识者道别时，要真诚与其握手，表示相识的荣幸和离别时的不舍，以加深彼此的印象。

当你被别人介绍给新朋友认识时，要主动与对方握手以示真诚和热情。当别人给我们帮助和关怀时，要主动与对方握手以示感激。当你想对某人表达安慰、祝贺、支持、理解、鼓励时，可以主动与他握手。进入大的社交场所时，比如在大型会议的会场、影院、歌剧院等场所，你只需主动跟相近的几个人握手，向其他人点头示意，或微笑挥手就行了。

不宜握手的时候

对方手部有伤或双手抱持物品时。

对方正在繁忙中，如接打电话、吃饭、喝水、发言等。

在厕所、车间等不便握手的场所。

双方距离较远或对方无意与自己交流时。

死鱼式的握手令人生厌

握手最早发生在人类"刀耕火种"的年代。那时，人们手上经常拿着石块或棍棒等武器。他们遇见陌生人时，如果大家都无恶意，就要放下手中的东西，并伸开手掌，让对方抚摸手掌心，表示手中没有藏武器。这种习惯逐渐演变成今天的"握手"礼节。

一位世界级形象设计大师给一个职业经理人上礼仪课时郑重地强调："握手是陌生人之间的首次身体接触，就是这稍纵即逝的三五秒钟，意味着经济效益！"这段话在很多商人身上都得到了证实。

一位旅美华人在家乡举办了一次酒会，宴请当地几个房地产界的商人，希望借宴会增进彼此间的了解，寻找合适的合作伙伴。郑先生是本地房地产大户，声名远扬，是旅美华人最为看好的合作对象。但遗憾的是，旅美华人与郑先生握手时，握到了一只潮湿柔软的、被动无力的手，这只死鱼一般的手与它的主人的洒脱热情的外表极端不相称。握手以后，旅美华人对郑先生心生巨大的失望和厌恶。最终，这次合作机会被另一位实力稍逊的地产商获得。郑先生在房地产界大大丢了面子，事后却百思不得其解。

握手者伸出的手像死鱼一样软而无力，不带任何积极信息。这是最被人厌烦的"死鱼"式握手，历来被人们诟病，可谓失败握手方式的"代表作"。它的特征之一就是不动用拇指。矜持的女性、习惯于被追捧的官员、初次接受面试而心里紧张的大学生、不愿与对方握手的人很容易这样握手。这种握手的方式让人觉得你要么冷漠傲慢、难以接近，要么刻板无趣、软弱可欺。这种握手，特别让一个有品位的人恼火。

握手方式要得体

说到握手的方式，有人可能会觉得小题大做，实际上，现实生活中真有人不知道如何握手。那么，正确的握手方式是怎样的呢？

握手时，双方距离以能伸展一条手臂为宜，握手时，双方都应身姿挺拔地站定，并使上身稍稍倾向对方。主动握手者伸出手时，应让手掌和拇指呈60度左右角，四指并拢，使四指与拇指全部与对方的手相握。微微用力，上下摇动三四次，即可松开手，让自己的姿态恢复原状。握手过程中可让你的手臂呈L形（90度角）。

以右手与对方相握，这是最常见的单手式握手，又有"平等式握手"之称。左手不参与握手，应该让它垂直于地面，而不要插在衣兜里或者背在身后。有可能的话，将手中的物品放到一边。

掌心向上的握手方式，被称为"友善式握手"或"乞讨式握手"，可以向对方表达恭敬与谦和、谨慎的态度。你可以使用这种握手方式与你特别尊敬的长者相握。但如果不分场合不看对象，随便对上司或平辈人使用这种方式，就可能给人留下谄媚或卑微的印象。

掌心向下的握手方式被称为"控制式握手"，这是表明强势地位和心理的动作，具有侵略性，只有领导和权威人士才能使用。一般不提倡使用。

陈刚去某贸易公司应聘，招聘主管是个女士。因为事先看过陈刚的简历，女主管觉得陈刚很有实力,认为他是个人才。面试进行得很顺利,陈刚给女主管留下了很好的印象。面试结束时,女主管热情地伸出右手,说:"小伙子,表现不错!"陈刚赶忙伸手相握,他手心朝下,像铁钳一般握住女主管的手。女主管面露微妙的惊异之色。她想:这个小伙子太傲了。陈刚就这样被女主管从新员工名单中划掉了。

当你的手好像被钳子夹住一般动弹不得时,是不是觉得很不舒服?注意,这种过分用力的方式显得很不专业,暗示出握手者的挑战或畏惧,有可能使对方感到不舒服或者害怕。

同时伸出双手,握住对方右手,甚至用左手抓住对方右手的手臂,这是双手式握手。通常,关系亲密的人,如好朋友、亲人、恋人之间才可使用这种方式。向对方传递出加倍的尊重、信任与友善。一些领导人在接待平民时喜欢用双手握对方的手,以示热情和平易近人。有人把这种手法叫做"手套式"或"手扣手式"。关系一般的人之间,尤其是异性之间,一般不要用这种礼节,以免引起对方疑心和反感。

向他人行握手礼时,只要条件允许,就应起身站立。除非是长辈或残疾人,坐着与人握手是不合适的。

热情真挚,恰到好处

我们常说"过犹不及",把握住分寸是有效握手的关键。握手的目的是表达友好,手是工具,人是主角。我们应该同步调动自己的表情、体态、乃至语言,积极配合手的动作,才能完成一次成功的握手。适当的时间和力度,是成功握手的重要因素。

握手的时候,眼睛要平视对方的眼睛,目光柔和热情,最好能表达出一种"此时此刻,我的眼里只有你"的意思。切勿将目光投向他处,更不要空洞无物、冷漠倨傲,否则你的手再美丽,动作再完美也是失败的。与别人握手的同时,不能和其他人打招呼,这样做是对别人的轻蔑。你的态度要诚恳自然,郑重大方,让对方感觉到你对他的敬重。语言要与表情相配合,声音要洪亮,音调要平稳,音量要适当。"你好""幸会""见到你很高兴"之类的客气话,千万不要吝啬。得体的表情、专注的目光、动听的语言、优雅的体态,这一切与你的手配合出一个令人愉快的个人形象。如果你做到了,那么恭喜你,快去参加一个适合你的晚会,等待开始新的友谊或商务之旅吧!

握手的时间、力度要适当。一般来说,握三四下,三到五秒,稍稍用力即可。对初次见面者，或对异性，尤其要"适度"。男性与女性握手时，轻握女性手指部分即可。握手的时候用力别太重，别握住对方的手晃个不停。更不要像迎接你一个很久不见的"死党"似的，猛地拉过对方的整个胳膊，将人家拽到自己身边。

李总是美华公司的总经理，张总是新立公司的总经理，两个公司准备就一项合作项目进行商谈。"李总，我等您好久啦，终于把您盼来啦！"李总刚打开车门，就见十步开外的张总热情地向自己伸出双手，一副虔诚热切的表情。李总赶忙关上车门，伸出右手，快步迎向张总。"哎哟，张总，您太客气了！"李总一边寒暄一边想："张总这人有点儿虚伪做作，和他合作不会有太好的结果。"最终，李总没有选择与张总合作。这个例子中的张总，没有把握好伸手的距离，于是失去了商机。

对方还来不及抬起手臂，或者离很远，你的手就伸出来，对方会疑心你不喜欢、不信任他，或认为你内心焦虑，还没有调整好自己的状态。在职场或商务场所，这种看似热情、提前伸手的做法会适得其反，影响双方之间的信任。

握手过于匆忙也不合适。只轻触对方的手指，即使你表现得非常热情，也难免让人感觉你缺乏自信和诚意。还容易使对方有受冷落和被轻视的感觉，从而使对方刻意与你保持距离，不利于彼此深入沟通。

握手的禁忌

不要拒绝握手，即使有特殊原因也要和对方说明。

宾主告别时跨门槛（两脚分别在门槛的两边）时不可握手。

当你正由介绍人作为被介绍者进行介绍时，不要主动握手。

不要用左手相握，阿拉伯人、印度人认为左手是不洁净的。

和基督教信徒握手时要避免与其他人相握的手形成交叉状，他们认为这种类似十字架的形状是很不吉利的。

在印度，主人和客人见面时不是握手拥抱，而是双手合十。

握手时不要戴手套或墨镜，女士的薄纱手套除外。握手时嘴里不要嚼东西。

不要用湿手或脏手与人握手。

作介绍分清先后别失礼

为互不相识的甲方和乙方进行引见，这便是为他人作介绍。合理的介绍能使先被介绍者感到自豪，使后被介绍者感到荣幸，使介绍人感到欣慰。作介绍能让被介绍的双方迅速了解彼此。但如果介绍人不注意先后，就等于踩到社交场合的"地雷"，不但难以打开交际之门，反而会给人留下没见过世面的印象。

小顾有心让朋友老张和自己的新朋友小朱认识，正好一次小朱陪小顾看展览，遇到了老张。小顾马上热情地招呼老张。小顾先对小朱说："这就是我常和你提起的老张，是泥塑高手。"随即对老张说："老张，这是我新认识的朋友，小朱，对泥塑挺有研究的。"人到中年的老张见小朱只是个 20 多岁的普通青年，不禁感到被介绍给他很丢面子。打个哈哈就走了，不仅没接受小朱这个朋友，把小顾也冷落到一边儿去了。

不同场合里，作介绍的方式也不相同，而先介绍什么人后介绍什么人，又该介绍些什么，其中奥妙可不是一两句话能说清楚的。

作介绍，讲究规则和方法

为他人作介绍，首先自己必须对被介绍的双方比较熟悉。作为一个合格的介绍人，首先要了解作介绍的次序。

作介绍，总的规则是尊者有优先了解权。通常是：先将男士介绍给女士，将身份低者介绍给身份高者，将晚辈介绍给长辈；将客人介绍给主人，将家人介绍给同事和朋友，将本单位同事介绍给客户，将本单位的同事介绍给外单位的同行，将民间人士介绍给政界人士，将本国同伴介绍给外国友人，将迟到者介绍给先到者，将未婚者介绍给已婚者，将个人介绍给团体。

为各方面条件相当的同性作介绍时，要懂得随机应变。如果你介绍两位女性相识时不知道她们的年龄，也看不出年龄的时候，不妨将脾气和顺的介绍给脾气稍大的，把与你更熟悉的介绍给相对陌生的。当你介绍两位年龄和身份相当的男性相互认识时，也可以采用这种介绍方式。

在人员众多的正式场合介绍在座者相识，要按照在场者身份地位的高低逐次进行介绍。当在座者行业不同、年龄不同、职务有别，或者大家彼此资历相当、年龄相仿，无法按单一的标准进行排序时，我们可按顺时针方向或由近及远的顺序依次对大家进行介绍。

孟辰周一到新单位报到，报社主编将她领进编辑部办公室，与老员工相互认识。主编进门后对大家说："让我给大家介绍一位新同事。这是孟辰，从今天起，就是财经版的新成员了。请大家对小孟同志多照顾照顾。"孟辰环视编辑部的成员，微笑着说："大家好，我是孟辰，希望和大家合作愉快！"主编又按照顺时针方向一一介绍老员工："财经版的李明，资深记者。""新闻版的赵琪，擅长写热点报道。""副刊版的陈裕，咱报社有名的快手。""娱乐版的郑绢，擅长抓明星的私家秘闻！"……主编介绍完毕，对孟辰说："好了，和大家都认识了，工作流程让李明具体告诉你，有什么困难及时说出来。"又面向大家说："希望大家工作愉快！请继续工作吧！"

在把一个人介绍给多人时，比如迎接新同事时。遇到这种情况，要先对大家介绍此人，然后向此人分别介绍众人。如果被介绍的人士属于德高望重的尊者，比如被介绍人是新上任的领导，或是前来了解工作的上级领导，出于礼节，在场的其他人应起立致意。

在不同场合作介绍，我们应注意采用合适的方式。在正式场合，作介绍时应按常规方式，简单介绍双方的姓名、单位、职务即可；在社交场合，只介绍双方的姓名或姓即可；如果你希望引起甲对乙的重视，可以强调一下乙的特殊身份；在正式场合中，希望把甲引荐给乙，作介绍时可以向乙特别介绍甲的超凡之处；在普通社交场合中，目的在于给双方一个共处的机会，作介绍时请他们相互自我介绍亦可；在正式场合郑重向双方进行介绍时，用语要格外规范，态度和称呼要格外谦恭。

应该作介绍的场合

与亲朋结伴出行，路遇亲朋不认识的同事或朋友。

携带亲友前去拜访亲友不认识的人。

陪同上司、长者、来宾时，遇见了与上司等人互不相识而又向自己打招呼的熟人。

在家中、办公室或社交场合，接待与家人或同事互不相识的客人或来访者。

你的客人遇见了他不认识的人，而此人又和你打了招呼。

想带你的一个或几个熟人进入某个交际圈。

作介绍，更要讲究原则

兼顾双方。双方有相识的意愿和必要时，作介绍才有意义。"我把他介绍给你认识好吗？"如果对方说："不要吧，我可不想和那种人交往。"你就别浪费热情啦，谁都不希望"剃头挑子一头热"，重新介绍他喜欢的那种人给他吧。

方辉感觉小潘和小霞性情相似，应该能成为好朋友，于是就自作主张地在一次刻意安排的便宴上介绍她们认识。小潘见到小霞，表现得很热情，小霞却做出一副无所谓的样子，随便敷衍着小潘。三个人感觉空气都变冷了，非常尴尬。事后，小潘埋怨方辉介绍的朋友太孤傲："还随和呢，对我爱理不理的，不是你故意找人来气我的吧？"小霞埋怨方辉带来的朋友没品位："打扮得那么俗气，介绍给我做朋友？省省吧你！"

作介绍前，一定要先征求双方的意见。

作介绍时，要避免让任何一方感到被忽视。不能极其详细地介绍这一方，而极其简略地介绍另一方。你可以说明一方与你的关系，但不要刻意强调他"是我的好朋友"，似乎暗示另一方与你关系疏远，这是不礼貌的表现。如果你能找出被介绍双方的共同语言，比如足球、时装，能够起到迅速拉近双方距离的效果。如果双方谈兴都被激发，说明你这个介绍人做得很成功，那么接下来你要做的就是给他们自由深谈的时间和空间喽！

诚恳热情。在为他人作介绍时，要做到态度诚恳热情，认真大方，表情自然。作为介绍人，要恰当地使用敬语，比如："杨总您好，这位是大华公司的营销主管陈忠先生，销售业绩非常好。""陈主管您好，这是我们公司的总经理杨富国先生。"介绍到谁，介绍人就要把热情亲切的目光投向谁，以示尊重，同时也引起被介绍者的注意。无论被介绍者身份如何，介绍人都应保持大方从容的态度，不要对一方恭维而对另一方进行贬低。

简短高效。介绍人所说的话应简短明了，要言不烦。介绍内容一般包括被介绍人的姓名、单位、职务等，作介绍应当尽可能地让被介绍的双方了解彼此的最大优点或突出特点。如果双方中甲方知道乙方的情况，介绍人只向乙方介绍甲方即可。作介绍的时间要简短，一分钟左右即可。但要照顾到双方情绪，不能太仓促，防止让人觉得介绍过于笼统，觉得介绍人缺乏诚意。

作介绍的禁忌

作介绍时不要使用不恰当的称呼，更不要说错被介绍者的姓名和身份。

不要在双方工作忙或心情等不适合的时候作介绍。这样会影响介绍效果。

介绍时不要对被介绍者过度吹捧，要实事求是，不必面面俱到。

作介绍时要掌握分寸，不要涉及被介绍者的私人生活甚至隐私，也不要涉及人际纠纷。

介绍不同国籍人士相识时，不要忽略双方所属国家的邦交。

作介绍时不要用手指点点戳戳。

不同场合的自我介绍

自我介绍是一门艺术。懂得并善于自我介绍的人能更接近成功。

许多招聘者都说，见到应聘者的第一眼，他们就开始决定是否聘用他，等到应聘者作完自我介绍，结论已经基本定下。这就是众所周知的"前因效应"。对于你面前的人来说，你的脸就是你的名片，而你的自我介绍就是名片的注解。给人留下深刻印象是必要的，更重要的是这印象应该是良好的，能激发对方对你深入了解的愿望。一段精心设计的自我介绍就是一个商业广告，一个产品包装，成功与否就在于你能否灵活变化，在任何环境中都把最适合的一面充分展示出来。人是同一个人，不同场合中，自我介绍的方式和内容不能一成不变。

不一样的场合，如何让别人认识你

自我介绍，无非就是告诉别人你是谁，你是一个什么样的人。作自我介绍的方法多种多样，应随时随地而变。自我介绍可分为主动和被动两大类型。主动自我介绍适用于想结识某人然而又无人引见的情况，被动自我介绍适用于别人想了解自己，主动前来询问的情况。

在一些公共场合和一般性社交场合，如社区舞会、旅途中、普通的电话沟通等，彼此没有深入交往的意向，可以使用应酬式自我介绍，简单告诉对方你的名字即可。

在工作场合，如接待客户、接待上级领导、参加业内人士聚会等，需要用到工作式自我介绍，内容应包括自己完整的姓名、所在单位及部门、职务或工作性质等详细个人信息。除非从事保密工作，自我介绍时应尽量使以上三项内容全面准确。比如我们可以说："你好，我是某单位某部门的经理助理，主要负责行政工作。"

在有意与某人深交的社交场合，我们可以用社交式自我介绍。具体内容应包括你的姓名、职业、籍贯、兴趣爱好等，可多说一些能使人对你加深印象的内容。如果你认识对方的熟人，你可以告诉对方："我听某某说起过你"、"我和您的朋友某某是校友"。如果你的姓名用字不容易让人明白，你要适时说明。例如你叫程隆，你要告诉对方："程，前程的程，隆，兴隆的隆，可不是明星成龙的那两个字哦！"

在报告、庆典、仪式、演出等正式场合，可以用礼仪式自我介绍。内容应包括自己的姓名、单位、职务，如果是参加演讲比赛，自我介绍还应包括自己的参赛编号。

在应聘、公务、商务交往等场合，当别人主动询问你的个人情况时，就要用到问答式自我介绍了。对方可能会问："简单介绍一下你自己好吗？""请问您贵姓？""您哪里高就？"我们根据对方的问题逐一简短回答即可。

陈美被自己所在的单位推选为代表，在一年一度的酒店服务业内的经验交流会上发言。轮到陈美时，她站起来，微笑着向全体环视一周，先面向大家鞠了一躬，然后用甜美悦耳的声音说："尊敬的各位来宾，大家好！我叫陈美，是金利酒店的大堂经理，今天想简单谈谈我对服务行业的一点认识，有不当之处还望大家给予指正，谢谢！"陈美是众所周知的业内精英，曾多次被邀请担任各大酒店的培训师，然而她的自我介绍却如此谦虚平和，大家对此由衷地感到敬佩，一起报以热烈的掌声。陈美的发言取得了良好的反响，为酒店做了一次极佳的形象广告。

正式场合的自我介绍，一定要使用谦词和敬语。

谦语和敬语体现了说话者的修养。它们是同一事物的两个方面，即对人使用敬语时，对己则使用谦语。常见的谦语有"错爱""斗胆""不才""才疏学浅""过奖""不敢当"等。常见的敬语有"请""您""阁下""贵方""尊夫人"等。

应该自我介绍的场合

应聘、求学、在公共场合进行业务推广时。

在公共场合上，有意与身边的陌生人建立临时性的友好关系时。

在公共聚会上，打算加入陌生人的谈话或游戏等活动时。

在社交场合，想结交新朋友或别人要求你作自我介绍时。

向不了解或不认识自己的人求助时。

初次拜访熟人遇到其家人挡驾，或对方不在，需要请对方家人捎话时。

初次在电视、广播等媒体向社会公众进行自我推荐和宣传时。

一样的目的，让别人迅速认识你

选好时机，态度礼貌。作自我介绍时，应选好时机，选择对方心情愉快、有闲暇、有兴趣的时候进行。如果对方情绪不佳、正在忙着接待别人或者处理工作，就不要贸然上前打扰。

在一个酒会上，张思齐注意到正在交谈的两个人，对他们谈论的话题很感兴趣，想加入他们的交流，但彼此又不认识。他便趁他们谈话的间隙上前说："对不起，打扰一下两位，我叫张思齐，在理想集团工作。刚才听到你们提到中日贸易，我恰好是做这行的，很想和你们谈谈！""当然可以，也许我们可以成为很好的伙伴呢！"两个人友好地回答张思齐，并简单各自作了自我介绍。三个人愉快地交谈起来。

在任何场合作自我介绍，都需要一个见面礼式的微笑，和一声"你好"之类的问候。

自我介绍不是说评书也不是做演讲，更不是演戏，你只要把真实而状态良好的自己表现出来，就成功了一半。在作自我介绍时，让你的身体保持得体自然的姿态，展示给对方一个礼貌庄重的形象。这样不仅使你看起来优雅自信，而且能吸引对方的注意和好感。如果面对的是很多人，你的目光要照顾到每个人，而不是专看着一个人说话。你的声音应该足够洪亮，底气要足，语速适当，音调自然，充满自信与友善。介绍自己时，态度要稳重大方，恭敬有礼，亲切、自然、热情、随和。不要装腔作势，摆出咄咄逼人的气势或表现得猥琐懦弱。千万不要用背诵、朗读的口吻介绍自己，那样会显得滑稽。整个过程中，要尽量使自己显得从容不迫。

精简内容，控制时间。自我介绍的内容一定要简短，注意时间安排。我们应将自己最突出的特点、最容易让人记住的特点告诉对方，省略无关紧要的头衔、个人业绩等内容。关于重点内容，要根据你所处的场合稍作变化。如果是结交朋友，你要展现出诚恳的一面，告诉对方你的性格、爱好、经历，让对方愿意和你交往；如果是求职，对于招聘单位，你要展现出能干的一面，告诉对方你的业绩、优势、实力，让对方愿意给你职位；如果是考研，对招生学校，你要展示出优秀的一面，告诉对方你的成绩、计划、研究方向，让对方愿意给你学习机会。介绍时应层次分明、条理清楚、符合逻辑。如果时机允许，尽量把最能显示你特色的内容安排在介绍内容的前面。这样能方便大家很快记住你。对于一般的社交场合的自我介绍，我们还可以用名片、介绍信等媒介对自己进行说明。

简单的介绍，半分钟足矣，即使对方不限制时间，也要争取一分钟讲完，最长也不要超过三分钟。

实事求是，保证真实。作自我介绍的目的是让别人尽快地认识你，而不是在别人面前制造一个完美的假象。自我介绍的内容一定要真实可靠，不要刻意修饰，在自己的职务、个人能力等等各方面进行夸张美化，不要把自己描述得鲜花一般完美无缺，夸大其词的自我介绍会令人讨厌，不利于今后双方的交往。优点要充分展示，缺点也无需刻意回避，给大家一个完整立体的你才是上策。

作自我介绍的禁忌

作自我介绍时注意语言不要呆板，重复使用某种句式或词语，例如无用的语气词和口头禅。

作自我介绍时不要东张西望，目光要专注有神，面对多人时目光不要散乱、不要皱眉、斜眼、歪嘴角、搔头发、摸鼻子等不雅的小动作。

作自我介绍时不要随便贸然询问别人："你叫什么名字？"这是不礼貌的行为，可能会引起对方的误解。如果有介绍人在场，自我介绍也是礼貌的。

拨打电话选择对方方便的时间

随着经济的迅速发展，电话营销、电话采编、电话回访等以电话为媒介的职业已经遍地开花。无论是在个人沟通，还是在商务交往中，联系亲朋也好，寻找新的商机也罢，向对方展现一个独具特色的"电话形象"，成为每个电话使用者的一种能力。塑造完美"电话形象"的要点之一就是：选择合适的时间打电话，这个"合适"是说对方方便接听电话的时间。这第一步走不好，就算你有再好的口才，也难以让自己拨出的电话起到预期的效果。

选择时间，以对方为中心

不少找工作的人都遇到过这样的问题：兴冲冲地找到一个适合自己的职位，怀着忐忑不安的心情，满怀希望地拨出招聘单位的电话号码，对方却礼

貌地告诉你"我们已经下班了""负责人正在开会""我们这个时间段不接待
应聘者"。种种理由的拒绝一下子降低了应聘者的热情，甚至怀疑对方是故意
不理睬自己，继而怀疑自己的能力。其实，唯一的原因就是他们打电话的时
间，正是对方不方便的时候。

一般情况下，上午8点之前（节假日9点之前）、晚上10点以后不宜打
电话，以免干扰对方甚至其家人的睡眠；三餐之间的时间也不适合打电话，
免得打扰对方的就餐心情；许多人有午睡的习惯，不是事关紧急，不要在中
午打电话。尽量不要打扰别人周末和节假日的私人时间。如果拨打越洋电话，
一定要考虑时差问题。

电话接通之后，自报家门。说明自己是谁、找谁、有什么目的。在正式
的公务、商务交往中，你要礼貌而具体地说明双方的单位、职衔、姓名。如
果你不说自己的姓名和意图，反倒先问对方"你是谁"，就会惹对方不快。如
果你拨出的电话是由对方总机接转，或由对方秘书代接，要使用"您好""烦
劳""请"之类的礼貌用语。如果你要找的人不在电话旁边，可以请代接者帮
叫一下，或以后再打。当代接者询问你的姓名时，如果你不便告诉，应该婉
转地回答。比如说："我是他（她）的朋友。我晚些时候再打吧。"万一打错
了，立即向接电话者道歉，不要电话一挂了事。

下午3点。

甲："您好！我是深达公司的销售经理李爽，我想找芮普公司的总经理董
南先生，或副总经理秦英女士。烦请您通告一下，谢谢！"

乙："您好，这里是芮普公司，我是公司办公室秘书。现在两位经理都不
在，请问您有什么事，我可以转告吗？"

甲："不好意思，我有重要的事情，希望直接与他们联系。请问您能告诉
我他们两位的手机号码吗？"

乙："抱歉，每周五下午3点到5点是我们公司内部培训时间，两位经理
不方便接电话。如果您事情不是很急，请5点以后或者明天上班时间再打这
个电话好吗？"

甲："好吧。明天上午我再打吧，谢谢您！"

乙："不客气。再见！"

除了遵循通用的"时间规则"，我们还要考虑受话方的工作性质、个人习
惯，从而更好地推测和判断何时是对方方便的时间。想让自己打出的每一个
电话都有效，可不单是选择合适时间的问题了。你还要仔细做好通话前的

准备。

当你要找的人回应你时，你首先应该问对方："您现在方便接听吗？"得到肯定回答后可寒暄几句，然后开门见山地表达你的意愿即可。若对方没有时间通话，可以问对方何时比较方便，约定下次打电话的时间，避免浪费双方的时间。你可以告诉对方："打扰您了，我再找您方便的时候打来吧！"你这样体贴的询问能给下次通话做好一个铺垫。通话期间，嘴与话筒之间应保持3厘米左右的距离，便于对方听清你的声音。

不宜打电话的时刻

对方正在休息或专注于要紧的工作。

对方所在地的当地时间与发话人不同。

对方身体不适或心情糟糕。

上班前和下班后。

对方在不便接听电话的场所如会场、机场、加油站、嘈杂的大街上等。

对方在节假日等非工作时间。

争取让每一个电话都有效

好比为建筑设计一幅蓝图，拨打电话之前，我们应该先拟一个提纲，想表达什么意愿、想解决什么问题、想达到什么目的，全都想清楚，写明要点。这样能节省通话时间，提高通话效率，这是一个非常必要的习惯，我们必须养成。公务、商务人员更要注意这点。

小舟是一个杂志编辑，一天上午，他找出几个作家的电话，想要和他们约稿。接二连三地打完了电话，交代了交稿时间，小舟就专等着按时接稿子了。一周后，他突然想起，忘了对其中一个应约写人物传记的著名作家提一个关键要求：详写人物的童年经历。小舟马上再次打电话给该作家，说明要求。作家很生气，因为他已经基本将作品完成了，而他对人物的记录和评价，着重的是其事业生涯。如果按照小舟的要求修改的话，作家的心血几乎白费。小舟忙不迭地道歉："那天我约的作家太多了，对各人的要求也不同，一时间给忘了。"作家按照小舟的要求迅速对文章进行了大修改，并按时交稿，却拒绝了以后再给小舟的杂志写稿。杂志总编知道小舟得罪并失去了一个重量级作家以后，对他进行了严厉批评，勒令他为下一期的杂志尽快联系一个新的名作家，否则不再聘用他。

如果你要连续给几个人打电话，事先一定要把对方的单位、姓名、职务、电话号码都找出来，清楚地写在一张纸上，同时把你要对每一个人说的内容以提纲的形式列出来，以免漏掉重要事项。如果你确信自己记忆力过人，思维的逻辑性强，并且使用的是预先存好对方号码的手机，你可以把你的提纲列在脑子里。无论如何，打电话前有个规划是很必要的。

确认对方的电话号码准确无误后再拨号。拨号以后，若暂时无人接听，别急着挂，耐心让铃响六七次吧，也许电话离你要找的人有点儿距离，他正在奔向电话呢。最好别出现对方刚拿起电话，你这边已经挂断的情况。

用语礼貌，长话短说。打电话时要使用礼貌、规范、恭谦的语言。要符合自己身份和职业特点。要正确使用"您好""请""谢谢"等礼貌用语。吐字要清晰，句子要简短而准确，不重复啰唆，不东拉西扯。"3分钟原则"已经成为国际商界的惯例。著名的礼仪专家金正昆先生每次在讲座中谈到打电话，都要强调这个原则。在电话中沟通，时间控制在3分钟内较为合适。最长不要超过5分钟。要做到长话短说、适可而止。用精炼的语言为自己勾勒一个简洁惜时、从容干练的电话形象。

卡耐基说过，"用电话做生意时，也不能忘记微笑"，微笑的意义在于它能通过电话线把你的愉快情绪和积极态度传达给对方，美化你的电话形象。让微笑伴随你的整个通话过程吧！通话完毕，别忘了说"谢谢"和"再见"！

打电话的禁忌

打电话时不要吃东西，不要东倒西歪，不注重自己的姿势和表情。

打电话时，谈话内容不要涉及对方隐私，谈话过程中若有必要与另外的人说话，请按保留键。

不要在嘈杂的环境中拨打电话。不要滥用双关语，也不要随便省略话语，以免对方误解。

不要随便拨打对方的手机，尽可能地拨打固定电话。以免对方不便。

如果你打的是长途电话且恰逢对方不在，考虑到电话费，最好不要让对方回电，而是选择另外合适的时间再打。

不是自己的电话也要礼貌对待

经常有人在转接、代接电话时出错。因为接的不是自己的电话而不礼貌，而得罪人、把事情办砸的例子在生活中随处可见。

李涛说话向来大大咧咧的。同宿舍的人都不愿意让他接电话，可他还就愿意接别人的电话。一天晚上，电话铃响了。李涛抢着去接。电话里传出方言味很浓的女声普通话："喂！你好，请问周宁在吗？""喂！你好！周宁在呢，请问你是哪位？"李涛学着对方的方言口音回答道，随即转头冲正在看书的周宁扮鬼脸，大声说："周宁，女生！"还把"女生"两个字拖得长长的。周宁快步走过来，对电话里说："姐，我就知道是你。刚才？哦！别理他，那是我们班出名的二百五！"李涛讨了个没趣。同宿舍的人也纷纷笑话他。

李涛这样的人，相信你也见过吧！那么，当你接到的电话是找其他人时，你该如何做一个出色的传话人、一个转接者呢？

如何应对找别人的电话

当对方要找的人就在旁边，你要立即告诉对方"他在，请稍等"，然后马上将电话交给对方要找的人。如果对方要找的人在，但你必须花几分钟时间才能将受话人找到，你要告诉对方大约需要等待多久，是否需要对方过一会儿再打。随即你要马上将受话人找到并叫过来。切勿以"他不在"、"不知道他在哪里"来敷衍对方，否则有可能使受话人错过重要事情。

如果来电者要找的人不在，我们要先告知对方"他不在"，而后才能问"您有什么事"。如果顺序颠倒的话，对方很容易怀疑你的诚意，怀疑是受话人故意不接自己的电话。

当对方要找的人不在时，如果你不了解对方的动机、目的，未经受话人的允许，请不要自作主张地告诉对方他要找的人去了哪里、受话人的电话号码等等。

晓松是一个大公司的总裁秘书。经常有人把无关紧要的电话打到总裁办公室来，晓松因此练就了判断是否有必要请总裁接电话的本事。这不，又有个陌生号码打进来了。晓松拿起电话。"您好！总裁办，请问您哪位？""您好，我是市委宣传部的李主任，请赵总接一下电话好吗？"晓松看了一眼正在翻看资料的总裁，说："赵总刚出去，请问您有什么事情需要我转告吗？""是这样的，我们正在开展全市名优企业评选活动，要求市内各大企业必须参加，并尽快给我们发一份详细资料以备参评。有些具体问题我需要和赵总详谈，你能告诉我他的手机号码吗？"晓松判断对方是拉赞助的，这种事是没必要让赵总亲自解决的。于是回答道："很抱歉，赵总去外地开会了，不方便接听手机。这样好吗？我把业务部的电话给您，他们负责我们企业宣传工作，您打这个电话吧。"晓松把业务部的电话告诉对方，然后礼貌地请对方挂电话。晓松的回答很灵活，不确定对方身份前先告诉对方总裁出去了，具体去哪没有说，留有很大余地。如果对方是重要人士，她就会告诉对方："赵总没有出公司，可以帮您叫。"避免了尴尬情况的出现。

如果你的领导、同事、朋友不想接电话而需要你抵挡时，要灵活把握，既挡了来电者，又不能得罪来电者。你可以说："抱歉，他刚出去。我不知道他什么时候回来。"或者以其他理由委婉地挡开无关紧要的来电者。

必要的话，你要做相关的记录，时间、地点、数字、事由，涉及到的类似细节信息一定不能出错。谁打来的电话，讲的什么内容，是否还会在某一时间打来，是否需要受话人回电话，需要受话人何时回电话，等等，记录得都要尽可能准确详细。最失败的记录就是只记下了来电者的来电时间、来电者的号码，连来电者的姓名都不知道。

何时需要转接或代接电话

对方要找的人不在。

对方要找的人暂时不便接听。

对方要找的人不愿意接听。

对方拨打的电话需要分机转接。

对方请你代为传话。

代接、转接别忘礼仪

态度要礼貌。即使来电话的人找的不是自己，也不要忽视电话礼仪。代接电话，同样要主动报上自己单位的名称、部门，以免对方打错电话。如果接电话是你工作的重要内容，比如你的职业是秘书，更要注意自己接电话时的语言、语气和态度。要通过每一次电话应答向对方展现自己专业的素质，和自己单位优秀的企业文化。代接电话时，态度要尊重，声音要清晰，音量要适中，语气要委婉，用语要礼貌、准确。代接电话时，首先要端正自己的态度，礼貌对待来电者，切勿厚此薄彼，推诿怠慢。如果你想表示热心，主动要求代对方传话时，话不要说得太直接，要给自己的话留出进退的余地，免得遭到来电者拒绝，双方尴尬。对于你不熟悉的人，你可以说："需要我为您转告吗？""需要我为您做点什么吗？"替对方叫人的时候，不要使用不雅、不敬的称呼，比如对受话人说"有个老头儿找你"，而你所说的老头儿，其实是受话人的亲人，这样一来，来电者和受话人都不高兴。

小鸥说话不假思索，因此常闹出让人哭笑不得的事情。办公室的电话响了，是小鸥接的电话。一位女士找王新，王新不在。征得女士同意后，小鸥记下需要传达的话。末了，小鸥问女士的名字。女士说了3个字。小鸥重复道："曾淑仪？曾祖母的曾，遇人不淑的淑，仪表盘的仪，是吧？"对方生气地说："怎么说话呢你？你才曾祖母遇人不淑仪表盘呢！无聊！"小鸥一时愣住了，非常尴尬。

作来电记录，重复对方姓名时，务必注意你所使用的语言，千万不要使用不当的字眼。

准确及时地转告。接完电话后，一定要及时转告。如果来电者请你当天转告，一定不要拖到次日，如果来电者请你3天内转告，一定不要拖到第4天，更不要将接过的电话忘得一干二净。转告电话内容时，要注意详细、不遗漏。一定要尽可能准确详细地告诉受话人来电者的意图和来电具体内容，切勿贪图省力，略去对受话人来说很重要的部分。

转告、传话时，要注意方式。如果来电者告知你他的来历和目的，传话时最好亲自告诉受话人，以免说不清楚贻误时机或者泄露来电者与受话人的隐私。不要大声喊叫"某某，谁谁找你干什么"，一来破坏气氛，二来招致来电者与受话人的诟病，同时也有损于自己的形象。如果对方要找的人正在会客或开会，可利用纸条来转告，既不至于泄露不便众人知道的秘密，又不会打乱会客或会场的秩序。

转接或代接电话的禁忌

代接电话时，不要忘记确定对方的身份和姓名。如果对方不肯说，不要强求。

代接电话时，不要告诉非受话人"谁给谁来电话了"，不要以为你代接了电话，就可以旁听受话人与来电者的对话。

代接电话时，不要无休止地追问来电者与受话人的关系。

一般关系的交谈相距1.5米为宜

美学上有句名言说：距离产生美。著名的"刺猬理论"告诉人们，只有当双方保持一定距离时，彼此间才能和平相处。

现实生活中，当一个关系一般的人蹭到你身边说话，两人之间的距离近到可以看清对方脸上的毛孔时，你可能会觉得对方有点儿讨厌，不由自主地想和他拉开距离。如果你真的和他拉开到 1.5 米左右时，你会发现自己的心情会重新舒畅起来。人其实都需要一个心理空间，反映在行为上，就是需要一个物理空间。表现在我们日常交际上，就是形成一个公认的"保持适当距离"的规则。

人与人之间关系有亲疏，交谈时要注意适当保持空间距离，这个礼仪常识如果不懂，往往会引起别人的不快或误解。

一般关系，保持社交距离

成功的社交是需要"距离"的。保持适当距离，是对别人的尊重，也是对自己的尊重和保护。如果你和别人之间是同事、上下级、熟人、邻居、师生、同学、普通朋友等一般关系，适合的距离是 1.5 米左右。在办公室里，人们采用这个距离可以很方便地各自行动，不会打扰到别人；做客或招待客人时也可以彼此保持在这个距离范围内，既不显得疏远，又给双方保留出足够的空间；私人聚会、小型讨论，保持 1.5 米左右的距离，彼此能够不受干扰地自由思考，自由发言；在图书馆和电影院，保持 1.5 米左右的距离能避免因为离得太近而引起心理上的不适；异性交往时，保持这个距离能避免引起对方和旁观者的误会。

孙琦升任财务总监以后，从集体办公室里换到了独立办公的大单间里，先前关系不错的张静一时间很不适应，常常向孙琦原来的座位上张望。第一次汇报工作，张静进到孙琦的办公室里，还想像往常那样亲密地坐到她身边。但是当张静看到在宽大的老板桌后面正襟危坐的孙琦，尤其是孙琦请自己在 1 米开外的椅子上坐下时，张静立刻感到了工作环境，以及上下级之间特有的严肃氛围，虽然她感到有些不适应，但很快就进入了状态。张静很自然地向孙琦道贺，而后简短扼要地汇报了自己的工作情况，就很有礼貌地退出了孙琦的办公室。

在社交距离内交谈，有利于双方思维清晰，不易被私人关系干扰。领导与下级谈话保持社交距离，能自然地透出威严。熟人与同事保持社交距离，其实是在暗示对方"公事公办"。当你想要和熟悉的人来一次比较正式的谈话时，也可以使两人之间保持 1.5 米左右的距离。

在视野较为开阔的公共场所，陌生人之间彼此互不打扰的距离在 1.5～3

米之间。我们在公园游览，在风景区观光，通常都喜欢自己有一个较大的空间。教师上课时，师生之间就在这个距离范围内，双方彼此接触不到，但都能看清对方，听清对方的话。如果两个人在自习室里保持 3 米左右的距离，双方都容易进入专心学习的状态。

当人们所处的空间更大，或者出于场合的需要，人们会人为制造 3 米～7.5 米之间的距离，这也在社交距离范围之内。如举行大型演出时，舞台和观众之间，以及演讲家在高台上演讲时他与听众之间，都是 3 米以上距离。这样的距离，一方面利于台上的人彰显自己的地位、利于个人安全，另一方面也利于台下的人观察台上。明星们开影迷和歌迷见面会时，也会与观众保持 3 米以上的距离。这样，明星不用担心自己脸上的瑕疵会因为距离太近而清晰无比地呈现在观众眼前，也不用太担心因为距离太近而遭遇某些观众的"非礼"；对于观众而言，这样的距离给自己带来的满足感，远远好于通过电视和海报看明星。

当你了解了人们在什么场合下和什么关系中需要多大的距离，你就可以更自如地与人交往，从容地在最佳距离范围内，树立你完美的社交形象。

适宜保持距离的场合

公共场合参观、游览、行走时。

参加会议、进行谈判、辩论时。

听课、观看演出时。

与人初次见面或关系一般时。

与同事共处一室办公时。

向领导汇报工作时。

亲密关系，距离近些又何妨

1.2 米以内，是关系亲密的人彼此间合适的距离。只有关系密切的人才能以这个距离相互接近，相互交谈。好朋友、亲人、恋人、夫妻，彼此间距离通常在 0.5 米以内。在这个距离内，交谈双方能感受到对方的体温和呼吸。这个距离范围中，亲密无间也无可厚非。这样的距离让双方感到亲切温暖，更利于双方感情的交流和语言沟通。

张继先和刘鹏是好朋友。前几天，张继先借刘鹏的轿车出去接朋友，不小心违规被扣下了。因为不交罚款而受到处罚，牵连刘鹏无法用车。刘鹏很气愤，对张继先的做法很不满意，于是赌气不理睬他了。张继光认识到自己的错误后，及时交了罚款，然后买了酒菜，趁周末上刘鹏家拜访。张继先将酒菜在桌上摆好，面带愧疚之色，小心翼翼地在距离刘鹏一尺远的地方静静地坐着，用诚恳的目光注视着刘鹏。刘鹏一下子就消了气，心情也不像先前那么糟糕，看张继先的眼神也变得亲切了。刘鹏大度地说："算了，不就是违一次规吗？下次注意点儿就行了，可别和交警较劲了！"最后，两个人相互捶了对方一拳，重归于好。

亲密距离对化解好朋友和亲人之间的矛盾很有帮助。当你想安慰对方时，你们之间的距离也许会很自然的拉近到只有一尺左右；当你和老朋友重逢时，你一定会很自然地与对方接近到伸手就能触及的距离；当你和好搭档共同制定计划、讨论问题时，为了更好地交流，你们也会自然地进入亲密距离的范围。关系一般的人以这个距离接近别人会让人产生戒备或厌恶的心理，如果是以这样的距离接近异性，更容易被视为骚扰或关系不正常。需要提醒大家的是，这种距离只适合在私下场合，如果一对情侣逛街或参加正式会议时仍以亲密姿态出现，就是对别人的不尊重。

亲密距离难免也会出现在陌生人之间。有时候在等车、买票排队时，或在超载的汽车或火车上时，我们迫不得已与陌生人保持 0.5 米以内甚至接踵摩肩的距离。当然，两个摔跤打架的人也是这个距离。

保持适当距离应注意什么

与不熟悉的人交谈时，不要主动过分接近对方。

与人近距离接触时，要保持自己仪容的整洁端庄，以免给别人留下不好的印象。

与人相处时，不要故意拉开距离，以免对方误以为你厌恶他。

与人近距离接触时，不要做容易引起误会的小动作，如拉手、拍肩等等。

与外国人交往时，要尊重对方的习惯，要格外注意保持距离，以免给对方无礼的印象。

声音刺耳会让人头疼

人们总在强调"你的形象价值百万"，其实，你的声音同样价值百万。大家常会有这样的经验：和一个人交谈时，他的声音对其形象塑造的作用，不亚于他的外貌。有的人外貌出众，举止优雅，却因为刺耳的声音而让人讨厌；

有的人相貌平平，却因为富有魅力的声音而得到别人的好感。配音演员用声音为人们塑造动人的人物形象；电视台主持人、电台主持人用声音向人们营造完美的想象空间；演讲家用声音唤起并激励人们的热情。动听的声音能增加个人魅力，促进一个人生活和事业的成功；难听的声音却能无形中阻断你人际关系的进展。声音被许多礼仪专家定义为社交的第二张通行证，可见注意自己的声音是多么重要。

是不是遇到过别人在你说话时表示不悦的情况？如果你自信自己的话题很棒，语言组织能力也很强，那就要想想是否声音有问题。干巴巴没有起伏的声音是不会引起人们注意的，含混不清的发音会让人烦躁，音量过高的声音会让人发狂，语速过快或过慢的声音会让人郁闷。声带是天生的，我们无法改变，声音却是可以改变的。如果你发觉自己的声音不那么受欢迎，就要及时学习给声音做一次"美容"了。

注意你的声调和音量

声音本身的色彩是否亮丽，很大程度上取决于声调和音量。

声调适宜。没有人喜欢平淡无味的声音。适当运用声调，恰似奏乐有婉转回旋、抑扬顿挫的讲究，语调能充分表达出说话者的喜怒哀乐和对听话者的态度，同一句话用不同的声调说出来，就能表达出不同的含义，比如我们说"你好"，用平和的声调说，就是表达问候和友好，用反问的声调说出，就是表达质疑和挑衅，把握不好，就要失礼于人。

老吴人比较老实，但非常敏感，常不自觉地琢磨别人话里话外的意思。他最大的爱好是下棋。这天他答应了棋友老金的邀请，上老金家喝茶、下棋。到了老金家，老金的爱人满面笑容地上前迎接，与老吴寒暄："哟，你就是老吴呀？我们老金总是提起你，说你棋技高超，总说要请你上家来好好切磋切磋，今儿来了，就好好下一盘吧！"话是很热情很得体，老吴听起来却阴阳怪气，像是在讽刺自己棋技不佳，同时暗示她不欢迎自己，心里觉得怪别扭的。老金的爱人利索地沏上茶，并把老金的棋盘取出来为他们放好，然后忙家务去了，偶尔出来看两人下棋。老金的爱人一站到棋盘前面，老吴就心慌、就输棋。到最后，他越发觉得老金的爱人不欢迎他来，一心想回家，棋下得也不尽兴，连输了好几盘。

有的人心情愉快，不带任何恶意，说出的话却让人听起来恶狠狠的；有的人内心真诚，说出的话却带着冷漠讽刺的色彩。这个结果就是声调造成的。

声调的作用不可忽视。

并没有人规定什么样的声调是合适的，关键在于不平铺直叙、符合说话人的心情、情绪和话语内容，不显得刻意做作。

音量适中。音量是指我们声音的强弱和大小。我们可以根据场合和听者对象的情况来决定声音音量的大小。在公开场合、场地较大、和多人谈话时，音量可以适当大一些，以引起注意和方便大家听清；在私人场合、场地较小、谈话对象较少时，可以放低音量，容易拉近彼此距离，显得亲切。话题沉重严肃时，音量可以低一些，话题活泼时，音量可高一些。说话内容简短，音量可以高一些，显得干脆有力，说话内容较多，音量可以小一些，以免嗓音嘶哑。说话时，还要考虑听话者的情绪和反应，据此来适当调节自己的音量。

晓春搬家后不久，就到新认识的邻居家串门。邻居热情地把晓春让进屋，端茶递水，很是亲切，晓春的热乎劲儿一下子就上来了。她先是和邻居小王讨论新上市的时装，然后又品评小王家的窗帘，接下来又谈论育儿和照顾老人。晓春的健谈和见多识广令小王惊讶，但是没多久小王就感到吃不消。晓春的嗓音高而尖锐，不时还发出嘎嘎的笑声，像是金属在玻璃上划过的感觉，让人听起来心里烦躁。小王耐着性子和晓春谈了半个多小时，再也吃不消了，于是推说自己要出去办点儿事情，礼貌地把晓春打发走了。后来晓春多次邀请小王上自己家做客，小王都婉言谢绝了，因为她实在无法忍受晓春尖厉的声音。

说话时音量过大会引起别人的反感，对于喜欢清静的人，尤其不喜欢音量过大的人说话。音量过大会给人造成自大或盛气凌人的印象，如果在与别人争论时很大声的说话，会被人误解为强词夺理或心虚、急躁，不利于自己的形象，声音过大还会给他人带来不便。声音太小会使人听不清楚，理解困难，并给人软弱无力的印象，不利于沟通的顺利进行，当你用很低的音量说话时，别人会想："他是累了，还是不喜欢和我说话？"

无论音量是高还是低，都要保证听者毫不费力地听清话语内容，听得舒服，无论在任何场合，声音都不能过大或过小。

什么样的声音有魅力

声音饱满有力，富有磁性。

有节奏，有适当的起伏变化。

不刺耳，清晰优美。

充满感情，有吸引力。

认真学习，打造完美声音

动听的声音其实可以通过学习获得。让声音动人的因素不仅仅在声音本身，还在于其他方面。

端正态度。只有当你重视谈话对象时，有与之交流的愿望和信心时，你的声音才会充满感情，才会有吸引力。端正你的态度，尊重谈话对象，尊重自己，自信、礼貌，才能使声音带上吸引人的色彩。

正确发声。正确的发声方法，需要我们端正身体姿势。无论是站还是坐，都要端正挺直，这样才能保证声音通畅。我们要学会运用发声器官，动听的声音是用从腹腔和胸腔发出来的，而有气无力的声音只是喉咙和声带的震动。动听的声音应该是发音准确，吐字清晰，不含混，不拖沓，有共鸣的感觉。

调整语速。说话速度也影响到说话的效果和别人对你的印象。语速快，表明说话者性格较爽快利落，但如果过快，就有浮躁仓促之嫌，让人来不及听清你在说什么；语速慢，说明说话者性格较稳妥从容，但如果过慢，就有拖沓罗嗦之嫌，让人着急你接下来将要说什么。

争论问题时，语速宜快，以便抓住论点，挫败对手。劝说别人时，语速宜慢，以便深入人心，感化对方。公务交谈时可以快，以节省时间，体现干练风格。私人交往中语速可稍慢，便于双方细细详谈，深入交流。交谈对象说话快，你说话的速度也要快；交谈对象说话慢，你说话的速度也要慢。总之要跟上对方的话语速度，与对方保持一致，不要给对方压力，也不要让对方着急。说话过程中，要适当停顿，以便双方休息和谈话的顺利进行。

表情配合。说话同时要有相应的表情，话题严肃，表情要庄重，话题轻松，表情要愉快，话题诙谐，表情要生动。说话时要看着对方的眼睛，流露真诚。电台主持人播节目，虽然不用露脸，我们也能从他的声音中想象到他的表情。面对面和人交谈时，表情不配合谈话内容，就会影响交流的效果和谈话气氛。试想一下：听了客人讲的一个笑话，你嘴里说"真有趣"，表情却平静如水，客人一定会以为你是在敷衍他，自然也不会认为你是真心对他了，更不会认真听你说话。

完美声音的禁忌

不要使用过多的"哼""哈""这个"之类的零碎话语。

不要傲慢地说话或低三下四地说话。

不要用消极的口吻说话，也不要故作高深、故作惊讶。

不要有气无力地说话，不要用"假嗓"说话。

目光亲善的人有魅力

"眼睛是心灵的窗户。"这句妇孺皆知的名言，深刻生动地道出了目光接触在人际交往中所起的重要作用。目光不仅表达情绪，还能传达信息。所谓"眼睛会说话"，就是说不同的目光能表达出不同的意愿。目光锐利的人通常比较干练，目光暗淡的人比较自卑，目光亲善的人比较有人缘。亲切友善的目光让人心生好感，产生亲近的欲望，亲善的目光，能增加个人魅力，更能促进交际的成功。礼貌都是相互的。如果别人对待你不是很礼貌，你要想一想，是不是自己的目光不够亲善和气？

怎样的眼神受欢迎？

不同性格、不同心态的人会有不同的眼神；在不同的场合中，同一个人的眼神也难免在一段时间内发生变化；遇到不同的人、不同的事，同样一个人，眼神的变化就像夏季的天气，变幻不定。眼神是心灵的语言，反映着人心理的细微状态，影响着人们交际关系的进展。热切注视表示期待和欣赏；目不斜视表示骄傲；被人注视时立刻转移视线，表示拘谨或心虚；肆意地在别人身上游移目光，表示挑衅或怀疑；视线从不投向与自己交谈的人，表示对话题没有兴趣；面无表情地斜视，表示轻蔑和不屑；眯着眼睛看人，表示关注或者鄙夷；戒备的眼神表示怀疑和不安。

与关系亲密的人交谈，你的眼神专注而热情诚恳，受人欢迎；与陌生人在公共场所共处一隅，你的眼神大方自然，不频繁地投向对方，受人欢迎；初次见面，你的眼神充满信任与喜悦，受人欢迎；久别重逢，你的眼神中洋溢着思念和企盼，久久地投向对方的眼睛，受人欢迎；观看演出、听报告或演讲时，你的眼神流露出欣赏和赞美，专注于台上的主角，受人欢迎；讨论问题时，你的眼神中透露出智慧和沟通的欲望，礼貌地投向对方，受人欢迎；别人受到侮辱时，你的眼神充满同情和关怀，受人欢迎；别人获得成功时，你的眼神中流露出祝福和羡慕，受人欢迎。

刘心平老师是某大学著名的教授，受到众多学子的追捧，很多外校的学生，甚至外地的学者都慕名而来聆听她的精彩演讲。一个刘心平教授的得意门生，如今已经是媒体名人，谈到给过自己很多帮助的刘教授，总是从神情中流露出由衷的敬仰。他说："刘老师最让我难忘的就是她的目光。她看你时，目光柔和，充满智慧，真诚而坦然，眼神直射入你心底，让你觉得不听她讲课就是一种罪过。好多次我走神时无意间撞上刘教授的目光，马上就感到惭愧，赶快收回心思专心听课。现在想想，如果不是大学4年受到了刘教授目光的鞭策，恐怕我还是个很平庸的人，走不到今天呢！"

教师的眼神灵动而充满鼓舞，企业家的眼神锐利而充满热情，政治家的眼神坚定而充满威严。总的来说，人们喜欢真诚的、热情的、友好的、关切的、自信的眼神。眼神符合施予者和接受者的身份、性格，符合交际场合的需要，运用得体才能受欢迎。

当别人取得成绩时，千万不要用无所谓的眼神看他，这样他会对你产生敌意，当别人遭遇尴尬，希望自己安静和反省时，请不要对他投以任何意义的目光，此时，你的消失就是对他最大的尊重。

这样的目光不受人喜欢

在公众场合长时间盯着陌生人看。

打招呼时、问路时不看对方的眼睛。

偶然与别人的目光相遇时，立刻触电般迅速转移。

和别人交谈时不时盯着自己的手指或脚尖。

看人应该把目光放在哪里？

目光该放在哪里？这要看你面对的人和你是什么关系，你身处什么场合，你身处的氛围如何。无论对谁，目光都应该自然大方，温和庄重。逼视对方的眼睛，在对方身上上下左右地看，偷偷看对方或不加掩饰地盯着对方看，都是有失礼貌的表现。

在公务、商务交往等社交活动中，面对陌生人或者同行、合作伙伴、熟人、普通朋友时，我们通常把目光放到对方的胸部以上。重点位置在额头与双眉之间、眉毛和眼睛之间。这样的目光范围不容易给双方造成压力，利于营造平等融洽的气氛，利于双方交际的顺利进行。与人面对面交谈时，要把目光放在对方的脸上，适当地与对方对视，以表示聆听、理解或询问，同时表示尊重和沟通的诚意。但当双方陷入沉默时，就不要注视对方的眼睛，这样容易使双方尴尬，不利于话题的展开。

当参与会议讨论等多人场合的交谈时，目光要照顾到在座的每个人，不要只看一个人。当你转换交谈对象时，目光也要随之投向新的交谈对象，这是起码的礼貌。需要注意，对于陌生人，如果你只是对他表示好奇或欣赏，最好不要让他觉察到你观察的目光，更不要对视他的目光，这样是不礼貌的，会让对方感到受到了侵犯。

小雨去另一个城市看望两年不见的姑姑，刚进门时，感觉有些陌生，因此稍微有点不知所措。但是当姑姑接过她的背包，亲热地拉她在沙发上坐下，用亲切的目光注视她的眼睛，热情而爱怜地打量她周身上下时，小雨一下子放松了。她积极地对视姑姑的眼睛，从那充满关切的眼睛里感到了熟悉的亲情。两人很开心地聊起了老家的事情。

在私人交往的空间里，当我们面对亲人、好朋友、恋人等关系亲密的人，我们可以把目光放在对方的眼睛、嘴唇和胸部，这些范围属于亲密区域，相互的适当注视能很好地传达真挚的感情，利于双方良好关系的进展。

迎送宾客时，目光要放在对方身上，至少要放在对方冲着你的方位上。如果送客人走时，客人走过一段路回头看你，虽然你仍站在原地，却偏头看着另外的方向，客人心里就要多多少少有些不快。

一般情况下，人们如果面对面交谈了 10 分钟，谈话的同时，你应该有累计 5 分钟左右的时间把目光放在对方面部，而在对别人的脸行"注目礼"的这段时间里，你应该有至少累计两分钟的时间把目光投射到对方的眼睛。无论是看脸还是看眼睛，注视对方时间过长，会让对方感到窘迫。注视对方时间太短则会让人觉得不受尊重。

和外国人或其他民族的人们交往时，要"慎用目光"。在欧美国家，通常不允许男性过多地注视女性，同性之间也不宜对视时间太长，否则有同性恋的嫌疑。在日本，人们交谈时目光不能放在双方的眼睛而要放在颈部。

使用目光的禁忌

不要斜视和突然注视别人。

关系一般的两人相对而谈时，目光距离不要太近，应保持两米左右的距离。

不要注视别人外表上的缺憾，如别人的伤疤或衣服上的破洞。

不要长时间与异性对视，更不要注视异性胸部和下半身。

请求别人时要"请"字当先

美洲谚语说：礼貌是人生习惯的第一件大事；德国谚语说：有礼貌的人，能走遍天下。从幼年时起，我们就开始接受礼仪教育。"请"字代表着尊重和期待，是"礼貌"的代言词语之一。无论在生活中还是在工作中，无论与熟悉的人交往，还是与陌生人交往，我们都不可能完全依靠自己的力量，我们总有需要别人的时候。只要我们生活在人群中，就要学会礼貌地表示请求。有求于人，理应礼貌表达。无论对别人有什么需求，都要"请"字当先。否则的话，必然会时常碰壁。

礼貌在先

谁不喜欢懂礼貌人的呢？请别人提供帮助、作出某些让步、执行任务等等，一定要养成礼貌在先的习惯。

首先，称呼被请求者时要礼貌。一定要得体地使用"您"这个称呼。如果对方和我们关系很近，用"你"来称呼他即可。表达请求之前，可以先表示歉意，先说"打扰了""抱歉""对不起"，一来是为了引起别人的注意，二来是为了表示恳切的心情。

其次，表达请求时要礼貌。表达请求时，我们常常会用到一些约定俗成的话语。比如路上拥挤，对陌生人说"劳驾您让一让"；东西掉了，对旁边的人说"麻烦您帮我捡一下"；去超市购物，对服务员说"请问食品区在哪里"；去某单位找人，对门卫说"拜托您叫一下某某"。"劳驾""麻烦""拜托"等就是请求用语，其中我们使用最多的，还是"请"字。一个"请"字，将对方置于被尊重的地位。陌生人之间使用这些话语能很快消除戒意，促成请求目的的实现；熟人之间使用请求用语，有利于减少摩擦、增进情感；亲朋好友之间恰当使用请求用语能营造和气融洽的生活气氛。比如在餐桌上对家人说："请你帮我拿个鸡翅好吗？""请给我拿个鸡翅吧！"结果一定会比说"哎，给我个鸡翅！"要好。除了这些，还可以用疑问句式表达请求，如"我可以做什么吗？""我这样做好吗？""你能不能……"等等。

再次，态度和语气要礼貌。表达请求时，一定要注意说话态度和语气。态度要恭敬自然、谦虚有礼。语气要诚恳大方。虽然是有求于人，却没有必要低声下气、诚惶诚恐，否则会降低你的身份，让对方轻视你。更不能用命令式的语调生硬地要求别人，否则对方会被你的傲慢激怒，或对你的无礼要求不屑一顾。

　　马力和袁斌一起到郊外去野餐，他们选择了一块紧挨河边的草地。阳光很好，河边的树荫笼罩着他们，两个人把食物在塑料布上摊开，边吃边聊。正聊得愉快的时候，一群嬉笑打闹的孩子打扰了他们。孩子们时而在河的浅水中相互撩水，在河里打水漂，时而在草地上追逐奔跑。两个孩子跑到离马力和袁斌很近的地方相互追打，一个孩子奔跑时不注意把草叶撒到了他们的食物上。马力和袁斌很是不快。马力站起来，冲孩子们厌恶地挥手大叫："哪儿来的野孩子，滚远一点儿！"一个孩子不服气地冲马力做鬼脸，还有一个孩子故意从两个大人身边跑过，撒下一把草叶。马力气得冲孩子们大骂，孩子们则对两个大人吐口水。袁斌说："小孩子家，冲他们发火干吗？"随即站起来对孩子们说："喂，小朋友，我们这里有蛋糕，请你们吃好吗？过来吗？"一个孩子说："不稀罕！"袁斌继续态度和蔼地说："咱们商量商量，你们到那边儿玩，我们在这边儿玩好吗？"那个孩子和伙伴们嘀咕了一阵子，面带得意之色地回答道："好吧，让你们一次！"孩子们听了袁斌的话，不再打扰他们了。

　　当你想要制止别人的某些不当言行时，需要注意说话方式。不要用带有侮辱性的、生硬的、斥责的话来批评对方，而要用和蔼的、商量请求的语气和话语与对方沟通。

应该说"请"的时候

日常生活中或工作中希望别人给你帮助时。

公共场所中希望别人给你让路、指路时。

希望借用别人的东西或占用别人的时间时。

希望得到别人的鼓励或原谅时。

希望别人把成果与你分享时。

希望引起别人的注意时。

希望邀请别人时。

希望制止别人的不当言行时。

合理请求

　　注意对象和时机。无论是求助还是要求对方让步，表达请求之前，先要看对方是谁，是不是有时间和意愿帮助你，是否有能力满足你的要求。同时，你要考虑对方答应你的几率和可能性。如果对方本是个"事不关己高高挂起"的人，即使你的嘴巴再甜，态度再诚恳，也难以得到帮助。当别人正在忙碌时，即使有心，也可能无法及时给你帮助。别人情绪低落或暴怒时，你提任何请求都是徒劳的，对方还会反感你给他增添麻烦。对方身体欠佳，你对他提请求就是对他的打扰，这时候你说"打扰"显得很虚伪，不合情理。

凌子刚写成一本长篇小说，想请一位知名作家为自己写序。他想到了于某。于某是凌子家乡的作家，同时也是全国知名的作家，请他写，应该容易一些。凌子通过家乡的文化部门取得了作家的联系方式，但无论是打电话还是写信，对方都推说很忙。后来凌子了解到于某最近身陷一场版权纠纷案件，整日忙于应付官司，根本没有时间写作，更别说提携新人了。过了一段时间，凌子已经大致联系好出版社，而且得知于某的生日要到了，官司也胜券在握。凌子请人引荐自己，同一位当地作家一起在于某生日之际登门拜访，表达了自己想请他写序的来意。凌子恭敬的态度和得体的话语打动了于某，加上带凌子来的作家和于某私交不错，以及于某对凌子的作品浏览之后，觉得他有潜力可挖。更因为官司接近尾声，加上自己过生日，于某心情很好，于是爽快地答应了凌子的请求。

表达请求，要选择对方情绪稳定和健康、工作等状态较好的时候，空闲的时候。对于你不熟悉的人，最好选择那些比较热心开朗的人，因为他们可能更乐于助人。

为加强求助成功的几率，你可以先提一个比你的请求标准高一点的要求，对方拒绝后，你可将要求逐渐降低，慢慢的，对方多数情况下会答应你最低标准的请求。

不强人所难。你所提出的请求，首先不应该损害别人的利益，不能超过对方能力范围之外，不能有违对方做人做事的原则。比如别人有一个好看又好用的数码相机，而这个相机是他的亲人从国外带给他的，非常贵重。劝你趁早打消借用的念头吧。

寻求帮助时，无论对方因为什么原因拒绝了你的请求，都要保持尊敬的态度，谅解他的回答。强人所难是很令人尴尬的事。如果遭到拒绝，千万不要立刻变脸。你应该礼貌地表示谢意，毕竟你提出请求也占用了对方的时间。如果你提出请求是为了制止别人的不良行为，对方拒绝后，对于这种没有教养的人，不必与其纠缠。

提请求的禁忌

不要频繁向同一个人提出请求，时间长了，对方必定会厌烦或疲惫。

不要频繁向别人提同样的请求。

不要向无力帮助你的人提出请求。

向人致谢要及时

日本的松下幸之助说："因为有了感谢之心，才能引发惜物及谦虚之心，使生活充满欢乐，心理保持平衡，在待人接物时自然能免去许多无谓的对抗与争执。"懂得感谢是一种美德。及时感谢他人是一种礼貌。说声"谢谢"很容易，但你是否每次都能及时说出来呢？

利民排了半夜的队，终于为张宽买到了回家的车票。张宽赶到约定地点，从利民手中接过车票，兴奋地大叫"开心"，然后把车票钱交给利民，道声"再见"后就乐滋滋地走了，连一句"谢谢"也没有。利民此时觉得自己像一个送票上门而未受礼遇的服务员，心里装满了熬夜的辛苦和被忽视的失望。张宽回到家才想起来向利民道谢，于是打电话给利民，电话里，利民的声音很缺乏热情，带着爱答不理的情绪。因为张宽错过了利民最想听到"感谢"的时刻。迟到的感谢，效果必然打折。

感谢如果不能及时说出来，如果你不能及时以恰当的方式向对方致谢，就会令帮助过你的人失望。当你再次求助别人或要求与其合作时，遭到拒绝就在所难免。致谢这么重要，你还能让它迟到吗？

怎样说"谢谢"

致谢能让对方获得信任感和成就感，让对方体会到付出的快乐。一句话可以表达谢意，一张卡片也能表达谢意，一件独特的礼物，一个巨大的进步，甚至一个微笑，一个拥抱，都是致谢的方式。对方是什么身份？什么年纪？什么爱好？什么脾气？甚至对方的文化水平和经济状况，你都应该大体了解，致谢时才不至于失礼。

1. 用语言

别人为你实施了举手之劳的帮助，应该当即说谢谢。比如一个陌生人帮你捡起皮包，医生为你包扎好伤口，同学借给你一支笔。别人送你礼物后，参加宴请之后，参观采访归来后，你可以给对方发邮件、写信或打电话表示感谢。如果找不到本人，请他人传达口信致谢也可以。比如你可以对张三说：

"请你见到李四时替我谢谢他，他帮我整理资料，可是没有来得及谢他。"如果对方很忙，记不起他为你做过什么，你感谢时，别忘了告诉他你为什么而感谢，这样他会有喜出望外的感觉。如果你是向一个集体表示感谢，可以对大家说"谢谢大家"，也可依次向他们表达谢意。

说"谢谢"时，一定要微笑着正视对方的眼睛，态度一定要认真诚恳、热情大方，吐字清楚，话语要简洁明了。对亲朋好友，道谢可随意，但应不失礼貌，对不熟悉的人，道谢时要根据对方身份加上尊称，如"先生""老师""太太"等等。致谢要郑重，最好专程、单独向对方表达谢意。

2. 用行动

如果言语还不足以表达你的谢意，那就采取适当的行动吧。如果对方是个富商，那么你就没有必要用钱来表达谢意，为他介绍一个客户就比较合适。如果对方是你的老师，他喜欢的回报，多半是你的成功。如果对方是个演员，最好是请人为他写一篇专访。

黎明是一个出租车司机，一天深夜在路边看到一个迷路的小男孩，就把他送回了家，并且执意不收任何费用。黎明没有留下自己的姓名，但小男孩却记住了黎明的车牌号和所在的公司，于是很快查明了好心人的姓名。第二天，黎明意外地听到收音机里传来小男孩一家人为他点播的歌曲。主持人用甜美的声音念小男孩的留言："可敬的出租车司机黎明叔叔：您好，我是昨天晚上被您送回家的那个男孩，谢谢您帮助我，我代表爸爸妈妈和爷爷奶奶为您送上歌曲，希望您健康、顺利、愉快！好叔叔，欢迎您有时间来我们家做客，我们全家再次谢谢您！"因为主持人念出了黎明的车牌号，就相当于为他做了免费广告。一天下来，他的生意比平时多了一倍。这个动人的留言让黎明一连几天的心情都特别好，不觉间，他对顾客的态度也更加礼貌周到了。

3. 用礼物

一份投合对方心意的礼物，是一种很好的致谢方式。我们可根据对方的喜好等个人情况选礼物给对方。比如送即将乔迁的人一套居家用品，送喜欢旅游的人一张新景点的门票，送爱音乐的人一张唱片。

这些情况下记得及时说"谢谢"

别人帮你找回物品时。

别人为你让路、让座、传递物品时。

别人请你吃饭、旅游或提供住所时。

别人为你介绍新朋友或联系新客户时。

别人送你礼物、向你道贺、给你赞美、给你安慰时。

别人借给你东西或为你解答问题时。

别人等待你时。

服务人员为你提供优质的服务时。

怎样让感谢有效

1. 真诚主动

真诚意味着真心，意味着你的道谢应该郑重诚恳。主动意味着你对对方的尊重和在意。即使对方并不要求你的回报，你的诚恳道谢也会让他很开心。如果对方为你付出很多，你得到的也很多，那么道谢一定要郑重其事。如果对方给你帮了点小忙，但你却因此办了大事，一定要告诉对方你的收获，他会很有成就感，以后也一定更愿意帮助你。如果对方为你做出了很多努力，却没有起到多大作用，这种情况下也要真诚感谢他，毕竟这么努力为你的人不是轻易就能找到的。诚恳而主动的道谢让对方意识到，他一个小小的帮助对你来说有多么重要，而这种意识又给他带来了意料不到的快乐。

2. 恰到好处

致谢不是做交易，也不是作秀，把握分寸是有必要的。别人辛辛苦苦帮你把一大堆东西搬到新家，你却轻轻一个"谢谢"就打发了，未免让人感觉你太小气吧！朋友好不容易帮你把电脑修好了，你说声"谢谢"就再无下文了，让人一下子从水平面上落到谷底。别人只是帮你传了份文件，你就一定要送给对方一张大额代金券，让人觉得你莫名其妙。过于轻描淡写的致谢和大张旗鼓的致谢都有失分寸。

林静刚到一个广告公司上班，对业务不是很熟悉，别人已经联系到许多有合作意向的客户了，她还不知道从哪里找呢。老员工李振告诉她一个网站说："你可以去那里碰碰运气。"林静没有从这个网站找到有用的信息，却意外的从该网站的友情链接上找到其他网站，继而找到了相关信息。林静顺利地联系到了几个客户。知道李振喜欢喝茶，林静就请李振去了一个环境幽雅的茶楼，以示感谢。李振说："我并没有直接给你带来客户啊，你不用谢我，你应该夸奖自己搜索信息的能力才对啊！"林静说："如果不是你提供了线索，我怎么可能那么快找到客户呢？"李振愉快地接受了邀请，并给林静传授了很多业务知识，两人后来成了很好的朋友。

向别人致谢时，要选择合适的场合、时机、方式。能让对方欣然接受，又不会引起误会的方式，才是恰到好处的。

致谢是一种积极的情感交流，这意味着你认同对方，欣赏对方。致谢的同时，也等于是为双方以后的交往打下更坚实的基础。即使今后双方不联系，得体的致谢也会给双方留下美好回忆。

致谢的禁忌

不要用易引起对方误会的方式致谢。

不要用过于隆重的方式致谢。

不要频繁致谢，也不要谄媚地致谢。

及时恰当的道歉能成功取得谅解

百密难免有一疏，人人都可能犯错。

某食品公司一向有良好的信誉和口碑。有顾客购买了一箱独立包装的饼干，发现其中一盒包装已破损且有霉斑，于是向公司提出投诉和索赔。食品公司接到投诉电话后立刻派人前往验证，并很快换给顾客一箱饼干。另外赠送了一箱新品种的饼干。食品公司的工作人员郑重向顾客道歉，并表示谢谢顾客的监督和提醒，希望公司的失误没有给他带来太大的不快。顾客对食品公司的做法深感满意。随后成了该食品公司的忠实顾客。

"对不起"不是万能的，但它的确可以在一定程度上弥补过失。无论你犯错的原因是什么，也无论错误大小，尽可能早地道歉，是毋庸置疑的。对于个人，道歉能挽回僵化的私人关系，对于企业、集体，道歉能挽回物质或名誉上的损失。如果你冒犯了朋友，道歉也许能让你挽回友谊；如果你失礼于客户，道歉也许能让你挽回订单；如果你令员工失望，道歉也许能挽回你的威信。某些情况下，预见到危机后及时、甚至提前道歉，你能收到"打预防针"的效果，从而使你免除不良后果出现后的尴尬。

道歉不仅要及时，还要恰当，否则无法取得别人的真诚谅解，你与别人的交往，必然会因为不尽如人意的道歉而遭遇障碍。

如果是工作中发生的误解和矛盾，要从工作的角度，从职责的角度进行道歉；如果是个人之间的矛盾，就需要从双方关系与感情的角度去道歉；如果对方正在气头上，不妨等他心情平静后再道歉。

道歉，谦恭而得体

1. 使用礼貌用语

"请包涵""请原谅""深感惭愧""非常抱歉""失礼了""得罪了"等道歉用语，必不可少，这是语言上的基本礼貌。道歉时，话语要简洁，不必重复啰唆。道歉的理由要说到点儿上。明明你是因为没有听明白指示而导致工作出错，你却坚持以自己事务繁多为理由向领导道歉，领导可能会认为你不是在道歉，而是在向他发牢骚和示威。

2. 选择恰当的方式

所谓恰当的方式，一是你容易把握，一是对方容易接受。如果你觉得当面道歉难以做到，实在张不开口说"对不起"，或者双方距离较远，你可以尝试其他方式。比如打电话向对方道歉，托别人传话表示歉意，用一份礼物表达歉意，等等。好朋友吵架了，悄悄写一张卡片，在上面画一个鞠躬的小人，就能表达歉意；与客户沟通时得罪了对方，你可以写一封情真意切的道歉信；亲人之间闹矛盾，该道歉的一方轻轻握握对方的手，一个自责的眼神就可以代表千言万语。

陈宇和刘敏是好朋友。两个人一起为学校做一个宣传网站。网站被恶意入侵，急性子的刘敏找到陈宇，劈头盖脸地批评了陈宇一顿。陈宇压住怒火，仔细分析过程，寻找原因。结果显示，是刘敏没有做好网站的防护工作。刘敏认识到自己的错误，一下子理亏，但又碍于面子，不肯当面向陈宇道歉。刘敏加班加点赶完自己的工作后，制作了一个电子卡片，上面写了一段道歉的话，配上卡通图片和好听的音乐，发给陈宇。陈宇收到电子版"道歉信"后，马上给刘敏打电话说："你呀！干什么事都急，但又懒得做'精品'。幸亏我了解你。算了，你别放在心上了，以后专业一点就好了！"两人的矛盾也就此化解。

能成功取得对方谅解的道歉方式多种多样，只要适合，就是恰当的。

3. 选择恰当的场合

如果你身为领导，在集体场合批评了员工，事后你发现自己错怪了对方。那么你就应该选择同样的集体场合公开向员工道歉。这样做的话，你非但不会被员工埋怨，反能得到更多的敬重。在公司会议上公开对同事提出了意见，导致同事感到面上无光，你可以私下请同事吃饭，趁机表达歉意："作为同事，我对你的工作方法有异议，但并不代表我对你的为人有看法。请你相信，我是对事不对人。我也很欢迎你指出我的不足。我想我们会成为很好的工作伙伴，也希望以后我们能成为朋友。"

什么时候该道歉

当你错怪别人的时候。

当你失约的时候。

当你伤害了别人的感情或利益的时候。

当你让别人失望的时候。

当你攻击、冒犯、欺骗了别人的时候。

道歉，及时坦诚

1. 迅速及时

该道歉时马上道歉，不要拖。时间拖得越久，误会越深，取得别人谅解的可能性越小。意识到自己错误的那一刻，就应该表达歉意了。

2. 态度诚恳

道歉绝不是耻辱，反而能够带来尊严甚至荣誉。对于一些犯了小小错误的公司，道歉，也许正是扩大业务的机会。道歉，一定要发自内心。道歉，一定要诚恳，否则说了道歉的话，却不一定能起到道歉的效果。如果语气生硬，甚至轻蔑或挑衅，不仅你的错误得不到原谅，反而会使结果更糟糕。

张慧竞选公司业务部主管职位失败，同事刘云曾在公司工作总结会上对她提出善意的批评，张慧却认为是刘云导致了自己的失败，因此时常在其他同事面前说刘云的不是。一次刘云做错了一张报表，张慧就此对刘云冷语相加，说刘云工作能力差，并且品质有问题。刘云很生气。其他同事纷纷指责张慧过分，并提出让她向刘云道歉。张慧自知理亏，面对众人的理论只好道歉，她趾高气扬地对刘云说："不就是赔礼道歉吗？有什么了不起的！对不起！"说完撇撇嘴，头也不回地走了。结果，张慧不但在刘云眼中成为一个心胸狭隘的小人，在同事中间也逐渐受到排挤。不久在公司裁员时，张慧第一个被炒掉。

对方只是想要你勇于承认错误，你却把道歉当作对自己的伤害。态度恶劣的道歉让人讨厌，比冷漠的后果还可怕。道歉是一种沟通，不是单方面的为自己辩护，也不是仅仅说"我错了"。如果你说了对不起却不肯承担责任，这样的道歉是不起作用的。也许你不能保证对方是否接受你的道歉，但你至少能保证自己的道歉是真诚的。道歉要有实际行动。如果你道歉之后行为上却没有丝毫改变，这样的道歉是虚伪的。

态度大方。道歉时，就事论事最好，不要吞吞吐吐，遮遮掩掩，表情尴尬。道歉要诚恳，但不必低声下气。牺牲自己的尊严去道歉是不必要的，我们没有必要夸大自己的错误，完全把责任揽到自己头上。贬低自己更是不应该的，否则有可能使别人趁机要挟，给自己带来不必要的损失和麻烦。

如果你没有犯错，没必要认错。这样做的话，对方可能认为你是在挖苦他，也可能意识不到自己的错误而对你加倍指责，从而使矛盾更难解决。你还应该知道，有些事情根本不需要道歉，比如你作为裁判，在足球比赛时罚犯规的朋友下场，即使他火冒三丈，你也不必承担责任。又比如你作为人事部经理对不称职的员工进行降职处理，同样是没必要道歉的。

道歉的禁忌

不要抱着赌气和不服气的心态道歉。

不要声音含糊地道歉。

不要轻描淡写地道歉。

拒绝他人要含蓄委婉

常常会有亲朋好友、同事、熟人，甚至帮过我们大忙的人对我们说"能不能帮我做点什么什么事""能不能请你去参加什么活动"，有的要求我们没有时间或没有能力答应，有些要求很不合理。因为种种原因，我们唯一的选择就是拒绝对方。

中国人的习惯之一就是不好意思拒绝别人的求助或邀请，尽管一千个不愿意在心里百转千回，结果还是说不出口。这种过度"舍己为人"的精神，还是丢掉的好。硬着头皮做自己没有能力做或不乐意做的事情，对人对己都很麻烦。与其自己品尝做老好人的涩果，不如找个合理的借口说"不"，既能求得对方的谅解，又能减少不必要的麻烦。

拒绝别人，自然要遵循礼仪上的规则，说话要委婉含蓄一点。如果武断而粗暴地拒绝别人，说不定会给彼此带来交际的障碍，也许你因此就失去了与对方进一步交往的机会。

从本质上讲，拒绝亦即对他人意愿或行为的否定。尽管拒绝他人会使双方一时有些尴尬难堪，但"长痛不如短痛"，"当断不断，反受其乱"，需要拒绝时，就应将此意以适当的形式表达出来。

怎么说"不"

别人给你的东西你不想要，别人的观点你不赞同，别人的行为你不支持，别人请你做的事你不能接受。这时，你就需要说"不"。别忘了，拒绝的时候语言和方式要委婉，在不伤害对方感情的同时拒绝他的要求，这叫"不伤和气"。怎么说"不"，很能体现出一个人的品德和修养。

1. 直接拒绝

也就是明确告诉对方"不行"，但你必须拿出一个令人信服的理由。对于一些原则性问题，没必要绕圈子，不必闪烁其词来回答对方的要求，我们直接拒绝即可。

2. 暗示拒绝

也就是不直说，而是通过言外之意让对方明白你的态度。当对方的要求比较暧昧，但直接挑明又不利于双方交往的时候，我们可以这样拒绝别人。这种方式可以最大限度地维护对方的尊严，比明确拒绝更容易使人接受。

郑炎很喜欢新同事小川，因此总是很殷勤地帮小川做事，为她买早餐，送她小零食之类的东西。因为郑炎做得很巧妙自然，所以在其他同事眼里，郑炎只是对同事很热情罢了。一次郑炎请小川下班后一起吃晚饭，小川爽快地答应了。在餐桌上，两人很随意地聊起了旅游。"云南啊？"小川接过郑炎的话头说，"我也喜欢啊，我正想今年夏天去呢，和男朋友商量了好多遍了。""你有男朋友啊？怎么没有听你说过？"郑炎心里一惊，有些伤感。"是的，我真是没有和别的同事提起过呢，去年认识的。我初来乍到的，大家又都很忙，哪有那么多闲功夫聊私人情感啊。也就你，像哥哥似的一直照顾我，才告诉你的。有机会让你见见，也算帮我把关吧。"郑炎说："是吗？把我当哥哥看？那我真是太荣幸了。"郑炎原本想在餐桌上取出小礼物向小川表白的，这样一来，他就打消了这个念头。小川不露痕迹地拒绝了郑炎。后来两人的关系依然很好，郑炎觉得，有小川这样的朋友很快乐。

拒绝自己不想要的感情时，尤其需要照顾对方的自尊心。

3. 搁置拒绝

当我们对别人的要求感到为难，但又不好伤对方的面子，希望维护双方的良好关系时，我们可以这样拒绝。即不回应对方的请求，转而谈论与此无关的事情。

4. 沉默拒绝

如果别人的要求带有刁难意味或侮辱的性质，我们可以用沉默来表示拒绝。当我们不知道该如何应对，找不到更好的拒绝方式，同时又不便说出理由时，我们可以用沉默来表态。如果对方的身份是你的下属，这样的方式能起到一定的威慑力，能使其很快重新衡量自己的要求，继而自动打消提出要求的念头。

应该说"不"的时候

对方的要求违背自己的价值观或做人原则。

对方的要求没有意义或超出自己能力范围。

对方的要求有损自己的人格或正当的利益。

对方行为属于极端无聊或违法犯罪。

拒绝的原则

1. 尊重对方

当你拒绝别人的时候，要选择好地点和时机。最好选择只有双方两个人在的时候。不要在让对方难堪的场合说"不"，当你决定拒绝，一定要趁早告诉对方，以免耽误对方及时向其他人求助。说"不"的时候，言语千万不能轻慢无礼，盛气凌人，这样对方会觉得你看轻了他，没准儿从此就把你当"势利眼"看待。如果你发火，可能会伤害对方的感情，如果你表情淡漠，连他的自尊都伤害了。说"不"的时候，脸上一定要有笑容，态度要诚恳庄重，话语要礼貌得体。当对方明白你真的很想帮他，但又真的为难，帮不到他，对方会理解你并感动于你的真诚。如果你觉得对方的要求无理，你可以说："对不起，这样做可能不太合适。"对于不愿答应的小事情，你可以幽默一点，"谁让我整天忙得四脚朝天呢？真是分身乏术啊！"或"拜托，不要用这种高难度的事情来让我出洋相！"

2. 就事论事

如果对方要求合情合理，你有能力和时间办到，而且你愿意为对方做事，当然不必拒绝。相反，对方的请求不合情理甚至违法，就要用恰当的语言说"不"。无论如何，都应让对方感受到你的尊重、理解、同情，这样才能在拒绝的同时取得对方的谅解，不妨碍双方的进一步联系。

李明是市教育局局长，每年中考过后都有许多家长找他为子女进重点高中想办法。赵建国是李明的大学同学，自己的儿子中考分数不高，不能上市一中，想请老同学打通关节。"老李啊，你可一定要帮我这个忙，这可关系到你侄子的前途。"李明知道，赵建国儿子的基础太差了。凭他的分数，即使上了一中也很难考上大学。而且"通融"与否关系到李明的事业，不能轻易答应。"老赵，咱俩什么交情你知道，只要能办到，我二话不说。可是上头明文规定不允许呀。我替你开口不要紧，别人一窝蜂的马上就跟上来了，我刚到这个位置没多久，你也得看一眼我的处境啊！"赵建国不甘心："那我儿子的将来怎么办？老李你知道我轻易不求人的。""你那心高气傲的劲儿我能不知道？可我说的也是事实啊。老赵，其实侄子不用急着上一中，他还小，不如让他复读一年，打好基础，到时不用找我，一中就会直接给你下录取通知书的。"经过一番解释，李明终于让赵建国打消了走后门的念头，而是为他介绍了几个很好的老师。经过一年的努力，赵建国的儿子果然顺利考上了一中。

对于公事，你应该从政策法令、规章制度限制的角度陈述拒绝理由，如果以"没有时间"等个人理由拒绝，就有不负责任之嫌。对于私事，你应该开诚布公的向对方说明你的难处，让他知道你只是力量达不到，而非不情愿帮忙。如对方是长辈或上级，你可以主动登门委婉说明，虽拒绝但不失礼。如对方是晚辈或下级，不能以居高临下的姿态拒绝。

3. 态度明确

任何一个求助的人都希望对方尽快给自己一个明确的答复，如果你闪烁其词，迟迟不切入正题，双方就难免产生很多不必要的误会。你可以语气委婉，但一定不要拖泥带水，迟迟不表明态度，让对方误以为你已经答应他了。

4. 留有余地

但留有余地绝不等于空许承诺。如果你能在说"不"之后给他出个有价值的主意，这也说明你为对方尽力了，虽然你拒绝了对方，他还是会感激你的。比如"真对不起，这件事我实在没有足够的能力，你看是不是可以这样……"

学会巧妙拒绝，即可减少心理负担，又能为自己树立起一贯的独立得体的形象，还能杜绝好占便宜的人事事求你代劳，防止将自己推入人际关系的漩涡，生活自然就少了许多烦恼。

拒绝的禁忌

拒绝的同时，不要贬损别人。

不要让你拒绝的理由看起来很勉强。

拒绝别人时，不要不假思索地冲口而出。

把握好批评与攻击的界限

批评和攻击，完全是两个不同的概念。批评的出发点，是希望被批评者改正思想或行为上的错误或偏差，希望他做得更好；而攻击的出发点，是希望受攻击的人受到心理上的打击和伤害，变得软弱无力。很多人都握不好批评与攻击的界限。本是好心批评，为了使对方能进步得更大更快，却不小心变成了讽刺挖苦；好好的一场讨论或辩论，成了相互攻击的唇枪舌剑。任何言论都讲究"度"，话说过了头就变了味道。在人际交往中，"批评"是一把双刃剑，适度的批评是有利的，过度的批评会被被批评者视为攻击，是有害的。为了让我们的话语更有效，人际交往更顺利，我们必须把握好批评与攻击的界限。

忠言不必逆耳

批评是进步的动力。批评在关系良好的人们之间是一种加强密切联系的方式。批评能让人看到自己没有注意到的缺点和不足，从而尽快改正。

提出批评前，应明确自己的立场，表明自己的观点，避免无谓的争执。提出批评时，态度要诚恳，要客观地提出意见，采用和平的表达方式，给对方辩解的机会。提出批评前，一定要对自己的身份有自知之明，年长、地位高的人，不要倨傲；年轻、地位低的人，不要轻狂。

批评的目的是激励和指导，而不是让人泄气。因此，批评不一定非要声色俱厉，并不一定非让被批者痛哭流涕才算达到效果，春风化雨的柔声细语同样也是批评，其实效果更好。

你的批评是否是成功的，很大程度上决定于你的态度。如果你一味的指责别人或者简单说明你的看法，你将会发现，除了别人的厌恶和不满外，你将一无所获。然而，如果你能够让对方感觉到你是来解决问题纠正错误的，你将会获得成功。

领导批评下级时，要注意把自己的身份放下来，不要一味严厉呵斥，一味陈述下属的错误和指责他的失误，更不要说出"不怎么怎么样你就滚蛋"的话，给下属一种"仗势欺人"的感觉。身为领导，应该懂得先肯定员工做出的努力和贡献，使其感受到领导对自己的信任和期望，然后温和地指出他在哪里做得不够好。作为长辈、父母、师长，批评晚辈、子女、后辈，也要这样。

某公司在一次例会上总结上周的工作情况，经理提出让大家分析一下各人工作上的长处和短处，总结成绩与不足。温彦发言说："我简单说说吧。我和小梁在一个部门工作，对他的一些做法，我不是很认同。"经理示意他说下去。温彦说："小梁的工作进度太慢，而且工作不认真，常常上班时间走神，对客户说话的语气总是很暴躁。"小梁一听就着急了，有点儿生气地问温彦："凭什么这么说我？我怎么上班时间走神了？"温彦说："你常常坐在那一动不动，什么也不做，不是走神是什么？""你是在做你的工作还是专门盯我呢？你怎么知道我坐着不动就是走神啦？你钻到我脑子里看过？"温彦说："我只是想说你的工作进度太慢，而走神和对客户说话的语气可能就是你慢的原因，我不想和你吵架。"小梁说："慢是慢一点，是'太慢'吗？我比你差得很远吗？你说话这么不讲分寸，你这不是给我难堪吗？""不就是我说话直了点？你发什么火呢？"温彦也生气了。结果两个人唇枪舌剑了一番。会后小梁的工作并没有起色，并且和温彦的关系很僵。两个月后，他和温彦同时被辞退了。原因是两人都不会解决问题。

平辈之间，朋友、同事之间，使用商量的语气和轻松幽默的说话方式比较好。因为彼此之间没有制约关系也没有过节，完全不必要使用严重的言辞进行批评，避免使用"你总是""大家都说""根本"这类绝对化、主观化的语言，以免对方误以为你别有用心，伤了双方和气。

批评上级或师长、父母时，我们的态度要恭敬，不要因为对方的确有错，就无视对方的身份地位，批评时不掌握分寸。用语一定要注意，含蓄委婉是必要的。

应该提出批评的时刻

朋友或同事在工作或生活中犯了错误而不知悔改。

公共场合中，有人影响了其他人而没有停止的迹象。

别人的言行不太得体，需要改变。

长辈或领导犯了错误而没有察觉。

批评不伤人情

批评要看场合，适时适度。每个人都喜欢接受表扬和赞美，厌恶批评。因此，一定要在适当的场合与适当的时候提出批评，并且要适可而止。

扰乱别人的心境是很不恰当的。别人正在忙着赶任务，连休息说话的时间都没有，你却要过去打扰，而且是为了"批评"；别人正和一大帮人说说笑笑的很开心，你却不识时务地插嘴，批评他哪里哪里犯了错误；别人正在伤心独坐，脑子乱得一团糟，你非要上去来个"一针见血"，向他提出批评。老师在课堂上对一个学生进行长时间的批评，想要通过这种方式使其加深羞耻感，尽快改过，学生很可能会有逆反行为，使老师的好意付之东流。在部门会议上，你揪住一个同事的非原则性的错误不停地讨论，不惹得同事和你吵架才怪呢！

小花是某高中的高三女生，容貌秀丽，学习成绩一直不太好，性格活泼，但是很倔强，自尊心极强。因为她喜欢和男生交往，加上常旷课、迟到，令班主任格外头疼。因为最近学校抽查各年级纪律情况，一天下午自习时间，校长正在四处巡查，恰好碰上小花正往班里跑。校长喝令小花的班主任对小花进行批评教育。班主任被校长点名，觉得很恼火，一气之下把不满全发到小花头上。班主任把小花叫到办公室，当着十多位老师的面，用恶毒的语言和尖刻嘲讽的语调大肆批评。班主任说："小花呀小花，真不知道你父母是怎么教育你的，整天疯疯癫癫，四处勾引男生，好好的男孩子都被你带坏了，既然你那么有本事，别上学了，去发廊工作吧，像你这种不知羞耻的人，最适合去那种地方工作啦！"一边说着，一边引逗其他老师发笑。小花自始至终默默流着眼泪，班主任批评完毕，轻描淡写地叫小花出去。小花用鄙视的目光看了班主任一眼，愤然离开了办公室。第二天，学校就得到小花卧轨自杀的消息，校长和班主任都受到严厉处分。

批评要客观公正，就事论事。批评不是为了使自己与被批评者恶化关系或断绝关系。有时不加节制的过分批评造成的结果，甚至严重到无法挽回。

批评要有引导，要会换位思考。人在大多数情况下都不是故意犯错的，也是希望能避免错误发生的。人都有尊严，即使他耐着性子接受批评，也不愿平白受到指责，批评的最好结果就是对方获得了正确的方法和途径，同时受批评的又不感到难堪。因此批评不应该是单纯的指出错误，更需要有正确的建议。你可以使用"能不能这样""也许这样"这类有引导性而又不具备攻击性的话语给对方提改进建议。你要让对方明白：你是为他好，你的批评不是无中生有的恶作剧。

批评的禁忌

批评时不要从这件事扯到那件事，将批评扩大化。

不要把对做事方式和方法的批评转变为对当事人人品的批评。

不要以自己的习惯和标准要求别人，提出不必要的批评。

不要使用侮辱性的语言批评别人。

赞美是人际关系的要诀

西方谚语说：众生平等，每个人都有可以赞美的地方。

事实上，人人都需要赞美。经常受到赞美的孩子会开朗聪明，经常受到赞美的学生会进步神速，经常受到赞美的员工会工作勤奋，经常受到赞美的女性会光彩倍增。真诚地赞美一个人，就是真诚地尊重和欣赏一个人。赞美对于人心与人生都是动力，赞美让人们更加自信，让我们的生活充满鲜亮的色彩。你早上刚到公司，发现某位同事戴了一条别致的手链，当你由衷地发出"你真有眼光"的赞叹时，尽管她嘴上说"别取笑我了"，她得意的目光却显示出内心的愉快。

人们都喜欢与认同自己的人交往，更容易对那些真心赞美自己的人产生好感并信赖他们。"赞美"是人际关系的润滑剂，吝惜赞美的人会缺少朋友。学会赞美，就是为自己的人际关系打开一扇新窗。

赞美他人引以为傲的优点

赞美一个人，不一定非得赞美他这个人，他的职业、他的家乡、他的母校、他的工作单位，都是赞美的极好对象。如果你不习惯当面赞美某人，不如赞美培养他成才的导师，或与他关系密切的亲人朋友。人们都说"物以类聚，人以群分"，赞美了他身边的人，就等于是赞美了他本人，而且这样的赞美把他放在一个高层次的群体中，更显效果。如果恰好你要赞美的人不习惯接受当面的赞美，那么你也可以采用这种间接赞美的方式。

赞美要因人而异。男士喜欢别人称道他幽默风趣，很有风度，女士渴望别人注意自己年轻、漂亮。老年人乐于别人欣赏自己知识丰富，身体保养得好。孩子们爱别人表扬自己聪明、懂事。适当地道出他人内心之中渴望获得的赞赏，适得其所，善莫大焉。这种"理解"，最受欢迎。

阿虎是个 23 岁的推销员，因为刚接触工作不久，缺乏经验，见到客户时说话总有点紧张，3 个多月过去了，还是没有半点销售业绩。他开始怀疑自己。同事小舟开导他说："别着急，其实你很有潜力的，记得咱们招新人的时候，我还特意分析了一下你的简历呢！""是吗?"阿虎睁大眼睛，将信将疑地看着当初负责面试的小舟。小舟说:"当然了，你参加并主持过很多集体活动，看来你的交际能力和组织能力很好，你各门成绩优良，说明你很聪明，善于学习。你应该很有闯劲啊！一切才刚刚开始，成功就在后头呢！"阿虎高兴地说:"是啊，我在大学里主持过很多活动，获得过很多奖励，在同学中间也算佼佼者了，我怎么能这么快就放弃呢?"小舟真诚赞美阿虎，而他所赞美的地方，正是阿虎自己很看重的长处。原本想辞职的阿虎重新抖擞精神，耐心弥补不足，终于获得了成功。

年轻人激情洋溢，活力四射，爱好新奇事物，梦想成功和爱情。对于他们，聪明、坦诚、勇敢、自信、时尚、漂亮、做事效率高、朋友众多等都是值得赞美的地方。男性在意自己的身份地位、风度和魅力以及事业成败。对于他们，值得赞美的地方是过人的智慧、洒脱的风度、向上的事业心。

女性多半关心美容护肤、流行服饰、家人、情感以及生活质量。对于她们，应该多从仪表、修养、流行服饰等角度进行赞美，并且格外需要"说到点子上"。如果一位母亲抱着一个孩子，赞美母亲的美丽不如赞美孩子的可爱更有效。如果一个女孩新换了发型，就不要特意赞美她的鞋子吧！

如果你想同时赞美几个人，事先请了解他们的关系。如果他们地位相当而各有所长，无疑赞美是得体的，但如果他们能力悬殊，你的赞美势必导致更优秀的那个人反感。如果他们关系不和，赞美一个人，另一个人必然心中反感。

在赞美别人时，不要使用模棱两可的表述，像"有点意思""挺好"和"没那么糟"。含糊的赞美往往比侮辱性的言辞还要糟糕。侮辱至少不会带有怜悯的味道。

应该赞美的时刻

当别人表现出良好的精神状态或取得良好的成绩时。

当别人表现出良好的教养和品德时。

当别人收到一份精美的礼物时。

当别人拥有出众的容貌或高雅的气质，以及其他优点时。

当别人换上一件漂亮的新衣或饰物时。

己之所欲，先施于人

人人都渴望得到别人的赞美，你觉得什么样的赞美更容易接受，你就应该如何赞美别人。

1. 真诚客观

赞美别人，应该是真诚的自然流露，而非刻意的奉承。乱戴高帽子是虚伪的表现，不会招人喜欢。突兀的赞美让人摸不着头脑，莫名其妙。你所赞美的，应该是对方所拥有的。没有人愿意听别人赞美自己不具备的优点，就像赞美一个矮人身材魁梧，赞美一个孱弱的老妇曲线玲珑。

最有效的赞美不是赞美那些人人都看得见的长处，而是赞美对方不容易被人发现的优点。比如有一个腼腆的人，不爱说话，朋友很少，但是心思细腻，记性很好。如果你针对他这一点进行赞美，他会很高兴你发现他的优点，甚至有可能视你为知己。并且因为你的赞美，他很可能多了几分自信，这种赞美无疑是很有效的。

2. 适时适度

赞美要看时间、看场合，适可而止。初次见面，不妨寻找对方显而易见的优点进行适当赞美，比如说"您的衣服真漂亮""您的声音很好听"。对方正匆忙地做事，你却要搭话对其表示赞美，这是无效的。在一段时间里重复赞美一个人的同一个优点，会让人感到心烦，而且对方会为不停回答"哪里哪里"和"过奖过奖"而感到疲惫。

在一次社区举办的舞会上，杨林认识了在外贸公司工作的苗静。他的舞技深得苗静欣赏，苗静的容貌和仪态更是让杨林倾倒。杨林请她跳第一支舞的时候夸苗静的乐感好："你对音乐的领悟能力，和对节奏的把握能力真是高超啊！"苗静很高兴地接受了杨林的夸奖，说："是吗？你也不错呀，舞跳的这么好，像是受过专门训练呀！"杨林请苗静跳第二支舞时夸她美丽脱俗："你恐怕是我见过的漂亮女孩中最有气质的一个！"苗静对这一赞美也欣然接受，因为她的确是个很有气质的美女。两人跳第三支舞时，杨林对苗静的身材赞不绝口："你的身材和当红的某明星有的一拼啊，是不是也像她一样常做运动啊？"杨林提到的女明星身材虽好，口碑却不佳，是有名的绯闻女郎。苗静觉得杨林别有用心，顿时对他产生了厌恶和戒备的心理。跳完这支舞后找借口离开了。杨林觉得怅然若失。

过多的赞扬会让人误解你的真诚，过分称赞一位异性的外表容易让人以为你别有用心。如果你身份地位特殊，在公众场合赞美某个人或某个团体，更要适度。

3. 忌张冠李戴

赞扬的对象要分清，如果你记不清楚某人做了什么事情或是谁做了什么事情，一定要搞明白了再说。如果甲设计了一个反响强烈的优秀广告，而你却把赞美放到乙的头上，恰好乙刚做了一个失败的广告，那么你这样的赞美无疑等于人身攻击和变相的讽刺。赞美一个并不成功的创意，其效果和记错对象是一样的。

赞美的禁忌

不要将别人的缺点当成优点来赞美。

赞美的语言不要含义模糊，缺乏内容。不要用"很好很好""不错""有意思"之类的话表达赞美。

赞美不要搞"突然袭击"。不要只在你用到别人的时候才赞美对方。

口出脏话，人无修养

当我们遇到一些摩擦，情急之时，难免有想骂人的冲动。但有很多人，即使不生气也脏话不离口，把脏话当口头禅。一个人形象再好，穿得再有品位，只要吐一句"国骂"，立刻就会被人看轻。

梅子在一个广告公司当了 3 年业务员，业绩平平，从不出众。比她年轻的几个员工都比她挣得多。梅子唯一令人印象深刻的地方就是说话，她一张口，说不上 3 分钟就开始吐脏字。因此公司里有重要客户从来轮不到梅子接待洽谈，她只好在一些不计较小节的小客户圈子里寻找机会。虽然说话带几个脏字不算什么大毛病，却暴露出梅子"没修养"的致命弱点。

说话能力，是个人素质中重要的一环。一个人会不会交际，懂不懂礼仪，待人接物的能力如何，我们从一个人说话的态度和内容，就可以判断出来。没有修养的人不仅很难在社交场合中赢得别人的尊敬，更容易因为"出口成脏"而导致事业上的失败。我们究竟该如何说话呢？

三思而后"说"

定位好自己的角色。与人谈话时，千万不要卖弄学问，故意使用对方听不懂的名词术语，夸夸其谈却让人不知所云。故意说让人费解的话是浪费时间，也是对别人的不尊敬。说话时一定要考虑双方的性别、年龄、性格、身份、思维习惯和受教育程度，同时也要注意自己的身份和在谈话中所扮演的角色，使用简洁通俗的语言，这样可以拉近双方的距离，减少摩擦和误解。

打好腹稿，精简语言。语言是沟通的桥梁，谈话的过程就是使用语言的过程。语言表达是否清楚明白，是否言尽其旨，是否准确恰当，决定了你所说的话是否能有理想的结果。说话前，准备说什么内容，准备说多长时间，希望取得什么效果，都要有个计划，以防开口后语无伦次，引起自己的紧张或别人的反感，引发矛盾。

不说脏话，不胡搅蛮缠。俗语言："祸从口出，福从嘴来。"不会说话的人一张口就得罪人，招来麻烦；会说话的人一开口就招人喜欢，事半功倍。敢于说话的人受欢迎，因为他有勇气有魄力，但"勇敢"不等于"莽撞"，不是什么话都能说的，尤其是在谈话过程中遭遇矛盾冲突时。需要强调的是：无论谈话中出现什么不愉快的争论，都不要口吐脏字。此外，我们应做到没有原则的话不说，没有道理的话不说，没有意义的话不说。

张业在一个小商品交易会上认识了一个同行，名叫白彪，两人为了业务上的便利，均有加强联系的打算。白彪出差到张业的家乡，打电话联系后，张业请白彪一起吃饭。两人在约定好的饭店里见面了，相谈甚欢，彼此都感觉对方值得交往。因为是客流量高峰期，饭店里上菜慢了点儿，服务员端上第一道菜后，恭敬地向两个人鞠躬并道歉。张业表示理解。白彪却不依不饶地张口就骂服务员："你他妈新来的是怎么着？端着盘子迷路啦？这么半天走不过来，什么水平？"张业劝他说："算了算了，饭店菜做得好，这个点儿人就是多，厨师忙不过来不能怪服务员。"白彪闭口。过了一会儿，服务员端上来一盘京酱鸭丝，白彪询问道："哎，我说这肉是鸭肉吗？别你妈的拿猪肉鸡肉糊弄我们啊，我可经多了。"一顿饭下来，白彪骂了服务员四五回，和张业说话倒一直很客气。张业表面上对白彪很尊敬，心里却已经把白彪看扁了。他想，这样势利的小人，一旦合作出了问题，他肯定会落井下石，溜之大吉。张业见识过白彪饭桌上的嘴脸后，不打算再与白彪交往了。

一个看人下菜碟的人，一个把脏话当做口头禅的人，一定是个缺乏教养的人。至少在他口无遮拦的那一刻，他所有的教养都失效了。

说话时，一定要注意别人的感受。当你情绪激动，想说过激的言辞时，请为别人着想一下。如果你平白无故受到话语暴力的侵犯，是不是很生气呢？己所不欲，勿施于人，所以不要为了一时痛快而口吐狂言或脏话，为了争一点面子而口无遮拦，强词夺理。

应该注意语言文明的场合

在社交场合与人交谈时。

与别人发生争执时。

受到别人的批评时。

受到别人的误解时。

感到气愤、委屈时。

有理不在声高，有"礼"才能服人

要想说话有"礼"，必须知道说话的原则。做一个知理、懂"礼"的人，无论与什么身份的人说话，都不会出错。

说话时，首先要态度端正，宽容和蔼，要做到不谄媚、不傲慢、不发怒。礼节都是相对应的，你敬我一尺，我敬你一丈，有了尊重的态度，谈话才有了顺利进行的前提。切不可趾高气扬或虚情假意，以免给对方制造压力或麻烦。

说话时，神态要自然，表情要丰富，眼神要专注。以平等的心态与人交流，谈话才会顺利有效。既然交谈是双向的，就要表现礼貌，自己说话时坦诚，对方说话时倾听。如果你参与的是多人交谈，一定要适度用目光与大家交流，而不要将目光对准某个人或某几个人。当你有不明白的地方，及时的发问和表示"请重复""请解释"的眼神和表情，都能对谈话起到很好的推进作用。

人们在说话时，往往会不自觉地做出一些小动作，如摸鼻子、抓耳挠腮、搓手、跺脚等等。这些小动作暗示着你内心的紧张程度。出于礼貌和对自己形象的维护，你必须去掉那些不雅的动作，代之以得体的、能表达你情绪的表情。

如果你面对的人情绪激动，有骂人的倾向，请不要火冒三丈，保持宽容的态度是最好的熄火方式，也最能体现你的涵养和风度。

学会幽默。英国的培根说："善谈者必幽默。"幽默是生活的甜品，让生活中有更多美好滋味。幽默所到之处，人们心情愉快，办事高效。幽默能化解唇枪舌剑，避免争论扩大和恶化，促使谈话的成功。亲朋好友之间多点幽默，彼此感情更深厚；同事之间多点幽默，彼此工作更加默契；陌生人之间多点幽默，相互间的距离更加缩短；政坛、商场上多点幽默，双方交往更顺利。遇到刁难或交谈僵局时，不妨使用幽默，可起到四两拨千斤的效果。当你想表达不满时，幽默的话语可以使人容易接受并考虑你的感受；当你意识到自己的失态时，表情自然的自嘲一下可以轻松化解你的紧张，取得别人的理解；看到别人犯了小错误时，用委婉风趣的话能消除他的尴尬，同时起到批评提醒的作用。幽默是智慧和宽容乐观的代名词，让人在社交场上如鱼得水。但需要明白的是，幽默和嘲笑讽刺不是同一概念，拿别人的短处做幽默的原料或以讥讽为目的的"幽默"，即使再充满智慧与巧妙的语言，也是失败的。幽默的前提是不开低劣的玩笑。

说话的禁忌

不要讽刺、挖苦、恶意攻击别人。

不要重复争论、纠缠一个问题，要制止矛盾激化，而不是助长。

不要诋毁别人的品行，不要无中生有。

第四章 注意服饰和仪容

整洁是地位的标志

美国有一句广为流传的话："第一印象绝对不会有第二次机会。"推销之神原一平则说："端庄的仪表与整洁的服饰就是最好的推荐信。"无论身穿什么风格的服装，无论使用什么品牌的配饰，都离不开最基本的礼仪——整洁。一个人是否有积极向上的心态，是否有良好的教养，是否尊重他所面对的人和场合，通过他的整洁程度就可以判断出来；一个人是否文明礼貌，是否干脆利落，通过他的整洁程度就可以判断出来。一个衣着邋遢、懒于梳洗，浑身散发不洁气味的人，不可能在任何社交场合得到重视，更不可能在职场上受到青睐。整洁，是一个人地位的标志。

整洁的概念包括整齐和洁净两方面。总体要求是：身体清洁、没有异味；服饰熨帖洁净，彰显品位和地位。

别让不够清洁的身体背叛了你优雅的谈吐

一个人谈吐再优雅，清洁不到位的身体也会迅速降低他的身份。首先，我们要做好的是"头等大事"。头是身体之首，面容是一个人的门面，与人交往时，对方一眼看到的就是你的脸。一张干净清爽的脸，无疑会给人留下朝气洋溢的美好印象。

头发能体现一个人的特点。发型适合脸型，干净，不油腻；不打结，不成绺，不太长，不太乱，没有刺鼻的异味，这样才符合头发整洁的标准。顶着一个爆炸头，头发被发胶涂得油腻闪亮，胶结成片。这样一个去政府或大公司上班的人，一定是不合格的，即使你是去赴小小的约会，这样的头发也是难以带给别人好感的。

眼，我们心灵的窗户。应该没有眼屎、眉毛或睫毛残渣，女性要格外注意眼睛周围是否有多余的睫毛膏和溢出的眼影，眉毛上是否有多余的眉粉，眉毛和睫毛是否有结块、杂乱现象。有人可能会说，不化妆不就不会有这些问题了吗？是的，但是一个女性不化妆，其实也是不太整洁的表现。适当的淡妆很有必要。

口，让我们舌灿莲花的重要交际工具。唇齿上不能有食物残渣和化妆品残液，牙齿应该洁净，口腔内没有异味。喜欢吃葱蒜或韭菜的人，建议你见客户、参加社交聚会或开会讲话前处理掉口中的味道，漱口、刷牙、嚼口香糖、喷口腔清新剂，这些方式都可以减少口腔异味，不妨常用。

鼻子耳朵，让我们感受芬芳，聆听世界，当然不能遗忘。这两个部位应该没有直视能看到的毛发伸出。鼻毛的问题多存在于男性身上，千万要小心呀，别让几根不合时宜的鼻毛破坏了你的英雄形象！

对于男性而言，胡须也是整洁的一关。男性要及时刮胡子，使用须后水。一个懂礼貌的、真正整洁的男士不会让他的胡须像乱草一样在脸上滋生蔓延。

"头等大事"做好了，别忘了清洗自己的脖子，女性涂粉底时，别忘了给脖子也涂一点！

除了"脸面"，衣服外露出的部位也需要注意清洁。你应该保证手上没有脏污，指甲缝里没有污垢残留。女性要注意指甲的长度，长指甲会让人降低对你的信任，留长指甲不是礼貌得体的行为习惯。女性穿露趾凉鞋时，喜欢展示涂了甲油的脚趾。脚趾上甲油的色彩最好与肤色相配，与手指上的甲油颜色相配。

小吴是个很受欢迎的职员，能说会道，英俊大方，看起来前途光明。小吴所在的公司允许穿休闲装上班，于是夏天一到，小吴就短装上阵。短袖运动背心和运动短裤一穿，胳膊大腿上茂盛的汗毛又黑又长，看上去很是生猛。小吴进了写字楼，一路上回头率颇高。小吴以为是自己的帅气吸引了别人的目光，心里很是得意。谁料进了办公室引来一片诧异的啧啧声，女同事纷纷转头掩口而笑。主管进来了，见到小吴后"哦"了一声，意味深长地看了他一眼。随后宣布一个消息：公司准备挑选几个素质较高的员工到国外学习一段时间，回国后薪资会根据表现给予提高。职员们一时间欢欣鼓舞。最后名单公布，一直被大家看好的小吴却榜上无名。

体毛较重的人穿短款衣服时，要适当用脱毛膏、脱毛器等处理自己的腋毛和汗毛。有些男性一到夏天就喜欢敞开胸怀，不经意地露出性感的胸毛。

在公众场合，把过多的体毛现于众目睽睽之下，这可不雅。对于女性，暴露腋毛和汗毛茂盛的手臂和腿是很丢面子的。

如果你的皮肤太干燥，容易起皮，最好涂一点滋润型的乳液，使露出衣服的部位显得健康光洁。

记住，一定要勤洗澡，不要让令人不愉快的气味破坏了你的完美形象！

会破坏你完美形象的瑕疵

肩头未掸干净的头皮屑。

女性从露趾凉鞋里露出的结着黄茧的脚趾和脚跟。

女性手指上残破的指甲油。

鼻孔中厚厚的鼻屎，耳道里厚厚的耵聍。

刺鼻的香水味，和香水味混合在一起的体臭。

别让服饰的瑕疵毁了你的形象

一个身份高贵的人，决不会允许自己的衣服和饰品不干净、不整齐、不搭配。在任何情况下，你所穿的衣服，你所佩带的饰品，都要保持清洁。衣服常洗，饰品常常擦拭是必不可少的。你的服饰上不能有明显的污迹，更不能有恶劣的异味。

服饰整洁的要求之一是保证服饰的完好无损。服装应没有多余的线头，没有明显的褶皱；鞋袜上没有破洞，没有开胶、开绽的现象；纽扣、拉链等小配件没有开裂、破损现象，各就各位；饰品没有缺口、毛刺。万一发现残损，立即修补或更换才对。有的人不注意检查衣服的袖口、领口、衣袋等部位，开线、刮破了都不知道，肩上一缕线，胸前吊着一颗快要掉下来的纽扣，裤子拉链因为缺齿而还没有拉上，就匆忙上班、约会去了，想象一下路人侧目、同事暗笑、约见你的人尴尬的情景吧，这就是不注意整洁的结果。

赵原野出差去谈一个大型工程项目，见客户前，不小心在衣角和领带上沾了油污，他准备拿到干洗店迅速处理一下再去见客户，但当他发现油污的面积很小，并且不仔细看的话，不影响服装的整体美观。赵原野就抱着侥幸心理前往客户的公司。很不幸的是，客户与赵原野握手寒暄的时候，闻到了一股食用油的气味，两人座谈的时候，客户又发现了赵原野领带花纹上隐隐的污渍，和赵原野西服下摆上几个小小的暗点。尽管赵原野极力承诺项目会如期完成，且不出任何问题，客户还是没有和赵原野合作。因为客户觉得，赵原野承接了工程，很可能会在不起眼的细节上出错。他可不愿意和马马虎虎的人共事。

　　一套高档西服能匹配一个商人的身份，西服上小小的污渍却会玷污主人的身份和名誉。

　　服饰不仅要干净，完整，合理的搭配也是很重要的。我们要穿合体的、符合自己个性和风格的服装，符合职业特色的服装，佩戴饰品，同样也要遵循这个标准——合适。很多服饰看起来很漂亮，却不一定适合你，适合你，却不一定适合你所处的场合。

　　有的人只换外衣不换内衣，外表光鲜整洁，却浑身散发着难闻的气味。整洁应该是由内到外的，勤换内衣裤，保持表里如一的洁净，才是真正的整洁。还有的人饰品非金即银，非钻石即玛瑙，价值不菲，却因为不注意清洗而黯淡无光，这同样是有身份有地位的人应极力避免的。

整洁着装的禁忌

女性不要穿脱丝的丝袜，最好随身预备一双新的以便替换。

女性不要忘记补妆，不要在众人面前顶着一脸残妆。

不要把烟酒的味道留在身上。

不要穿未经修补的破旧衣服，不要在正式场合穿拖鞋。

不要穿色彩或图案过于眩目的服装，全身的服饰颜色不要超过三种。

不要随意将衣服的袖子挽起，不要随意地将外套披在身上。

垂头耷拉肩是典型的失败者形象

　　一个有素质有教养的人，举手投足都会体现出高雅气质；训练有素的企业职员，自有一种精神昂扬的体态；一个自信、乐观、开朗的人，自然会有昂首挺直的姿态，坐姿也是如此。应聘工作、会见客人、咨询问题，无论什么场合，正确的坐姿都有助于树立你庄重礼貌的外在形象。一个坐相萎靡不振、垂头耷拉肩的人，传达给别人的信息是："我失败，我无奈。"这样的信息，怎么可能让人相信他是个成功者呢？他又怎么可能帮助别人成功呢？退一步说，他如何能赢得别人最起码的尊重和亲近呢？

"坐"得更美，生活也会更美

　　正确的坐姿应该是姿势从容自然，端庄大方。自己感觉舒服，别人看着舒服。

按照通常的习惯，我们要双膝并拢，上身微微前倾，从椅子的外侧入座。如果身边有人，要背对椅子入座，以免给别人一个屁股。女性身着裙装入座前，应该自然地将双手放在身后，将裙子自上而下抚平。落座时动作要轻而缓，以显得从容礼貌。如果你猛地一屁股坐下，并发出响声，会使你的形象马上降低一个档次。落座后，不要把椅子坐满，坐椅子前部的二分之一或三分之二即可，不要紧靠椅背。起立时同样应从椅子外侧起立，站定后立即把椅子归位，按原样放好。

优美的坐姿以得体适度，符合身份与性别为基本标准。坐的时候，双手可以相交叠放，也可以轻放在扶手上或自然地放在大腿上。把双手夹在两腿间、放在桌下，或者背在身后都是不得体的姿势。坐的时候，男性的双腿可稍微分开，女性却不宜分腿而坐。女性也可以将并拢的双膝偏向左后方或右后方，使身体呈现一个漂亮的"S"形，展示淑女风范。

坐沙发时，要防止身体深陷在里面。如果坐的是低沙发，背部靠沙发背。坐下后使你的膝盖高于腰部，你要把并拢的膝盖偏向你的谈话者，最好让大腿和上半身成直角。

坐较低的椅子时，可以两膝并拢靠紧，将膝盖朝向与自己谈话的人。坐高椅子的话，双腿并拢不太好看，男性可以跷二郎腿，但不能将脚尖高高翘起对着别人；女性跷二郎腿时，要使双腿紧贴，脚尖朝下。

穿牛仔裤、运动服、休闲装的时候，坐姿可以顺其自然，随意一些即可，但也不能东倒西歪，而应时刻保持优雅。穿西装、套装等较正式的衣服时，坐姿要端庄，以免破坏形象和使衣服起皱。女性尤其要注意，穿短裙子，不要将大腿根部露出，更不要露出内裤，穿长裙时不要掀动裙角，这样的小动作会给人以品行不端的暗示。

有失优雅的坐姿

把双腿别成"4"字。

双手抱腿，盘腿而坐。

用力将脚勾在座椅下面。

坐在桌子上或椅背、把手上。

上身前倾趴伏在桌椅或自己腿上。

坐得像个成功者，距成功更近一步

想做个成功者，就要按照成功者的样子行事，坐姿也是如此。

坐得直，坐得正，坐得稳。尽量坐端正，保持胸、背部自然挺直，两肩平直，两腿并拢，自然弯曲，两脚平行落地或前后稍稍分开。坐下后，要保证坐得稳，不妨碍他人。应该保持 10 分钟内坐姿没有明显变化。人多的时候，要尽量不占用他人的空间，尽量减少动作。频繁挪动椅子和离席都是不礼貌的表现，应该避免。

注意场合。在朋友聚会等非正式场合，坐的姿态可以随意一些，在坐姿端正的基础上，坐得舒服就好。与别人聚会、聚餐时，坐下后要保持安稳，不要交叉双腿，上身可以轻靠椅背而坐。想摆造型的人们，最好放弃这个机会，双手托腮或把手臂拄在桌上的姿势并不好看。用餐时，腹部不要紧贴桌子，可适当留出一拳之距。

小温到一家知名广告公司应聘广告设计，按招聘方的要求坐在了主考官的对面。因为迫切想进这家大公司，加上来的时候有点匆忙，小温心里有些紧张。坐下之后，双手不由自主地握在一起，不断用一只手抚摸另一只手，双腿的姿势也显得有些僵硬。因为身体保持一个挺直的时间过长，小温觉得累，于是轻轻向前挪动身体，不料他的动作不小心带动了椅子，椅子跟着往前动，发出刺耳的声音。小温心里暗暗叫苦，回答问题时显然被自己的失态分心了，说话不太流畅。当主考官问到他的相关经验时，小温仰头做思考状，一只手不自觉地摸向脑后，这个动作使主考官忍不住微笑了一下，安慰他说："别紧张，慢慢想。"这么一来，小温觉得自己的心理被人家识破，更紧张了。就像小温担心的那样，他没有被广告公司录用。

参加面试时，要坐在招聘方指定的座位上。坐姿要挺拔自然。在会议、座谈、谈判等正式场合，坐姿要严肃、一丝不苟。可坐在椅子中部，上身端正挺直，双手可放在桌上或椅子扶手上，并放双腿，小腿可前后相错。不要有大幅度的身体摆动。

双方谈话时，如果对方地位身份较高，我们要将身体稍稍向对方前倾，以示专注、尊重的态度。如果对方身份比自己低，不要以挺肚后仰的姿势示人。同多人一起谈话时，当你与某人对话，一定记得将身体转向他。

小雅参加了一次某酒吧举办的"8 分钟约会"活动，想借机认识一些异性朋友。

一个高大英俊的男士坐在了小雅面前，两人相互介绍后，简单做了交谈。男士很健谈，8 分钟的时间里他一个人就说了 6 分钟，他说自己从事房地产开发工作，业绩累累，言语中透着自信和成功的喜悦。但小雅并不喜欢他，甚至不相信他说的话。因为这位男士摆出后仰的坐姿，透着倨傲和急功近利的心态。虽然他外表英俊，却怎么看都不像个成功人士，倒像个爱说大话的骗子。因此小雅决定不和这位男士深入交往。而另一位外貌稍逊的男士，一坐下就始终表现出礼貌稳重的样子，身体稍微前倾，表情和悦，耐心而专注地和小雅交流。话虽然不多，却给人以成熟可靠的印象。聚会结束后，小雅和这位男士交换了电话号码，开始了进一步的交往。

坐得端正还不够，你的表情也要自然得体，显得大方自然，精神饱满。双目要自然平视。不要东张西望或低头看地、看鞋尖，或盯着其他地方看，以免给人无礼或拘谨的印象。面无表情、故作夸张，都是会给你的坐姿减分的。

优美的坐姿配上令人感到自然舒畅的表情，才能使一个人的教养和身份真正体现出来。

不要这样"坐"

坐的时候不要不自觉地晃动两腿，这样看起来缺乏教养。女性尤其不能这样做。

坐的时候不要弯腰弓背，浑身瘫软，这样显得很没有底气，不自信，不乐观。

用脚来回搓地面或纸片等杂物。

气质与派头尽在走姿中

我们羡慕 T 台上模特们曼妙的身姿；我们赞叹国旗班战士们勇武的风度；我们欣赏舞台上演员们灵动的气韵。而他们之所以令我们欣赏和难忘，很大程度上是因为他们步态优雅，体现出一个人所能呈现的最完美的状态，显得健康、从容、大方。富有韵律感的步伐能展现出一个人内在的气质与外在的潇洒，能让一个人精心准备的装扮发挥出最大的效用，也能让一个外表平凡的人塑造出一个良好的自我形象。如果你费尽心思打造了无懈可击的外表，却没有训练出自己流畅洒脱的走姿，那么你的社交已经失败了一半。你在别人眼中的印象，已经淡化了一半，你即将到手的良机，也已经失去了一半。

潇洒自然地走

优美的走姿，应该给人以潇洒自然的印象，既富有动感又不失稳重。应该是身体挺拔、精神焕发、轻盈大方。

走路时，身体、表情要配合。走路时，我们要保持上身挺直。要挺胸收腹，目光平视前方，下巴向后收，两脚交替向前迈进。行走的过程中，我们要抬起头，两肩放平。目视前方，手心向内，让手臂随着脚的抬起和落下自然摆动，向前伸出时，35 度左右的摆动幅度即可，向后伸出时，15 度左右的摆动幅度即可。行进过程中，身体和头、腰、臀都不要随便摇摆。脚步迈出时，身体可稍稍前倾。在日常生活中，不要像时装模特一样走猫步，这种扭腰摆胯的夸张步法是有失妥当的。走路时，使腰部随着步伐自然摆动即可。迈步时，膝盖不要总是打弯，显得伸不开腿，而要和脚踝配合，有弹性的伸展。迈步不要抬脚过高、落地太重，也不要走得有气无力，拖泥带水。这样走起来才显出轻盈矫健，如流水一般连贯而优美。走路时，我们应该保持平缓而有规律的呼吸节奏。表情要自然大方，显出朝气和轻松愉悦的心态。

君君参加一次电视台的选秀节目时，由于紧张，在表演小品的时候不小心说错了台词，补救得不够及时，因此评委们给出的分数普遍不高。但按照惯例，她还有一个面向现场观众和场外的电视观众，用一分钟展示自身特色，从而为短信支持拉票的机会。君君抓住这一分钟，沉着地绕舞台中心行走一周，亲切地微笑着向各个方向的观众席挥手问好。她毫不造作而略带中性气质的潇洒走姿令许多观众大为赞赏，很多观众发短信给电视台说："君君自信而潇洒的姿态让我们相信，她一定会笑到最后。"君君凭借数量可观的短信支持率成功进入了下一轮选秀比赛。

参加宴会、舞会等喜庆场合的聚会，走姿要显得轻松活泼；参加重大会议、典礼、仪式等庄重场合的活动，脚步要坚定稳重。出席较大的高级聚会时，步态要从容自然。参加葬礼、审判等严肃场合的活动，走姿要缓慢凝重。迎接客人、登台演讲或演出时，步伐应稳健优雅；办事时，走姿要轻快敏捷；参观访问时，走姿要缓慢柔和。

行走时，不要紧挨着别人走，更不要有意无意地紧跟在陌生人身后。几个人结伴行走时，应避免并行，避免勾肩搭背、牵手而行，并请女性、长辈、儿童等走在路的里侧。

优美走姿的表现

身姿挺拔，步幅合适。

步伐轻快、富有节奏感和美感。

方向明确，从容自然。

显出个人的独特气质。

展现出男性的稳重、女性的柔和。

合乎规矩地走

行走时，不能只顾姿态优美，还应该符合具体情况，符合规矩。

掌握步幅与速度。优美的走姿要求我们走路时不要把步子迈得太大，速度不要太快。通常我们走路迈步时，每步迈出的距离，相当于自己一只脚左右的长度即可。步子太小会使人显得琐碎猥琐，步子迈得太大则会使人显得鲁莽急躁。行走时，速度要均匀适当。

穿轻便的布鞋和运动鞋时，我们迈步可以大些，走姿会显得轻松随意；女性穿高跟鞋时，步幅要小些，走姿要端庄，从而更安全，也更舒适，并体现出女性之美。穿正装时，我们的步子不能迈得太大；女性穿裙子时，步幅应该小一些，穿长裤的时候，则可以迈步大一些。

在办公场所，我们的行走速度可以稍快，步态要稳健大方，以便迎合工作节奏，提高效率；在室内走路，脚步应该轻巧，在图书馆、医院等需要安静的场所，更要放轻脚步。在户外走路，脚步应该轻快。有急事的话，可以加快步伐，但应避免奔跑。

姚亮擅长的工作是质量检验，但他进化工厂半年多了，厂方招聘人员却并未把姚亮放到他所应聘的质检科，而是让他在车间里干体力活。原因就是姚亮参加面试时，走进大会议室时，走得虎虎生风，总让人担心他会撞到人或碰坏东西。看起来，姚亮似乎是被什么火烧火燎的事赶着，又像有什么事情没办好，因此才急成这样。虽然姚亮笔试和面试回答问题给考官们的印象都一致不错，但同时，面试姚亮的3个考官也一致认为姚亮做事不够细心，有些毛糙，放到质检科还需要考察和锻炼。姚亮步子飞快的习惯在车间里一点没改，有几次还因为撞到人而招致责骂。后来姚亮询问过工友之后，虚心听取别人的建议，走路时不再像被人追着一样莽撞，而是矫健稳妥。他再次申请去质检科时，终于如愿以偿。

如果你什么时候都是风风火火的速度，别人跟不上是小事，别人怀疑你的认真、细心的程度是大事。当然，如果你走得太慢，相信没有几个人愿意陪你浪费时间。

男性和女性同时行进时，男性的步伐要与女性保持一致，晚辈和长辈同时行进时，晚辈的步伐要和长辈保持一致，行走速度不同的人同时行进时，要相互适应和配合。

　　掌握行进方向。走路的时候，要尽量走直线，使每一步沿着直线延伸。如果走路时双脚向外撇，就容易走成外八字步，脚尖向内，则走成内八字步；如果左右两脚每一步都落在不同的方向，歪歪扭扭，差不多就走成蛇形了，当然不会好看。

　　有时候，仪态大方的步态能弥补行动中的不足。在行走姿态中塑造一个完美的形象，会给人一种你实力雄厚的印象，无形中能为你的能力加分。

优美走姿的禁忌

　　行走时，不要弯腰驼背、低头、倒背手或挺着肚子。

　　行走时，不要吃东西或看书，更不要和别人打闹。

　　行走时，双臂不要横向甩动，也不要只摆动小臂，此外，不要用脚掌蹭着地面。

　　行走时，不要东张西望、心神不定。

　　行走时，不要和别人抢路，不要脚步太重以致发出沉重的声音。

笔直的站姿意味着你正直的人品

　　中国有传统的关于形象的标准，"站如松，坐如钟"就是其一；人们在描述一个人生机勃勃充满活力的时候，经常使用"身姿挺拔"这种词语；心理学家发现，站得直的人通常给人自信的感觉，而且本人也比较自信。站姿是衡量一个人外表乃至精神的重要标准。优美的站姿是保持良好体形的秘诀。从一个人的站姿，人们能够看出他的精神状态、品质和修养及健康状况，人们甚至从一个人站得是否笔直来判断他的人品是否正直。

　　刘源与一位企业老总林海生合作谈生意。两人约定在刘源的公司见面。刘源一见到林海生，就被他稳重而气宇轩昂的风度折服了，林海生挺拔的身姿让刘源认定这单生意一定能成，因为直觉告诉他：林海生是个讲信誉的人。交谈之后，刘源的这种印象更加深刻。林海生眼中的刘源也很有魄力，身材虽然不高大，却站得很直，显得心胸开阔，正直坦诚。谈判顺利进行，两人很快签订了合同。

　　世界著名的形象设计师英格丽·张，多次在礼仪课程上引用美国作家威廉姆·丹福斯的话说："我相信一个站立很直的人的思想也是同样正直的。"

站姿如此重要，你意识到了吗？

站姿是人最基本的姿势，是人们日常生活中第一引人注视的姿势。它是一种静态美，是培养优美仪态的起点，是发展不同质感动态美的起点和基础。良好的站姿能衬托出美好的气质和风度。站姿如此重要，你意识到了吗？

美好的第一印象从站姿开始

正确的站姿要领是肩平、臂垂、躯挺、腿并。站立时两眼平视，表情自然。双肩稍微放松并保持平正，脖颈挺直，下巴稍稍向后收。两臂放松，使双手自然下垂贴近裤缝。挺胸收腹，双腿站直而臀部与大腿稍微收紧，膝部放松。双脚并齐，让脚跟并拢，两脚稍微分开成一定角度，身体重心落于前脚掌。女性应该显得亭亭玉立，男性则应显出潇洒沉稳。

商务人士、服务行业的从业人员，尤其应该注意自己的站姿，自然挺拔的站姿能给人以可靠而干练的印象。

张成是个商人，常常去大酒店请客户吃饭，因此对酒店很挑剔。他常光顾距离市中心较远的一家四星级酒店，第一次路过酒店，就被吸引住了。酒店门口站着两名仪态优雅、笑容亲切的女迎宾，身姿曼妙而显得庄重；门外的侍应生笔直地站立，显得精力充沛而彬彬有礼，为客人拉开车门时动作迅速而恭敬礼貌。进入大堂，领班立即笑脸相迎，及时问候。所有的服务人员都给人一种自信、从容、优雅、礼貌的感觉。张成去过多次后，回想起来，觉得这家酒店的服务质量称不上最好，但他总是很自然走进这家酒店。自己揣摩了好久才意识到：之所以感觉这里的档次更高，是因为服务人员优美的站姿，第一眼就赢得了人们的信任。

服务人员通常会采用叉手站姿。即将右手搭在左手上，使双手自然交叉放在腹部，挺身直立。男性采用这种站立方式时，两脚可以适度分开20厘米以内的距离。女性可以使双脚成小丁字步。这种站姿显得端庄而亲切，站立时双脚位置还可以互换以转移身体重心，减轻疲劳。

警卫、保安、门僮等人员常采用背手站姿。昂头收腹，双目平视。将右手在左手之上，双手交叉放在臀部中间。双脚分开时，跨度不超过肩宽，双脚之间成60度夹角。如果双脚并拢，就表示对来客的尊重。这种站姿显得笔挺干练，有威慑力，容易使人产生距离感，警卫人员采用这种站姿很能体现职能特点。

日常生活中，交谈时、等人时，男士通常很自然地使用背垂手站姿。一手背在身后紧贴臀部，另一手自然下垂，中指对准腿侧，双脚并拢、分开或成小丁字步皆可。这种站姿显得从容洒脱，轻松自然。

拍照时，许多人都喜欢把双脚摆成丁字形站立。这的确是种优美自然的站姿，而且是 T 台模特的标准站姿，穿高跟鞋的女性这样站立时，身材会显得修长而曲线分明。它的站法是这样的：先使一条腿的膝部略微弯曲，脚尖直直前伸，以脚尖点地，脚跟靠在另一脚内侧，无须把地面踩实。另一条腿直立于后方，双脚成丁字。同时抬头挺胸，收紧臀部。双脚之间距离小，可显得内敛，双脚的角度稍大，则显得大方。摆造型时可单手叉腰或双手叉腰，单手拎包或做出招手、侧头等恰当的小动作，一张"自然美"的照片就产生了。

不雅的站姿

站立时女性双脚大幅度打开，或双手环抱胸前。

站立时伸长脖子东张西望，双手放在衣兜里，腿脚不自觉地抖动。

站立时身体过于僵硬或将身体依靠在墙上、栏杆上。

站不直，再美的人也显不出气质

如果你站不直，再美的容貌和衣服也救不了你的形象。我们不必站得像部队战士立正那样板正严肃，但至少我们要站得优美悦目，在别人眼中显得神采奕奕，自己也舒服。

挺拔、立腰、向上是训练站姿的 3 个基本要求。

挺拔不等于僵硬，身体要尽量放松，头不要歪斜，脖子不要后仰或前伸，腰背不要弯，但也不必过分挺直，免得看起来不正常。胸不要含，肩不要高耸，髋不要松，膝不要打弯。挺拔的姿态会让人觉得你精神极佳。

立腰，就是让腰、腿、臀部肌肉保持适度紧张状态，保持背部的自然挺直。

向上就是把身体的重心向上提，就像正上方有人向上拽你一样。提臀收腹，整体看起来会非常挺拔。

段微是公认的美女，而且有一米七的身高。因此她对参加业余模特队很有信心。经过照片初选，她顺利接到了面试通知。令她吃惊的是，第一轮面试就把她淘汰了。她始终不明白为什么远不如自己漂亮的几个女孩为什么能顺利通过。她找到面试的负责人质问。负责人看了看她说："你的五官和身材都很美，今天的衣服也很美，但你站没站相、坐没坐相，实在让人难以打出高分。"段微不服。负责人取出录像给她看。只见画面上有一段，是让参加面试的女孩在门外排队等候，大部分女孩都安静地站着，身姿挺拔。段微却弓着腰，双脚撇开，眼神涣散，无精打采。段微心里惊呼："这是我吗?"她惭愧地低下头，下定决心要好好学习优雅仪态，随时注意自己的形象。这次参选失败了，段微却由此认识到优雅站姿的重要，这也算是一种收获吧!

好的站姿能通过学习和训练而获得。现在许多大型礼仪培训课都提供给学员小窍门。也许，平时游戏你就用过类似的方法呢! 利用每天的空闲时间练习20分钟左右，效果会非常明显。

其一是贴墙直立。背着墙站直，全身背部紧贴墙壁，让后脑勺、肩、腰、臀部及脚后跟与墙壁间的距离尽可能的减少，让你的头、肩、臀、腿之间纵向连成直线。

其二是头顶书本。大家在电视中见到过印度人头顶水罐的镜头吧! 就是要找这种感觉。把书本放在头顶上行走，不要让它掉下来。你会很自然地挺直脖子，收紧下巴，挺胸挺腰。

要拥有优美的站姿，必须养成良好的习惯，长期坚持。站得美，身体会很舒展，有助于健康;人看起来有精神、有气质，能让别人感到你的自重和对别人的尊重;容易引起别人的注意力和好感，有利于社交时给人留下美好的第一印象，你自己的心情自然也会好。训练优美的站姿，时不我待!

正确站姿的禁忌

站立时腰背弯曲软而无力，驼背。

站立时不要为了背部挺直而耸肩。

站立时，身体重心在两腿之间转换不要过于频繁。

真诚的微笑比所有的穿着都有价值

微笑，是礼仪交际中的利器。日本的推销大师原一平说，笑能拆除你与准客户之间的"篱笆"，使双方敞开心扉;笑可以消除双方的戒心与不安，能打开僵局;笑能建立准客户对你的信赖感。美国希尔顿饭店年利润高达数亿美元，创始人老希尔顿生前热衷于亲自视察分布在世界各地的连锁饭店。他习惯对员工说的第一句话是："你今天对客人微笑了没有?"微笑是一种世界通用的语言，善于运用微笑的人能抓住商机，也能抓住友谊。真诚而得体的微笑，比一套价值昂贵的高级服装、一套耀眼夺目的钻石首饰更有价值。真诚的微笑，你学习过吗？

微笑的魅力

"微笑，它不花费什么，但却创造了许多成果。它丰富了那些接受的人，而又不使给予的人变得贫瘠。它在一刹那间产生，却给人留下永恒的记忆。"这句话，道出了微笑的魔力。

微笑能塑造你的形象。微笑是自信心的证书，代表着愉快的心情与健康的身体状态，代表了尊重、热情、诚恳、信任、期待、友好、宽容。如果用色彩来形容笑容，它一定属于温暖的亮色，比如红色和橙色。微笑比高级时装更能提升人的气质，得体的微笑能增加一个人的魅力。微笑让一个人看起来有吸引力，更具亲和力。它能有效拉近人与人之间的距离。面对陌生人投来的目光，你报之以微笑，他会感到如沐阳光；对愤怒的人微笑，能让他得到安抚；对骄傲的人微笑，能让他想到自省；对失意的人微笑，能给他带来奋起的力量；对成功的人微笑，能让他感到你的赞许和祝福；对自己微笑，能放松心情，调整心态。

微笑能带来身心的愉悦。一个常常微笑的人必然是乐观的。微笑能传染积极向上的情绪和精神，能使人产生进步的动力和欲望，微笑还能缓解身心压力，放松肌肉，缓解紧张，它是良好身心状态的开关。当你对镜看到自己灿烂的笑容，心情会为之欣悦，情绪会为之平静或振奋。

刘明是某商场的普通员工，做电脑销售。她的灿烂微笑赢得了不少回头客，还得到不少大客户的肯定。一天她接待了一个不好伺候的顾客，顾客问了她很多专业性问题，并且请她当场调试几种不同的型号的机器。刘明先耐心地对顾客介绍每种型号的配置和功能，并简单分析了它们之间的区别，然后按顾客的要求一一进行演示，并请顾客亲自体验。顾客用挑剔的目光审视着刘明所在的专柜和刘明本人，在专柜逗留了很长时间。在此期间，刘明一直保持着温和耐心的态度，抬头挺胸，姿态自然，精神饱满，脸上挂着明媚的微笑。经过详细的询问和验看，顾客决定订购一批电脑，原来这位顾客是一位私企老板。刘明为她开好了票，再次微笑着说："谢谢光临！我们会在两天内把电脑送到，有什么问题请您随时给我们客服部打电话，您慢走，祝您生意兴隆！"刘明用她的微笑成为公司的明星员工，她被评为年度"微笑使者"，受到高层的嘉奖。

对于商务人士、销售人员，在同等能力的前提下，谁更懂得微笑，谁就更能创造财富。

微笑能创造效益。笑是一个人流露天性的最好方式，它可以包含无尽的含义。个人微笑，能扩大人际关系，企业微笑，能引来辉煌。微笑能为个人和团体赢得口碑，一个懂得微笑的教师能赢得更多学生的爱戴，一个懂得微笑的商人能多一些赚钱的机会。国外的沃尔玛超市、麦当劳快餐、希尔顿饭店等著名企业，无不强调微笑服务的重要，韩国的 LG 公司，干脆把企业标志做成一张微笑的脸。松下幸之助以"微笑"来给服务下定义，一定程度上可以说，微笑就是财富。真诚的微笑能赢得朋友的信任和喜爱，同样也能赢得顾客的信任和好感。发自内心的微笑，是人际交往的法宝。微笑着道歉，更容易取得谅解，微笑着竞争，更容易获胜。多项科学实验已经表明，愉快的心情能提高工作效率，而这心情仅仅一个微笑就能给予，你能说这提高效率的根源不是微笑吗？

应该微笑的时刻

看到熟悉的人或美好的事物时。

别人帮助你或给予你谅解时。

面对别人的微笑时。

受到别人的注视或问候时。

受到赞美或冷落时。

表达赞美、问候、谅解或歉意时。

面对客户时。

微笑是怎样炼成的

鼻翼两旁的肌肉运动是微笑产生的动力，因此要微笑，必须训练鼻翼两侧的肌肉。你可以用嘴里含一根筷子并保持嘴角上扬的方式来练习。嘴角上扬不超过 40 度即可，每次练习坚持一分钟。此外，读拼音字母 J、Q、X 也是一种不错的方式。试试看，嘴角是不是做出了微笑的动作了？对镜子练习时，露出上排的 8 颗牙齿，专家说，人露出 8 颗牙齿的时候笑容最美。

如果缺少眼神的配合，就难以绽放得体的微笑。微笑的时候，眼神要专注，目光要有神采。把热情而真诚的目光投向你所面对的人，看着他的眼睛微笑。眼角稍微下弯，看起来更亲切。

阿琛和阿萌是同时进入演艺圈的演员，都取得了一定的成绩，但阿琛显然比阿萌更有观众缘。阿琛善于以笑容示人，走到哪里都一副甜美的笑，给人一种神采奕奕、自信清爽的感觉。而阿萌以"酷"著称，在公众面前多数时候面无表情，让人感觉她很傲气。有一次两人作为嘉宾同台出席一个颁奖晚会，阿萌先上场。阿萌的礼服精美耀眼，衬得她非常有高贵气质，观众对她的上场报以热烈掌声。她面对主持人和观众露出一个礼节性的微笑，然后按照程序公布获奖演员名单。轮到阿琛上场，阿琛先热情地与主持人握手，然后面向观众席大力挥手，一边大声说："我是阿琛，你们好吗？"观众的掌声经久不息。阿琛说："非常高兴来到现场做嘉宾，感谢大家的厚爱，感谢大家的支持，希望大家喜欢我的角色，下次颁奖，希望我能作为领奖人站在这个台上。"阿琛的礼服不如阿萌漂亮，但她温婉而优雅大方的笑容让在场的人非常感动，许多观众在台下大声喊阿琛的名字以示支持。随后在一次网络投票活动中，阿琛以最高票数获得"最佳人气女星"的称号，并力挫几位资深女演员，成为一部即将开拍的电影主演。

只有真诚自然的笑才能打动人心。没有爱的微笑是空洞而僵硬的，失去了微笑的意义。微笑的时候，请把你所有的烦恼暂时抛开，发自内心地对自己和别人展露笑容。微笑其实是可以培养的。美好的微笑需要以良好的情绪为基础，不妨养成随时树立宽容心态的习惯，这样一来，即使你遇到不快，也能马上抛开不良情绪，发出由衷的微笑。

这样的微笑不得体

微笑时不自觉地眨眼睛、皱眉毛、转眼珠。

微笑时嘴巴张得过大。

微笑时露出的牙齿上有污垢或食物残渣。

微笑时目光没有流露出真诚，笑容僵硬、虚假、不自然。

微笑时没有得体的身体语言相配合，使人感到突兀。

当众下蹲，女性品位尽失

某电视台做一次直播节目时，女主持人按照计划，在一个娱乐互动环节中和走上舞台的几个儿童一起做游戏，为了表示平易近人，女主持人对着小孩子们蹲了下来，一个小男孩儿用稚气的童声叫道："阿姨，你的小内裤露出来了！"女主持人急忙掩饰，羞得满面通红。这次走光事件迅速在媒体上掀起波澜，女主持人的形象受到了严重影响。

类似的新闻常常能在娱乐版上看到。女性当众下蹲可是礼仪大忌，非蹲不可的时候，也要好好思量，怎么蹲比较好。否则，难逃沦为笑柄的尴尬结局。也许你多年经营的经典形象就因为这不合时宜的一蹲而毁于一瞬间。

下蹲，保持优美的姿态

我们在日常生活中，在社交场合，有时为了休息一下，有时为了给他人提供服务，有时为了捡拾物品或整理物品、系鞋带，难免要用到"蹲"的动作。女性如果穿着裙子而又不注意下蹲的姿态，不小心出了丑，只能怪你不小心，可不要怨别人对你行注目礼呀！

正式场合，女性一般适合采取高低式和交叉式的蹲姿，非正式场合，可以采用单膝式和半蹲式蹲姿。

蹲姿的基本要领是：站在所取物品的旁边，蹲下屈膝去拿，而不要低头，也不要弓背，要慢慢地把腰部低下；两腿合力支撑身体，掌握好身体的重心，臀部向下。

高低式蹲姿。顾名思义，采用这种姿势时，两膝的位置是一高一低。下蹲的时候，一脚在前，小腿与地面呈垂直状态，脚底贴合地面，承担身体的大部分重量；一脚在后，膝盖位置低于另一条腿，脚掌贴地，脚跟上提。两腿膝盖的内侧应该靠紧，两脚之间的距离不要太大。留心看一些茶室或 KTV 的服务人员，他们对坐在沙发上的客人通常会采用这种姿态服务，给人以恭敬而优美自然的印象。

交叉式蹲姿。这种姿势相当优美。尤其适合穿短小裙装的女性。下蹲时，上身微微前倾，双腿呈交叉的姿态。一脚在前，脚底贴合地面，并使小腿与地面呈垂直状态；另一条腿位于下方，膝盖由后下方稍向内偏，脚掌贴地，脚跟提起。采用这种姿势时，双腿前后紧贴，均匀承受身体的重量。爱美的女性会刻意使自己的头、胸、膝呈现 S 形线条，显得格外优雅，真是不放过任何一个展示美的机会。

单膝式蹲姿。它又被称为半跪式蹲姿。几个人在郊游时坐着或站着聊天累了，或者在无座的火车上累了想休息一下，或者修理物品时为了更好的用力，都可以采用这样的姿势。下蹲时，一脚脚底贴地，小腿与地面呈垂直状态，一腿膝盖点地，脚尖点地，脚跟提起，支撑臀部；两腿位置平行，尽力将内侧靠拢。

半蹲式蹲姿。捡拾东西时可以用这种更为随意的姿势下蹲。下蹲时，微微向下弯腰，保持臀部向下，双膝略弯，两腿间距不要太大，将身体重心放在一条腿上即可。

女性不宜下蹲的场合

讲课时、演讲时、作报告时。

出席宴会时。

参加演出时。

会见重要客人时。

有异性或长辈、上级、同事在场时。

下蹲，保持完美的仪表

动作端庄大方。姿态符合标准还不够，动作连贯、自然、从容，才能表现出完美仪表。

无论采取哪种姿势下蹲，都要保持上身的挺直，不要将肩背塌下来，否则会很难看！下蹲时，一定要让臀部向下。这是优美蹲姿的基本要领。下蹲的时候，不要用力低头，略微低下就可以了。也不要东张西望，这样会显得有些猥琐。动作一定要轻捷迅速，不要拖泥带水地表演慢动作。起身的时候，动作要保持同样的从容大方。像录像带倒带那样，姿态端庄地把下蹲时的动作从后往前回放一遍就好了。

小夏去一个本地很出名的影楼拍艺术照，进门后，受到了极其热情而周到的接待。工作人员请小夏在柔软考究的沙发上坐下，并为她奉上热茶，请她看不同风格的艺术照样片。工作人员笑容可掬，态度恭敬，让小夏心情格外舒畅。但意外的景象出现了，一个女工作人员弯腰把刚取出的新的样片放到小夏面前，缓缓下蹲的时候，小夏看到了女工作人员上身的内衣。小夏心想：自己的形象都搞不好，还怎么给我拍出完美的照片？小夏马上起身，对服务人员说："不好意思，我想起来点事情，必须马上去办。以后有机会再来吧。"随即离开，去找另外的影楼拍照。

女性下蹲时，除了要保持姿势优美和动作优雅之外，还要注意对自己内衣和某些身体部位的遮掩和保护，特别是女性衣着比较短小薄透的时候。

有所遮掩。女性下蹲时，千万记得不要像前面所提到的女主持人和影楼女工作人员那样让自己走光。弯腰的幅度不要太大，以免在胸前露出上身的内衣，如果你的衣领很低，也不妨用手稍稍压住衣领，或用随身的皮包很自然的遮挡一下。下蹲时，千万不要翘臀，这样显得粗俗不堪，更重要的是，它会让穿短裙的你暴露裙下风光。穿低腰裤时，下蹲的幅度要掌握好，以免蹲下后暴露内裤边缘或腰臀部的皮肤。此外，下蹲时不要叉开两腿，这也是容易走光的。而且这样的动作不仅让你的曲线美尽失，更让你显得很缺乏修养。

避让他人。下蹲的时候，不要妨碍他人行动，或冒犯他人。想想看，你正在公园里悠闲散步的时候，对面的一个人走着走着突然蹲下，让你躲闪不及，差点儿摔倒。这时你心里会是什么感觉？一定会觉得对面这个人很讨厌吧！下蹲的时候，要与别人拉开一定距离。如果两个人或更多的人同时下蹲，保持距离可以避免彼此碰撞或引起误会。

林平的公司招聘总经理秘书，一连面试了 5 个人都不合格，只有这第 6 个，感觉还比较符合要求。林平正准备对应聘者说几句鼓励的话，再告诉她前来报到的时间，突然他一挥手，不小心将一份文件散落在地，就赶忙起身准备去捡。应聘的女孩见状，赶忙殷勤地上前帮忙。只见她直面林平蹲下，动作利落地收拾地上的文件。女孩的头正好在林平大腿的高度，距林平只有一尺远。这样让林平感觉很不舒服。女孩很快整理好了捡起的文件。但很遗憾的是，她没有得到工作的机会。

下蹲时，不要直冲着别人，正面相对和给别人一个后背，都是有失礼貌的。这样会打扰别人的好心情，让人觉得很别扭。从别人的侧面下蹲才是礼貌之举。捡拾东西时，也要从侧面下蹲。

女性下蹲的禁忌

不要在人流拥挤的地方下蹲。

在公共场合下蹲时，不要蹲在桌椅或其他高出地面的平台上。

捡拾东西时，不要距离很远就开始下蹲。

穿长裙下蹲时，不要让裙角拖地，应适时挽一下。

别让你的化妆倒了别人的胃口

歌手蔡依林在歌里唱"爱漂亮没有终点"，爱美是人的天性，化妆能使人更加美丽，更具风采。但不合适的妆容起到的效果，往往比不化妆还要糟糕。化妆的目的自然是令自己的形象更好，但化妆的终点不是一味地在脸上堆积化妆品，化妆的方法、化妆的场合，甚至化妆品的选择，都决定着你的化妆是否合适。如果你费尽心思化妆，却制造出令他人反胃的效果，你不但不会给别人带来美感，反而会让别人对你敬而远之，社交场合的明星桂冠，怎么可能属于不会化妆的人呢？

自然和谐才是真的美

时下的潮流是"裸妆"，追求自然、透明，不露痕迹的妆容。其实资深化妆师们一再强调：最高境界的化妆就是好像没化妆，能给人以"浑然天成"之感的效果。这条黄金原则在职场上尤其堪称经典。成功的化妆应该简约、清淡而有立体感。既给人以美好的印象，又不显得突兀或妖艳。

首先，要慎重选择化妆品。化妆就是在脸上作画，有了好的工具，才能保证有好的"作品"。你应该尽量使用成套的化妆品，以免性质不同、成分不同、香味不同而使化妆的效果减弱。化妆品一定要根据自己的肤质进行选择，比如干性皮肤选油性，油性皮肤选水性。其次，你使用的化妆品要适合自己的肤色。粉底是修饰肤色的法宝，与自己肤色相近的颜色才适合你，否则用过之后，你的妆容看起来会像面具。

小秋是一个外贸公司的秘书，近期要接待一批美国客户。为了给人亲切的印象，小秋决定把自己化得白一些，最好能白到白种人的程度。她特意购买了增白蜜粉，接待客户前仔细把脸涂了个遍，揽镜自顾，挺白。小秋自我感觉良好地端起高级白领的架势迎接客户去了。美国客户看到小秋时，露出了惊讶的表情，小秋暗自得意，还以为是自己的妆化得好。结果是，客户最终没有与外贸公司合作。因为他们觉得这个公司有一点自以为是，不够踏实诚恳。小秋并不知道，她的脸化得太白，显得虚假而夸张。没有涂蜜粉的脖子和双手，呈现出亚洲人特有的黄色，和脸上的"白"形成鲜明对比。

其实"白"不等于美，如今的中国人也不一味崇尚"白"，有些人喜欢小麦色，有些人喜欢古铜色。其实只要皮肤没有明显的瑕疵，显得光洁滋润就好，保持自己本来的肤色，或在本来肤色基础上稍加修饰，即使不那么白，也显得自然漂亮。

化妆要有章可循。涂抹化妆品，要充分利用粉刷、粉饼、化妆棉等工具，更要充分利用自己的双手，一定要把化妆品涂匀。涂睫毛膏时，可以用"Z"字形方式来回涂刷，多次涂刷，动作轻快。不要涂得太多，以免粘到皮肤上，或使睫毛粘结成片。打腮红时，一定要在自然光线下进行，同样要少量、均匀地涂，以免在灯光下、光线昏暗的地方看不真切，涂成"高原红"。涂口红时，事先画上唇线才能让唇色均匀饱满，不至于溢出嘴角。

完美的妆容，应该能够和自己的身体上其他部位的化妆相配合，并与自己的服饰结合得天衣无缝。化妆时，眉毛与头发的颜色应该一致。如果你的头发是黑色的，画眉时，应该使用黑色系的眉笔，如果你的头发是棕褐色的，那么画眉的时候也应该使用这一色系的眉笔。化妆时，眼影、唇膏、腮红的色彩应该一致，至少三者应该是同一色系，若是涂了指甲油，颜色也要与上述三者相一致。如果你的服装比较简洁，那么你的妆容也要简单一些，如果你穿的是晚会上的盛装，化妆就要相应的浓艳一些。如果你穿了红色衣裙，那么唇膏的颜色也应该与衣裙的红色相一致，这样才能保证整体妆容的统一协调。如果身处工作场合，淡淡的一抹红色就很好。

要注意不要经常变换妆型。如果每天在固定的办公室上班，接触固定的上司和同事，又有制服，化妆在一季中亦可以比较固定。经常变化妆型会给人以好变、不稳定、不安心的印象，要给人以稳重感和可靠感。

这样的化妆会倒人胃口

在公务、商务等庄重场合把头发染成五颜六色。

在脖颈、手臂等显著部位刺青，并在严肃场合大肆暴露。

化黑而粗重的眉毛，熊猫一样的双眼，过于鲜艳的嘴唇。

饮酒、喝水时将唇膏粘到杯沿上，不自觉地张着两片唇膏脏污的嘴唇和别人说话。

掌握基本法则，化妆才不会失礼

1. 符合年龄特点

年轻的女孩，妆容要活泼亮丽；中年职业女性，妆容要优雅端庄；老年人的妆容要从容大方。总的来说，年轻人适合化若有似无的淡妆，年长的人适合化能弥补肤色变暗、肤质老化、皱纹增多这些问题的浓妆，但即使浓妆，也要力求恰到好处。

张迪是一个小服装厂的老板，年届50，特别喜欢跟着潮流走。她使用的化妆品无一不是名牌，但化妆的技巧却很糟糕，脸上永远被肉红色粉底覆盖着厚厚的一层。她的眉毛，是青绿色浓浓的两条，一双眼睛，睫毛上涂着广告上宣称"超炫旋翘"的碳黑色睫毛膏，上下两条明显的青绿色眼线将双眼画成一对熊猫眼。张迪的嘴唇永远涂着鲜艳的色彩，有时是粉红，有时是玫瑰紫，有时是珠光闪闪的酒红，地道的血盆大口。服装厂的员工私下里都叫她"超龄摩登少女"。一个大公司准备订做一批员工制服，考察市场后，发现张迪的服装厂设计和制作都不错，于是约张迪商谈。公司负责人见到张迪后，对面前这个浓妆艳抹的老女人深感失望，他难以相信这么一个不懂化妆的老板能领导出一个以"创造美丽"为天职的服装厂，于是见了一面后就没有继续洽谈。张迪的服装厂就此错过一次很好的扩大规模的机会。而她永远不知道自己错过机会的真正原因。

如果不顾年龄这个现实条件，一心按照化妆品代言人的照片作参照，必定吃力不讨好。

2. 体现个人气质

每个人的性格、脾气、生活环境都各不相同，因此体现出的个人气质也不一而足。个性温婉的人，适宜化淡妆，个性活泼的人，化凸现其热情大方的彩妆比较合适。

3. 塑造完美形象

男性和女性的气质差异很大，男性化妆，最讲究"无痕"，否则就会带有脂粉气，有损男性以威严粗犷为标志的性别气质。

4. 符合场合要求

参加任何活动，都要注意场合。与场合气氛相左的化妆是失败的化妆。出席晚宴和舞会，化浓艳的彩妆是得体的；参加葬礼，化喜庆的浓妆是大煞风景的；外出郊游，自然无痕的淡妆最为合适；居家待客时，略施粉黛，呈现出健康的面貌即可；参加公务、商务活动，干练简洁的淡妆最得体。

5. 及时补妆

化妆的目的是让我们的形象更美好，当妆容变"花"，妆面残缺或被汗水污染时，一定要补妆。但补妆一定要到专门的化妆间，或者到洗手间。当着客户的面收拾脸上的"残局"极其不雅，既暴露自己本来不太完美的本色，也有轻慢不敬之嫌。

化妆的禁忌

不要使用香气过浓的化妆品，也不要同时使用几种香味不同的化妆品。

不要在当众化妆，尤其不要在异性面前化妆，在晚间的街头巷尾，更不能当众化妆。

不要让化妆品长时间留在脸上和身上，一定要及时卸妆。

衬衣的袖口要长出西服二指

有人说，一个男人至少得拥有两套西服。西服可谓是男性的经典服装，必备行头。一个深谙礼仪之道的男性懂得在特定场合下用笔挺的西服展示他的品位和魅力，一个懂得如何穿西装的男性更容易与人沟通，得到别人的好感和信赖。衬衣的袖口要长出西服二指——有没有注意这一细微之处，是判断一个男性能否在一次中产阶级人士聚会中得到认可的标志之一。

好面料穿出好形象，款式、色彩塑造好形象

一套能显示身份的西服，首先体现在面料上，材质上好的西服耐穿且不容易变形和起褶皱。纯毛料最好，棉麻或丝绸质地适合气温较高的季节。虽说西服的款式有正式与休闲之分，但如果不是特别需要，还是选择传统款式比较好。一套做工精致的正式西服永远都不会过时，而且几乎能应付所有的正式场合。那些带金属亮片、多几颗纽扣、色彩鲜艳如花的款式，只适合舞台表演。无论如何，再好的成衣也比不上专门定做的西服。

陈刚身高只有一米七，皮肤发黄，却不显暗沉，人显得很健康。他并不是一个相貌出众的男人，却很容易受到别人的欢迎和青睐。上班时，他习惯穿淡蓝色带细条纹的衬衣和青灰色西裤，系青蓝色领带，剪裁合身的衣服让他看起来清爽精干，一副年轻有为的样子。因为长得瘦，他几乎不穿颜色很深的西服。中度蓝灰色系是他的最爱，淡雅的色彩很符合陈刚文雅的气质。陈刚的上衣长度从来没有超过臀部，修长的腿型使得他看起来身姿挺拔。休闲出游的时候，他喜欢穿浅灰和浅黄色的衬衣，配灰褐色休闲西装，浑身透出一股洒脱乐观的精神。陈刚的西服全部是从服装店里定做的，布料上乘，质感极佳。单位里的员工平素工作都很踏实，但陈刚的衣着让他在穿地摊成衣西服的同龄同事中显得更加成熟。在一次部门岗位调动中，他顺利地竞争上了主管的职位。

得体的西服必须能与人的年龄、肤色、身材、个性相称。蓝色、灰色是男性西服的经典色系，而又以深色为佳。

肤色深的男性可以穿暗色西服，如深蓝色、深橄榄色、炭灰色，肤色白皙的男性可以选颜色稍浅的西服，如藏青色、灰色、褐色，纯色或带细致条

纹均可。

肩比较窄的人适合垫肩厚的款式，脖子长的人适合小领型西服，身材匀称的人适合修身款西服。领子太宽的西服会让你的肩膀显得过宽，这一点要注意。

穿西服还应该注意场合。参加婚礼，西服可以穿两件套或三件套，颜色可以明朗一点；参加葬礼的话，则一定穿黑色西服；对于朋友聚会、周末舞会等场合，浅色不配套西服可以展现出活泼优雅。

适宜穿西服的场合

公务员办公期间。

参加公务或商务会晤。

参加庆典、宴会、婚礼或葬礼，出席会议。

礼节性拜访或会见外宾。

参加要求来宾穿西服的社交活动。

作为主持人主持新闻、财经类电视节目。

扣子和口袋，不是小问题

扣子、领口、袖口、口袋，这些与西服相关的，都不是小问题。正式场合，如会议、仪典等，比较适合穿双排扣西服。平时的工作和生活中，适合穿稍显轻松随意的单排扣西服。

穿只有一粒纽扣的西服时，系扣表示郑重，反之表示随意。出席正式场合穿两粒纽扣的西服时，只须扣上面一粒纽扣，如果是穿单排三粒扣的西服，只系上面两粒或中间的一粒即可；随意性的场合，如拜访朋友，可以不扣西服扣。如果西服有两个以上的纽扣，不要将扣子全部系上，双排扣的西服则要求将纽扣全部扣上。

纯棉、纯毛质地的白色或蓝色长袖衬衣是正式西服的标准搭档。但色彩鲜艳或印有文字、人物、动物等夸张图案的衬衣除外。常穿西服的人必须知道怎么穿衬衣。打领带时，要系好领口的纽扣，不打领带时，领口的纽扣不必扣。衬衣领最好保持挺括，压在西服领下，可高出西装领二指左右。衬衫的衣袖不要太长也不要太短，以露出西服袖子二指左右为宜，袖扣要系好。在任何场合，衬衫的下摆都必须束在裤子里，并要注意防止拥挤成团。衬衣内不能穿较厚的内衣，一件贴身内衣就足够了，且内衣的颜色不能比衬衣深，内衣的领口不能露衬衣领外面。

我们经常能见到大型仪式上男性西装上衣的胸前口袋里有真丝手绢或鲜花，那完全是出于美化的需要。要知道，西装口袋里放东西的原则是不影响西装的造型。你可以在西装内侧的胸袋中放名片等薄小之物，外侧下方的两个口袋，最好不放任何物品。西装背心的口袋，只适宜放怀表。西装裤子后侧的口袋，就让它空着吧。

刘为是个创业成功的私营企业老板，当地电视台请他上谈话节目，为他做了一次专访。

刘为穿了一套从面料到色彩都很合适的西服坐到了主持人的面前。美中不足的是他的裤子口袋里塞着什么东西，使得裤子向外鼓突。主持人注意到了，但出于礼貌没有问。谈话过程中，说到创业艰辛的历程，刘为伸手从裤子口袋里掏出一个巴掌大小的厚本子说："当年我就是靠这个破小本子记录所有信息的，客户电话什么的，最初的信息都在上面。第一笔生意谈成以后，它就成了我珍贵的纪念品。"刘为向主持人和摄像镜头展示了自己的小本，然后出人意料地把它塞在自己西服上衣的胸前口袋里。主持人开玩笑说："看来这个本子是您的心头宝贝啊！非得放在胸前口袋才显得隆重！"主持人的言外之意是刘为这个本子放错地方了，刘为却没有听出来。节目播出后，刘为一时成了当地商界的笑谈。

西装的口袋并不是为装东西而存在的，它的装饰意义大于实用意义，因此，你往西装口袋放东西要谨慎。

最后，让你的表现配得上你的西服。一套合体而漂亮的西服能衬托一个人的内涵，却不能取代一个人的内涵。一个懂得如何穿西装的人，还应该懂得如何让西装最大限度地发挥它的作用，也就是懂得维护和保持自己的风度。一个人要想展示美，除了精心搭配衣着，还要拥有美的语言和行为。一个言语粗鲁、举止没有礼节的人会糟蹋了一身名贵的西服，同样，一套名牌西服无法为一个态度恶劣、姿势不雅的人挽回面子。你必须礼貌、文雅地说话，待人彬彬有礼，得体地利用身体语言，才能对得起身上的西服，展示给人们一个健康、高雅、大方的绅士形象。也只有这样，你才能取得交际的成功。

穿西服的禁忌

穿西服前，不要忘记拆掉衣表的商标，保留商标是无知的表现。

穿西服时不要配花衬衣和大花领带，不要穿白色袜子和布鞋、凉鞋，一定要穿素色衬衣，小花纹的领带，穿与西服颜色一致的棉袜。

穿西服时，全身上下的颜色不要超过三种。

穿西服的场合，不要卷起衣袖或裤腿，也不要随便地当众脱下上装，以免失礼。

学会系好领带是男人生活中最严肃的一步

领带是最能体现男性风格的装饰品，是西服和衬衣的忠实伴侣，是男性正装中最抢眼的部分。在风起云涌的商场和风云变幻的职场，一条打得精美漂亮的领带无言地向人们表明它主人的高贵身份，同样，一条随便系起来的领带也会告诉人们它主人的阶层所在。恰当得使用领带，能给男性带来意想不到的好运。反之，可能就会引来名誉扫地的后果。此外，如何系领带是检验一个男人素养的一大标志，如果你用适合休闲场合的方法系领带，去参加商务活动，就等着迎接别人异样的目光吧！可不要因为不会系领带而损坏你的"大好形象"！

一丝不苟系领带

随着服装面料的开发和流行趋势的改变，领带的材质、花色、长度、风格，也一直在变，追逐潮流的人发明了几十种系领带的方法。但实际上，无论时装界的风向如何改变，公务和商务场合中人们对领带的要求不会有大的改变，在较为正式的场合，人们常用的领带的系法主要有四类：温莎式、四手式、平结式、蝴蝶式。其中，温莎式是最传统也最常用的领带系法，它又分单结和双结两种。单结适合初学系领带者应用。双结温莎式看起来大气庄重，适合高大魁梧、肩背宽阔的男性，公务、商务中的各种场合均可使用。蝴蝶式领结系法，看起来精致而高雅，显得正式而隆重。翼领衬衫、穿燕尾服，参加高级聚会、舞会或者婚礼时，可以系蝴蝶形领结。

某科技公司开发一种适合企业、机关使用的管理软件，投入市场之前，召开了盛大的新闻发布会。公司请了一位外表和口才俱佳的专业培训师为到场的人们讲解这款软件的开发过程、突出优点和使用方法。这位培训师身穿一件黑色西服，浅蓝色条纹衬衫，胸前红底斜条纹的领带大方稳重，使黑色恰到好处地体现出了培训师的庄重可信，又为他增添了几分活力。领带的系法是双结温莎式，培训师在完美领结的衬托下，给人一种实力雄厚、坦诚而充满智慧的印象。新闻发布会举办得很成功，该科技公司的软件迅速打开了市场，并靠过硬的技术含量赢得了大批新老客户的信任。

别小看领带的系法，一种合适的领带式样，能使人的内在和外在更贴切地结合。

打好的领带结，应该是端正挺括的倒三角形，需要提醒的是，领带结的大小要和你的衬衣领大小相配，衬衣领较宽时，领结应该大些，反之，领结要系得小一些。当你穿立领衬衫时，无需打领带。

系好的领带应该笔直地自然下垂，平整无褶，宽片必须在窄片之上且略长。一条打好的领带，应该位于你上身正中的位置，你的领带应该能够顺着纽扣，纵向将上身左右一分为二。当你穿好西服并系好扣子之后，领带要在西服领口的中间。如果你的衬衫外还穿了毛衫和背心，领带要放在背心与衬衫之间，而不要塞在背心与毛衫之间。总之，领带要贴着衬衫而不要放在西服外面。

领带上一般不需要任何装饰，必要的时候，可以佩戴设计简洁的素色金属领带夹，以免领带飘动影响行动。

应该系领带的时候

穿硬领衬衣时。

穿西服赴宴、参加会议、拜访客人时。

在正式的公开场合中亮相时。

参加大型私人聚会时。

精选领带，悉心搭配

1. 质地优良

就像好的西服能增加人的魅力一样，质量上乘的领带也能起到同样的作用。优质领带的面料一般是真丝、绸缎，因为质地柔软而容易打成结，并且打出来的效果较好，再者就是丝质领带有光泽但不露俗气。如果你要求不算太高，选择毛、棉质地的领带也可以，但是颜色一定要有品位。西服、衬衣、领带三位一体才能打造出一个成功男人的形象。单色或有小几何图案的领带加上白色或浅蓝色衬衫，再加深色西服，这样的组合适合所有场合。酒窝对女性而言，是甜美动人的象征，有的人用质地较好的丝质领带在领结下端压出一个浅窝或槽，显得很别致。这种浅窝或槽被人叫做"男人的酒窝"。

在领带上挖空心思制造酒窝，以这样一个细节展示自我，可见打领带对男性的重要性了。

2. 与人协调

你所系的领带，无论是款式还是颜色，都应该看起来符合你的年龄、外表、身份、气质和个性，让人一看领带就马上觉得：这就是你。胖人适合系宽领带，瘦人则需要系窄一点的领带；色彩明快的领带适合年轻人或肤色暗的人，色彩含蓄内敛的领带适合成熟的长者或肤色浅的人；粗犷大气的人适合系大圆点图案的领带，有书卷气的人适合系细斜纹的领带。身材高大者适合素雅色彩的领带，身材较低者适合斜条纹的深色领带。

领带的色彩应该与服装的颜色相协调。领带的颜色应该以你西装上衣的颜色为基础和参照，并与衬衣颜色相呼应，总的宗旨是领带颜色要比西服鲜明。比如你穿深蓝色西服时，领带也应该是深蓝色的，领带上条纹中的浅灰色，正好呼应浅灰色衬衣。

领带颜色必须与场合协调。参加婚庆、开业典礼时，系红色系领带就是不错的选择，如果参加葬礼或签字仪式，选择深色领带才不失礼。

系领带的禁忌

正式场合中不要系丝绸以外质地的领带。

不要系印有大花纹动物、人物图案或强烈对比色的领带。

领带上的颜色不要超过三种。

不要在正式场合用休闲的新式花样系领带。

配饰是一种身份和品位的象征

礼仪大师们常说一句话："细节是魔鬼。"这句话是说，越是细微的地方，越需要格外的注意。看一个人有没有品位，从他穿衣打扮上就能看出来，而外表的魔鬼，就隐藏在配饰里。我们通常所说的配饰包括领带、丝巾、围巾、帽子、手套、腰带、鞋袜、包、首饰等，首饰包括发卡、耳环、项链、胸针、领针、手镯、戒指、脚链等。我们这里虽说的配饰主要是起装饰作用的饰品，如何选戴和如何搭配，已成为礼仪中的一堂大课。

如果还没有意识到配饰的重要性，就去问问那些求职失败或公众形象欠佳的人们，看他们不成功的原因里是否有配饰出错这一条，肯定回答占很大比例的结果肯定会让你大吃一惊。赶快检查一下自己的周身上下，尽早把魔鬼赶走吧！

精美简约，符合常规

配饰的选择应以精美简约为标准。无论男女，他们所使用的配饰一定要挑选做工精美的高档产品，最好不要选择塑料制品。通常，一个人身上的饰品不超过三种，每一种不多于三件。过多的饰品会让人觉得主人没有修养，更像个没有文化的暴发户。

男性最常用的、也最实用的配饰有手表、手机、钢笔、打火机、眼镜、皮包等，男性的饰品应该兼具实用性与装饰性，能体现出高品位男人的实力和内涵。因此男性务必要使用名牌优质的饰品，比如眼镜要戴金属细框、设计简洁的；皮包要选黑色或深棕色的名牌真皮制品。男性的皮包，务必要与腰带和皮鞋同色。

刘俊刚参加工作不久，就因为勤快和能力突出而得到上司赏识，因此上司决定找机会带他见见重要客户，让他长长见识，有可能的话，把他作为重点培养对象。这天，上司带刘俊陪客户吃饭，见面之初，双方握手。客户向刘俊伸手说："你好！"刘俊礼貌地伸手相握，一伸手，露出了袖子里一款精美的卡通手表。这手表是女朋友送的，因此刘俊舍不得摘，他想，反正袖子挡着，别人看不见，就算在正式场合也不伤大雅。没想到表露出来后，客户看刘俊的神色就有些倨傲。上司也看到了刘俊的卡通手表，他没有说什么，但从此决定换一个年轻人作为重点培养对象了。

手表是适宜男性的重要的配饰之一，从手表特别能看出一个男人的内涵。男士的手表应该选择精工制造、功能单一的金属机械表；造型应简洁大方，端庄稳重，色彩要与服装搭配，首选颜色是黑色。

女性最常用的饰品有项链、耳环、耳钉、戒指、手镯、胸针、皮包等。女性的饰品一定要质地精良，造型典雅。以金银、钻石、水晶、玉石等天然材料的质地为佳，造型独特而不艳俗为好。如果女性没有合适的饰品，而她所出席的场合又没有特别的限制，宁可什么也不戴，而以一朵鲜花代替首饰。

一条精美的项链，能平添女性的高雅气质。女性戴项链时，不要选配造型怪异的链坠，同时，链坠的数量不要超过两个。耳饰千变万化，能于细微处体现女性的个性。钻石、珍珠、宝石是最保险的材质。风格含蓄的耳钉随时都用得上，但不建议一只耳朵上同时戴几个耳饰。

胸针是女性服装的好搭档，一枚足矣。穿无领上衣时，胸针应别在左侧胸前。女性如果左边留有刘海，要把胸针别在右边。胸针的高度大体在心脏附近。佩戴胸牌或企业徽章时不要同时佩戴胸针。

领针是西装的专门配饰，男女皆宜，但现在人们已经不看好它在正式场合所能起到的积极作用了，因此，领针、领徽、领带夹等饰品，除非工作场合需要，否则以不佩带为好。

如今，戒指是大多数女性的必备品，而且在男士中也非常流行。戒指与服装、指甲油和服饰的色彩相衬、相统一也是佩戴时应注意的要点。

这些配饰不能要

卡通造型的发卡，有动物图案的手表和皮包。

色彩艳丽的塑料首饰、假珠宝、塑料手表。

款式笨重的粗项链，叮当作响的耳环。

刻意做旧的银饰。

容易引起误解的十字架形状的饰品或其它有暧昧意味的饰品。

恰到好处，追求和谐

如果说名片是一个人的身份说明书，那么配饰就是一个人的注释。

1. 同质同色

如果你同时佩戴两件或两件以上的首饰，最好是同色，如果做不到完全同色，尽量使它们属于一个色系。你的配饰应该质地相同或接近，如果同时佩戴了白金戒指和耳环，耳环就应该是白金材质或颜色与白金相近的，如果你戴了一条钻石的项链，宁可不戴戒指或戴一个人造钻石的戒指，也不要戴一枚纯金戒指。因为那样看起来不协调。

2. 符合个人特点，扬长避短

你所使用的配饰，应该能体现出你的身份地位，年龄，性格、甚至爱好，一个人的配饰，应该和本人的风格相似。如果你是公司白领，就不要使用个性张扬的怪异配饰，如果你很年轻，配饰的色彩就要鲜亮一些，符合你的年龄特点，如果你喜欢安静，那些粗犷风格的配饰，还是放弃吧！

小安属于身材高挑但胸部较小的女性，性格比较安静，不事张扬。但她很会搭配饰物，总能在众人中凸现出来。夏天，公司举办酒会，小安在众人的期待中缓步走入大厅。只见她身穿一件粉色雪纺露肩皱连衣裙，胸前的褶皱设计掩盖了她胸部平坦的不足。最令人欣赏的是她脖子上的短项链，银色，底部坠着一颗精巧的钻石葫芦，恰似张曼玉出席奥斯卡颁奖典礼的那件。小安的脖子细长，皮肤光滑，这条项链使她脖子的线条更美，而且在项链的衬托下，她的裙子更显得飘逸轻盈，素淡高贵。小安像一个走过红地毯的影星，浑身上下透出优雅的气质。公司技术部的帅哥文浩笑着和小安打招呼说："呵呵，咱公司的优雅公主来了！"这次酒会上，小安理所当然地再次成为最会打扮的女人。

配饰的作用在于体现你的身份，烘托你的气质，配合你的服装，彰显你的品位。其次是掩盖自身的缺点，会使用和搭配配饰的人，能化缺点为亮点。你所选择的配饰应该不突出身体的缺陷，不与服装色彩、质地、风格相冲突。身材娇小的女性适合使用毛绒球胸针，显得可爱乖巧；色彩鲜亮，造型夸张的项链不适合脖子短粗且皮肤差的女性，以免脖子泄露了年龄的秘密，掩盖其他部位的美；手臂有缺陷的人，不要戴特别显眼的宽大手镯，以免夸大不美之处。

3. 迎合场合与习俗

配饰应该与所在场合相得益彰。珍珠、黄白金首饰、宝石或钻石首饰几乎可以应付任何场合，但更适合正式场合。木质、骨质等材质的个性化、民族风格的首饰更适宜搭配休闲装，适应酒吧、化装舞会等休闲场合，这些多样化、个性化、夸张一点的配饰能活跃现场气氛，体现欢乐情趣。

使用配饰时，有必要了解不同国家、地区、民族在配饰方面的一些习俗和禁忌，以免无意中失礼。在某些国家习俗中，人们用一个人所戴的手链、手镯的数量和位置表示他的婚姻状况，好比中国人用戒指表示自己婚否。

4. 适应季节

配饰选择上还应该考虑到季节因素。细致轻巧的银色、白色、彩色饰品适合在春夏季节使用，大方而有质感的深色配饰适合冬季使用，秋季是个过渡季节，色彩可以偏暖，比如金色，风格上适宜选择雅致内敛。配饰要常戴常换，不要长期戴同一件配饰，容易引起别人的视觉疲劳，让你的形象缺少灵动和变化。关于配饰，学问很多，是不是善于利用，就看你平时是不是能做个有心人了。

配饰的禁忌

任何配饰上都不要有明显的商标字样和突出的花纹，特别是男性的皮包。不要选择太夸张或不要使用有污损的配饰。不要刻意炫耀自己的配饰。

在公务、商务等正式场合，不要戴脚链、鼻环、脐环等饰品，男性不要戴项链。

第四篇

职场中的人际交往艺术

第一章　吸引伯乐向你走来

亮出闪光点，摆脱"谁也不是"的状态

长久以来，很多人对于拓展人际关系有一种很深的误解，认为认识的朋友多就等于人际关系比较好，他们信奉所谓的"你认识谁，比你是谁更重要"。其实，在人际关系这方面，最重要的不是"你认识谁"，而是"谁认识你"。也就是说，拓展人际关系的过程，与其说是"我要认识更多的人"，不如说是"让更多的人认识我"。因此，拓展人际关系的第一步就是要成为"别人渴望认识的人"，如果想要认识更多的朋友，那么首先要让别人看到你的价值，比如你的某种专长、能力或者特质。

以前很多人脉书籍中都强调"要积极主动地认识新朋友"，却不强调提升自我的价值。看起来这是主动拓展人脉的方式，其实这是很被动的，因为选择权在别人手上，当你"谁也不是"的时候，是别人在选择你作为朋友，而不是你选择别人。但是，一旦你有了自己的闪光点，成为"别人渴望认识的人"之后，主动权就重新回到了自己的手上，是由你来选择和某些人做朋友，而不是由别人来选择你。

也许你现在"人微言轻"，但每个人都有自己无可替代的价值，做人脉的第一步，就是自我设计，打造自己的闪光点，并且通过一定的方式和技巧把你的价值传播出去，让更多的人认识你。

打造闪光点，可以从自己的强项开始。每个人都有自己独特的能力，从自己独特的能力开始，是最容易打造闪光点的方法。

丹丹是一家饮料公司的业务主管，因为她平易近人、说话随和，所有的客户都喜欢和她谈话。每逢碰到同事和客户谈崩的时候，就会让她出马。只要她一去，不管什么冰山都会融化成一江春水。她个人的闪光点就是"化解

矛盾的专家"。

每个人都应像丹丹一样及早找到自己的强项，尽量发挥，这是快速脱颖而出的秘诀！你的表现是你的最佳简历。我们必须做到处处打造自己的闪光点，让每个见过你的人都能记住你，若你果真有能力和风格，那样，成功就离你不远了。

无论是打造闪光点还是个人品牌，总之你要能够让别人一下就能记住你。想要建立广泛的人脉，就必须早日摆脱"谁也不是"的状态，把你的名字深深地印在别人的脑海中。

打造核心价值形象，成为别人乐于引荐的人

有位名人说过一句话："怀才，就像怀孕，怀得久了，必为人所知。"这句话使得很多有才华的人安于默默无闻，以为伯乐会自己送上门来。要知道，才华要为人所知，也得遇到识才之人。如果不想怀才不遇，就要学会制造机会与贵人相遇，展示你的才华，打造你的核心价值形象。

盛唐时期，诗人王维想参加科举考试，请岐王向当时权势大的一位公主疏通关节，事先向主考官打声招呼。可是公主早已答应别人，为另外一位叫张九皋的人打过了一次招呼。岐王出了个主意：你将写得最好的诗抄下十来篇，再编写一曲凄楚动人的琵琶曲，五天以后你再来找我。"

五天后王维如期而至。岐王将王维打扮成一名乐师，携了一把琵琶，一同来到公主的府第。王维演奏了一首琵琶曲，曲调凄楚动人，令人击节叹息。公主非常喜欢这首曲子，于是迫不及待地问王维："这首曲子叫什么名字？"王维马上立起身来回答："叫《郁轮袍》。"公主对王维更感兴趣了。岐王乘机说道："这个年轻人不仅曲子演奏得好，还会写诗，至今在诗歌方面没有人能够超得过他！"

公主越发好奇了："现在你手里有自己写的诗吗？"王维赶忙将事先准备好的诗从怀中取出，献给公主。公主读后大惊失色，说道："这些诗我从小经常诵读，一直认为是古人的佳作，怎么竟然是你写的呢？"于是，岐王让王维换上文士的衣衫，再次入席。

公主问："为什么不让他去应试？"岐王道："这个年轻人心高气傲，如果不能得到最为尊贵的人推荐考中榜首，宁愿不考，可闻听公主已推荐张九皋

了。"公主连忙笑道:"这没关系,那是我受他人所托才办的。"接着她又对王维说:"你如果真的想考,我必定为你办成这件事。"王维急忙起身道谢。公主立刻命人将主考官召来,派奴婢将自己改荐王维的意思告诉了他。于是,王维一举成名。

王维在宴会上充分展示了自己的才华,成功塑造了自己的核心价值形象,因而得到了公主的赏识,并愿意成为王维的引荐人。从此以后,他的才华得到了世人的肯定,也给自己的满腔抱负找到了实现的舞台。生活中,我们应该像王维那样打造自己的核心价值形象,吸引别人为自己的成功助一把力。

总之,要得到他人的帮助和关爱,就必须采取主动。正如人们常说的:老实人吃哑巴亏,会哭的孩子有奶吃。不要以为自己有才华,就可以傲视一切、目中无人,而应该主动让别人看到自己的核心价值形象,让他发现你、肯定你,并给你指明一条发展的道路。这样,你的才能才不会被埋没,一步一步地接近成功。

创建个人品牌,用品牌的力量吸引人脉

可口可乐的老板曾经说,如果一大早醒来,可口可乐公司被大火烧了个干净,但仅凭"可口可乐"这4个字,一切马上就可以重新开始。这就是品牌的力量。

著名篮球运动员姚明,由于自己的精湛球艺而被选入NBA,2003年全明星首发阵容,姚明的出现为火箭队带来了空前的商机和人气,火箭队在姚明身上获得了巨大利益。姚明在NBA的生涯中个人实际收入超过1.8亿美元,相当于6万名工人一年的工业增加值。若用于投资,可创造5万多个就业机会,而围绕姚明的产业开发,将会超过11亿美元。这就是个人核心价值的效益,也可以说是个人品牌的含金量。如果换作你、我,能有这样的身价吗?不能!因为我们没有他们那样的品牌,所以就没有那样的身价。换句话说,我们的核心价值决定了我们的身价!

美国电影明星伍迪·艾伦说,只要在工作中为人所知,那么,你就成功了90%。对一个演员来说,这是至理名言。而对于想要吸引更多人脉的人来说,打造个人品牌、创建个人品牌同样重要。有了一个好的个人品牌,你的身价也会大大提高,大家会更愿意追随你,与你做朋友。

西武是一名毫不起眼的理发师。但是他对工作的态度近乎偏执。有一次，一个客人来理发，西武告诉对方，剪发大概要用 40 分钟的时间，对方没有异议。可是，剪到 30 分钟的时候，这位顾客突然接到一个电话，得马上走。西武坚持说：必须把头发剪完才能走，不然会影响到整体的效果。顾客很生气，但是西武仍然不肯放他走，并且再三强调要对自己的工作负责。顾客没有办法，只能留在店里把头发剪完。

半年后，那位顾客又来了，他笑眯眯地对西武说："上次因为在你这里剪头发而耽误了生意，我曾发誓再也不来这里剪发了，但后来发现其他理发店剪出来的效果都没有这里好，现在，我和我的朋友们只认你这一家理发店。"

尽管西武的理发店在街角最不起眼的地方，但是并不影响他的生意，每天都顾客盈门。理由很简单：这里面有一位很好的理发师，他总能把顾客的头发剪出最好的效果。

然而，"冰冻三尺，非一日之寒"，个人品牌的打造是一个需要慢慢培养和积累的过程。那么，我们要如何才能从根本上塑造好个人品牌呢？

1. 必须切身体会到自己是个人品牌的最大受益者，并全力以赴打造个人品牌。当然，自己也有可能是个人品牌的最大受害者，个中差别就在于个人品牌的优劣。例如，我们常说，一个人在公司打工，努力做好工作的最大受益者是自己，因为这样有助于树立自己的个人品牌，赢得丰厚的薪水和广阔的职场晋升空间。但是，很多人不会这样想，老是觉得这种观念很空，个人品牌谁会看得见？职场晋升空间在哪儿？不如寻找机会"偷闲"，轻松轻松，至于工作，只要混得过去就可以了。抱着这种态度做事，到最后只会"糊弄"了自己。

个人品牌是由内而外的，是一个人素质的综合展现。努力提升自己，虽然短期内大家不会关注到你，但是长期坚持下去，自己的个人品牌就会渐渐被大家认可。很显然，当个人品牌被广泛认可的时候，个人必将是"名利双收"，自然而然地成为最大的受益者。

2. 个人品牌必须以道德为基础。品牌即人品，这句话放在个人品牌上更容易理解，即一个人的人品决定一个人的个人品牌。人品有优劣，个人品牌形象也有优劣，但是二者不能轻易画上等号，因为人是一种善于伪装的动物，真假优劣需要认真辨别才能定论。个人在树立自己的品牌时，应该努力除去自己身上的道德污点，逐步提高自己的道德水平。否则，再富有魅力的个人品牌也只是一层薄薄的窗户纸，一捅就破，随即"原形毕露"。

3. 个人品牌的形成要靠学习来支撑。在形成自己个人品牌的过程中，我们必须有终身学习的观念和行动。虽然很多人都在叫嚷着终身学习，很多人都会说自己明白终身学习的重要性，但是，仔细观察其行为，他们却只是停留在"明白道理"的层面上，根本就没有将终身学习的理念变成日常行为。时间一长，个人的综合素质得不到实质性的提高，个人品牌自然缺乏了核心竞争力。

如果你想在激烈的竞争中取得胜利，那么从现在开始，把自己当做一个品牌来经营吧！当你用优秀的个人能力吸引更多的人与你做朋友，也势必会吸引更多朋友的朋友为你的成功提供帮助。

自助者人助，人助者天助

人人都渴望好的机遇降临，好的机遇，是可以改变我们每个人命运的，它能使人在短时间内发生翻天覆地的变化，也许昨天的你还是个无名小卒，今天却已经是闻名遐迩；也许昨天你还就着咸菜啃凉馒头，今天却坐在了五星级酒店的餐桌前。但是机遇就像一阵春风一样，来无影、去无踪，它不是随处可见的。所以，它值得我们好好珍惜，牢牢把握。机遇能够给我们带来成功，带来财富。我们不但要学会抓住机遇，更要善于寻觅机遇、开发机遇、创造机遇。

寻觅机遇、开发机遇、创造机遇，离不开个人的综合素质，更离不开人脉。曾经有人说："一个人70％的机遇来自人脉。"不善于经营人脉的人，即使遇到了迎面走来的机遇，也常常会视而不见，与之擦肩而过。

在前进的路上，我们可以没有背景，可以没有光环，但是，我们不能没有坚定的信念和经营人脉的理念。俞敏洪成功了，他成功的关键不但是善于经营市场，还在于擅长经营自己的人脉，善于利用自己的人脉资源。每当遇到关键时刻，他总能找到能够起关键作用的知心朋友，这就是人脉的力量。

人在职场中打拼，就如同侠客行走江湖。《射雕英雄传》中的黄药师独来独往，也照样需要朋友的帮助。我们不能随心所欲地选择命运，选择境遇，但是我们可以靠自己悉心经营的人脉来寻觅机遇、开发机遇、为自己创造机遇。

现在的社会，是一个交际的社会，一个人有了人脉，就拥有了开创新天地的本钱。不要抱着独自打天下的幻想，一个人的力量毕竟有限，众人的力量才可观。让朋友帮助你寻找机遇、发现机遇、创造机遇，并不代表你的能力不行；相反，这更说明你在经营人脉上做得非常出色，而经营人脉出色，也说明了你的能力超过常人。

那么我们怎样才能经营自己的人际网呢？

1. 确立目标。把目标定得具体的人，更容易把自己的关系网联结起来。比如将媒体上频频曝光的本领域的人物树立为自己的职业偶像。将你的职业愿望用语言表达出来，然后确立你可以分步骤达到的中间目标。

2. 建立联系。每个活动都会为你提供扩大社交圈的机会。先思考一下，你希望认识哪些人，然后收集一些可以参与到与这些人交谈中去的信息。尽量适应环境，因为如果你要求自己至少要和 3 个以上的人攀谈的话，社交场合的应酬也会令你感到紧张。

3. 告诉别人。不管你在做什么，只要你并不知道谁能够帮助你，就应该广泛"撒网"。将你的愿望告诉你所有碰巧遇到的人，这种口头广告肯定会让你受益匪浅。

4. 参加集会。除了正式的派对，还要积极参加各种集会。活动前、讲座休息时、午餐时或是在飞机候机室里，你都不要置身事外。8 小时之外也可获取事业的成功。

5. 收集信息。仔细而且积极地倾听，通过提问你可以让谈话朝你希望的方向发展。为了你的现在和将来，为了你自己和他人，应该收集一些联系方式和值得了解的信息。

"人气旺"的背后是"有价值"

没有人会主动地去认识一个毫无发展的乞丐，而有许多人对能够认识达官贵人而趋之若鹜，目的无非就是为了能沾他们的光，利用他们的声望和权力，对自己所做的事情有所帮助。

在现实的社会中，"人气旺"其实是"有价值"的折射，当一个人有了能被他人"利用"的价值时，别人才会主动地接近、认识，从而他们可以得到需要的帮助。所以，想要有一个良好的人脉，去认识有"利用"价值的人是一种途径，但更重要的是，要打造自己，使自己成为一个有"利用"价值的人！

当你足够优秀，当别人看到了你的价值，那么你就会被认可、被重视，领导会考虑提拔你，给你更大的平台去展示；他人会去接近你，期望你可以对他们有所帮助。相反，若你一直平凡，一直不被人所发现，那么你的机会就很小了，你始终在从前的小范围活动，没有扩展更大、更广、更有用的交际圈。而其他人在此期间却把事业和人际都处理得相当好。同时，由于心理失衡，容易产生怨天尤人的消极情绪，总觉得什么都不够理想，总觉得自己被埋没了，其实，是你没有展示出自己的价值，导致自己没有得到应有的平台。

比如，有很多人热衷跳槽，觉得在此公司没有发展前途，于是就跳到另一个地方，但跳来跳去也没有什么结果，反而浪费了大量的时间和精力。究其原因，就是他们只是忙着跳槽，而忽视了提高自身的价值。

赵欣在一家电脑公司做销售业务，她业绩平平，每天上班的心情很难受。她总觉得自己不得志，是这个公司限制了自己的才华和发展。有一天，她终于忍不住了，对好友说："我要离开这个单位，我恨死它了！"

好友知道了来龙去脉后，建议道："我举双手赞成你离开，一定要给这个破公司点颜色看看。不过，你现在离开还不是最好的时机。"

赵欣问："为什么呢？"

好友说："如果你现在走，公司的损失并不大。你应该趁着在公司的时候，拼命地为自己拉一些客户，成为公司独当一面的人物，然后带着这些客户突然离开公司，公司才会受到重大损失，非常被动。"

赵欣觉得好友说得非常在理，于是努力工作。事遂人愿，经过半年多的努力工作后，赵欣有了许多的忠实客户，业绩与工资直线上升，给公司创造了不少经济效益。但是，她再也没有离开的打算了。

相信这个故事很多人都看过。一个人的工作经历，最终只能是为自己的简历增添几句叙述的文字而已。干的工作多并不能代表你有能力。只有在工作中体现了你的价值，让老板真正看到你有被"利用"的价值，有为公司提供更大的利益的价值，才会给你更多的机会。从职场推演到人生的其他方面，也是同样的道理——一个人只有不断提升自己被"利用"的价值，才能展现更多的才能，才会获得他人的青睐。

因此，一个人只有在平时不断提升自己被利用的价值，才能展现更多的才能，才会获得更多的青睐。当你的价值得到更多的人认可，会有更多的人愿意接近你。在哀叹自己周围缺乏良好的人脉之前，还是先从培养自己自身的价值开始吧！

把自己武装成"绩优股"，吸引各方的注意

有句俗话叫："王婆卖瓜，自卖自夸。"虽然其中蕴含了一些对自吹自擂者的讽刺意味，但这种自我宣传在某些情况下还是很有必要的。

社会就如同竞技场，有许多机会都是要靠自己去争取的。如果有能力，就应该自告奋勇地去争取那些别人无法完成的任务，千万不要让自己淹没在人群中，或者躲在被人们遗忘的角落里。成功者会让自己闪耀夺目，像磁铁一样吸引各方的注意。

有一匹千里马，身材非常瘦小，它混在众多马匹之中，默默无闻。主人不知道它有与众不同的奔跑能力，它也不屑表现，它坚信伯乐会发现它的过人之处，改变它的命运。

有一天，它真的遇到了伯乐。伯乐径直来到千里马面前，拍了拍马背，要它跑跑看。千里马激动的心情像被泼了盆冷水，它想，真正的伯乐一眼就会相中我，为什么不相信我，还要我跑给他看呢？这个人一定是冒牌的。千里马傲慢地摇了摇头。伯乐感到很奇怪，但时间有限，来不及多作考察，只得失望地离开了。

又过了许多年，千里马还是没有遇到它心中的伯乐。它已经不再年轻，体力越来越差，主人见它没什么用，就把它杀掉了。千里马在死前的一刻还在哀叹，不明白世人为什么要这么对待它。

客观而言，千里马的一生是悲惨的，可以说是"怀才不遇"。它终年混迹于平庸之辈中，普通人不能看出它的不凡之处，伯乐也错过了提拔它的机会。但是谁导致这种悲剧的呢？是它的主人，还是伯乐？都不是。怪只怪千里马自己，假如它当初能够抓住机遇，勇敢地站出来，在伯乐面前不顾一切地奔跑，表现出自己与众不同的优秀品质来，用速度与激情证明自己的实力，恐怕它早就离开那个狭窄的空间，到属于自己的广阔天地尽情施展才能了。

人们过去总说"酒香不怕巷子深"，但事实并非如此。试想，要有多少浓郁的芳香才能从深巷里传入人们的鼻中呢？又有多少人能够静下心来寻找这芳香的源头呢？再香的酒，只怕最终也不过落得个"长在深巷无人识"的结

局。许多人常慨叹怀才不遇，却不知道能力是需要表现出来的，有本事就要发挥出来，不吭声、不动作，谁会知道你胸中的万千丘壑，谁会将你这匹千里马从马群中挑选出来呢？

不少人总是满怀希望地等待着，期待伯乐发现自己、提拔自己。只可惜千里马常有，而伯乐不常有，并不是所有领导、上司都独具慧眼，将机会拱手送上。在你做白日梦的时候，别的千里马，甚至是九百里马、八百里马们早已迎风驰骋，令众人瞩目，获得了充分展示自己的舞台。而默不做声的你，自然只能被淹没在无人问津的平庸者当中。

现实终究是现实，成功的机会不会自动跑到你面前来，一切都要靠你自己去争取。要知道，就算天上掉下馅饼，也要主动去捡，而且必须抢先别人一步。金子如果被埋在土里，就永远不会闪光。

因此，即便是实力再强的人，也要学会表现自己，要善于表现自己，才能让自己的优势展现于世人面前，才能使自己成为求才若渴的人们心目中的抢手货。

以现代职场为例，默默无闻、埋头苦干的人，往往不一定能够得到重用。一个成功的人，不仅要拥有雄厚的实力，还要善于表现自己，这样才有机会脱颖而出。

正如美国著名演讲口才艺术家卡耐基所言："你应庆幸自己是世上独一无二的，应该把自己的禀赋发挥出来。"在如今这个凸显自我价值的时代，实力已不是成功的唯一条件，还需把自己"捧红"，把自己"炒热"，这样才能扩大自己的影响力，赢得更多的人脉。

发掘自己的优势，着力发展自身长处

哲学家说过这样一句话："一个人如果能意识到自己是什么样的人，那么，他很快就会知道自己应该成为什么样的人。"每个人都有自己的优势，发掘自己的优势、着力发展自己的长处，能够让你更容易获得成功，赢得他人的青睐与追随。

奥托·瓦拉赫是1910年诺贝尔化学奖获得者，在读中学时，父母为他选择的是一条文学之路，但老师的评语是："瓦拉赫很用功，但过分拘泥，这样的人即使有着完美的品德，也绝不可能在文学上发挥出来。"此时，父母只好尊重儿子的意见，让他改学油画。可瓦拉赫的成绩在班上是倒数第一，学校的评语更是令人难以接受："你是绘画艺术方面的不可造就之才。"一事无成的瓦拉赫让大多数老师对他的成才失去信心，只有化学老师认为他做事一丝不苟，具备做好化学实验应有的品格，建议他试试学化学。父母接受了化学老师的建议。这次，瓦拉赫的智慧火花一下被点着了，在化学领域取得了令后人尊敬的成绩。

人的智能发展都是不均衡的，都有智能的强点和弱点，瓦拉赫找到了自己智能的最佳点，才使自己的智能潜力得到充分的发挥，取得惊人的成绩。

歌德说："一个人不能骑两匹马，骑上这匹，就会丢掉那匹。聪明人会把分散精力的事情置之度外，专心致志地学一门知识，学一门就要把它学好。"而你所学的这一门，一定要是你最熟悉、最擅长的一门。

那么如何发现我们的潜在优势呢？可以从以下两个方面来进行观察：

1. 从兴趣看优势

人们的兴趣所在往往就是其优势的"闪光点"。以贝多芬为例，这位世界级音乐大师早在 4 岁时就对音响与旋律产生浓烈兴趣，喜欢在琴键上来回按动。其祖父及时抓住这一"闪光点"，有意识地去培养他，结果贝多芬 8 岁时就上台表演，最终作为享誉世界的音乐家而流芳百世。

想发现我们的兴趣，主要要在平时仔细观察。

2. 从性格看优势

据德国科学家研究，人的个性是其优势的"显示屏"，最突出的例子在于判断人的行为是理性还是感性。密歇根大学的专家曾经对此问题进行过问卷调查，依据人在同别人发生意见分歧时的态度予以性格分类，并与现实的情况进行对照研究，发现那些意见一旦被否决就直掉眼泪的人感情脆弱敏感，这类人有艺术天分。

汉堡的著名心理学家赫乐穆特尔勒的解释是：这类人从不试图解决冲突，因此长大后的内心世界比较丰富。而那些总想设法在语言上达到目的、喜欢作立论性发言、显得自信的人，许多人成了法官、新闻记者或律师。至于那些不经过深思熟虑就脱口而出，为证明自己正确而捶胸顿足、态度咄咄逼人的人，则容易成为独来独往的管理者。

总之，了解自己，找到自己的优势，然后好好地经营它，那么久而久之，自然会结出丰硕的成果。如果你是一个不甘平庸、想成就一番事业的人，那么就在认识自己长处的这个前提下扬长避短，认真地做下去吧。也许你的优势还只是很小的一点点，需要经过长时间的积累和经营才能形成真正的实力，但请一定要持之以恒。只要坚决守住自己的阵地，绝不把最擅长的领域丢弃，那么你一定会成就自己。一个有成就的人，还发愁没有人脉吗。

精通外语，国际友人也向你靠拢

如果把人脉从地域上划分，我们不妨单纯的分成两类——国内人脉和国际人脉。现在社会越来越国际化，囊中拥有一些国外人脉，既能够拓展眼界，又能够在事业上给自己一个更高的平台。但是，如果你语言不通，那么就成了你和外国友人交流的拦路虎。

尽管不少逐渐成为职场中流砥柱的80后，从小学、中学就开始与英语接触，但是，无可奈何的是，我们的哑巴英语已经落伍了。虽然很多人在外语考试中取得了高分，但是一拿起专业的外文材料仍然一筹莫展，遇到与老外交流的时候，就感到相形见绌，这样自然很难吸引到外国朋友的认同。

蹩脚的外语水平会使得职场人士的专业能力大打折扣。要想取得长足的发展，就要不断接触专业领域的前沿信息，而有些前沿信息正是外文的。所以，即使自己一只脚已经迈进了心仪已久的公司，也要有长远的职业发展规划，弥补自己的薄弱环节，千万不可忽视外语的学习，否则，这只拦路虎将会成我们职业发展的绊脚石。

毕业于名牌大学的苏淼，在一家不错的美国外企工作，负责公司的业务销售。虽说她的英语已经通过了大学英语六级。但是，学校的学习仅仅练就了她炉火纯青地应对考试的能力，真正要与人交流，她却不知道如何开口。虽然是外企，但是同事还是中国人居多，因此，她也并没有意识到英语的重要性。但是不久苏淼就发现，做销售需要和许多客户打交道，而那些金牌客户往往都是欧美人士，她自己蹩脚的英语根本就没办法和他们交流，因此，自己的客户资源仅仅是那么几个少之又少的中国人，而同她一同入职的李雷，却凭借自己优秀的英语能力，赢得了不少外国客户。

苏淼的例子从侧面反映了掌握一门外语的重要性。

众所周知，能进外企工作就相当于进入了更高的发展平台，外企的待遇、发展机遇和人脉积累对职场人士有着莫大的吸引力。但是，外企一般会对员工有很高的英语能力要求，听、说、读、写样样都得在行，这就使得很多只掌握"哑巴英语"的人望"外企"而兴叹了。

仅仅固守眼前一亩三分地的时代已经过去了，当前所处的时代，意味着我们必须要以开阔的视野不断汲取新鲜的养分。如果自己蹩脚的外语连基本的专业资料都无法搞懂的话，更何谈去吸引和结交外国友人呢？

提高自己，不要错过公司提供的进修和外部会议

许多白领，尤其是年近不惑的白领大多安于眼下的稳定工作，上班来人，下班走人，不思上进。但也有些职场新人，迫于工作的压力，朝九晚五，忙忙碌碌，无暇再去顾及其他事。这两种人其实都是浪费了大好时光，本可以用公司的财力、物力充实自己，比如去接受新技术的培训、参加讲座、参加同行会议等。而公司也是肯掏这个腰包的，因为员工的素质提高及公司员工的交际范围广，这些都是公司的无形资产，这其实是一件两全其美的事。

某公司的女秘书小丽，平时的工作就是整理文件、接听电话，总也没有长进。这时公司要实行电脑化管理，需要派人去进行培训。公司的其他同人都千方百计想理由推辞，这时小丽却主动请缨要求去参加学习。不久小丽学成回来，立刻成了这一方面的权威，同时她的履历表上又多了一项新技能，为她今后另谋高就打下了良好的基础。

像例子里的小丽一样，短时间辛苦，换来一技傍身，这才是聪明人打的算盘，再加上用的是公司的钱、公司的时间，更是划算得不得了。

某公司要派人去参加同行的年度会议，因这一类会议内容枯燥无味、沉闷冗长，使得众员工望而却步、退避三舍，令公司老板伤透了脑筋。这时员工小文主动提出去参加会议，众人都笑他傻到家了。但是小文自己又怎么想呢？他认为这类会议虽沉闷，但正是同行人士的一大聚会，趁这个机会，多结交一些同行，多联络一下感情，这对充实自己的关系网是大有裨益的。

例子里的小文绝对是聪明的，尽管会议不一定能让自己有所提高，但是它所提供的结识同行的机会是无与伦比的。有的老板根本不懂这些情况，而且也不关心，这时就要你主动去打探哪里有这类会议，时间、地点俱全，才能去向上级提出参加会议的要求，以公司的名义委派出去。再有一类情况是老板虽然内行，但是个吝啬鬼，口水都磨干了，还是不肯掏腰包。这时你就

要从大局考虑，如果这次会议对你的前途、你的关系网真的那么重要，就是自己掏腰包也要去，这才叫深谋远虑，才叫有战略眼光。

一般的公司都会有教育开支和科研开支，只是需要你具有正当的理由加以利用。所以，我们要善于利用它，争取进修的机会，学习技能。因为你学到的技能说不定在什么时候就会派上用场，而且你学到的知识不是别人的，也不是公司的，而是你谋生的本钱。

主动争取进修的机会，每一次都会带来不小的收获，既增长了见识，又积累了经验。学习，在工作中是有百利而无一害的，能够抓住一切机会提升自己的人，任何一家公司都欢迎。

广撒网，多角度提升自己

世界金融投资界享有"投资骑士"声誉的吉姆·罗杰斯说过："一生中毫无风险的投资事业只有一项，那就是——投资自我。"的确如此，最合适、最有把握、收益率最高的正是投资自己。提升自己，增强自己各方面的能力，不仅能让更多的人脉来到你身边，还可以让你在成功的道路上越走越顺。

具体说来，你该如何提升自己，从哪些方面入手呢？

1. 不要放弃学生时代所学

大概很多人会说："大学里学的东西，对现在的工作一点帮助都没有。"如果因此就将从前所学抛诸脑后是很可惜的。人不太可能一辈子都做同一份工作，持续花费心力在学生时代所学的学科上，非但不是浪费，在转职时反而能增加选择的机会。

2. 柔性思考，多角度阅读

现今职务有细分化的趋势，在高度专业化之下，大家都竭尽所能地加强专业知识，结果造成不少人除了自己的专业之外，对其他的事都不了解。所以在强化本专业知识的同时，也要多多涉猎其他专业的知识。

3. 每个星期给自己一个新的挑战

长期处于相同的环境下，年轻人也会加速僵化衰老。所以，每个星期给自己一个新的冒险吧！买本新书，或到从来没去过的地方逛逛，给自己新鲜的刺激与活力。

4. 实际接触热门商品，思考其畅销的理由现代社会的变动速度惊人，若不跟上潮流，只能面临被淘汰的命运。对于畅销的产品，并不一定要购买，但应该要实际去感受，思考其为什么会畅销。公司并不是图书馆，成天待在办公桌前，那真的就像在养老了，多出去走动走动吧！

5. 放假时到热闹的地方去感受时代的脉动

据统计，上班族选择休闲娱乐的方式，排在首位的就是看电视，占五成以上，剩下三成的人则是选择睡觉。当然，在辛苦工作一周后，适当的休息是必要的，但休闲生活的品质也应该兼顾。趁休假时到商场逛逛、听听音乐会等，能够看到许多平常没有机会看到的各形各色人物，说不定还能扩大自己的社交范围，认识新的朋友。

6. 利用上班路上的时间做定点观察

一个人每天往返于工作地点和家中，一年中平均有 500 小时至 1000 小时无目的地浪费掉了。其实你完全可以利用这些零散的时间来提高自我，比如听听专业知识录音带，看看袖珍英语词典，等等。有人计算过，如果能够充分利用这段时间，效果竟相当于在大学学习两学期。有很多伟大的成功者都会巧妙地利用这段零散的时间，让自己在不知不觉中比别人高出一筹。

7. 在星期天阅读一周的报纸

报纸中有相当多实时性的消息，是吸收情报的重要渠道，但每天一部分一部分地阅读，只是"点"的层面，利用星期天翻阅当周的报纸，对一个议题可以连接起"线"的层面，了解整个事情的来龙去脉。

8. 看报道不要只看财经新闻

对于上班族而言，财经新闻当然是重点必读，但如果只阅读单一报纸，视野难免会过于狭隘，因此多翻阅几份，对磨炼自己对新闻的敏锐度绝对有帮助。而其他的版面，如体育版、文艺版也应该浏览一番，往往会有意想不到的收获。

9. 每周阅读一本书

要培养良好的阅读习惯，以帮助你在知识爆炸的年代提高信息取舍的能力，在滚滚情报洪流中获得最有利的信息。古典文学、世界名著、伟人传记、学生时代喜爱的读物，这些看来和工作不相干的书籍，能扩展视野，在人格培养及思考能力的提高上会有很大的帮助。

10. 多和不同领域的人接触

大体而言，我们和能谈论相同话题的朋友比较处得来。但事实上，多接触不同领域的人，听听各行各业的工作概况和甘苦，能给予头脑新鲜的刺激，活化思考，同时也是培养情报搜集力、扩大交际圈的绝佳机会。对于刚开始工作的新鲜人，多和不同领域的人接触，增广见闻、扩展视野是相当重要的。

11. 至少学习一种外语

有不少上班族从学校毕业之后就和语言学习绝缘，尤其是在非国际性公司工作的人，常常会疏于外文上的进修。就未来的趋势而言，有潜力的企业一定会朝向国际化发展，不趁年轻储备实力，等三四十岁成为公司的中坚分子时才来学习，不但费力，也失去了竞争力。

12. 每周给自己一个私人时间

上班认真值得嘉奖，不过一味埋首于工作可是会出现危机的。每天反复于相同的工作中，是否有想过为这些日子的工作绩效、人际相处、家庭关系等问题做检讨与规划呢？习惯忙碌可能会让你变得盲目，每周给自己一个独处的时间，让心灵沉淀。

13. 不要吝惜自我投资

一般年轻上班族将金钱的累积作为工作的目标，对于进修或旅游增广见闻的投资就相对减少。年轻时代需要储存的应该是智能和知识等无形的财产，这些才是创造人生最大的财富。

14. 自己购买书籍杂志

书籍是用来"查"的，并不只是用来"看"的。在有限的时间里很难将一本书仔细读完，但总有些浏览过的信息将来在工作上会有所帮助，在需要时能立即取得，才不枉费花时间阅读。

提升自我，让自己越来越优秀，由内向外地散发独特的魅力，这样你还怕交不到朋友，积累不到更多的人脉吗？

推销自己的能力也是实力之一

巧妙地推销自己，是变消极等待为积极争取、加快目标实现的不可忽视的手段。常言道："勇猛的老鹰，通常都把他们尖利的爪牙露在外面。"精明的生意人，想把自己的商品待价而沽，总得先吸引顾客的注意，让他们知道商品的价值，人，何尝不是如此呢？《成功地推销自我》的作者 E．霍伊拉说："如果你具有优异的才能，而没有把它表现在外，这就如同把货物藏于仓库的商人，顾客不知道你的货色，如何叫他掏腰包？各公司的董事长并没有像 X 光一样透视你大脑的组织。"

因此，积极的自我推销，才能吸引他人的注意，从而判断你的能力，助你成功。推销自己既是一种才华，也是一门艺术。一个人要推销自己，就要做到：

1. 要确定交往的对象

根据不同的对象，推销应采取不同的方式。你的外表应该随着推销对象的不同而有所变化。

如果是在公司里，你就要考虑一下，你在公司里喜欢与哪些人交谈，他们对你抱有什么期望，你有哪些特点能够对你的"对象"产生影响？同时，注意观察卓有成效的同事的行为准则，并吸取他们的优点。

2. 利用别人的批评

你也应了解别人对你的意见和指责，应该坦诚地接受批评，从中吸取教训。另外，应当注意言外之意。例如，如果你的上司说你工作效率很高，那么在这背后也可能隐藏着对你的批评。

3. 要善于展示自己的优点

在人际交往中，要善于展示自己的优点。如果表现不好，就容易给人一种夸夸其谈、轻浮浅薄的印象。因此，最大限度地表现你的美德的最好办法，是你的行动而不是你的自夸。成功者善于积极地表现自己最高的才能、德行，以及各种各样处理问题的方式。这样不但能表现自己，也参与吸收别人的经验，同时会获得谦虚的美誉。学会表现自己吧，在适当的场合、适当的时候，以适当的方式向你的领导与同事表现你的优点，这是很有必要的。

4. 要善于包装自己

超级市场的货架上灰色和棕色的包装很少，为什么呢？这是因为没有人喜欢这些颜色的包装。你要不想成为滞销品，也应当检查自己的"包装"——服装、鞋子、发型、打扮等。要敢于经常改变自己的"包装"，那常会给人耳目一新的感觉。

在推销自己的时候，外表非常重要，而且永远不可忽视。生活中有很多人，虽然相貌平平，但在事业上也能获得很大的成功，关键是她们懂得包装自己。因此，对你的外表，你要加以注意，以充分挖掘、利用自己的优势。

5. 适当表现你的才智

一个人的才智是多方面的，假如你想表现你的口语表达能力，你就要在谈话中注意语言的逻辑性、流畅性和风趣性；如果你想表现你的专业能力，当上司问到你的专业学习情况时就要详细一点说明，你也可以主动介绍，或者问一些与你的专业相符的新工作单位的情况；如果你想让上司知道你是一个多才多艺的人，那么当上司问到你的爱好兴趣时就要趁机发挥，或主动介绍，以引出话题。至于表现自己的忠诚与服从，除了在交谈上力求热情、亲切、谦虚之外，最常用的方式是采取附和的策略，但你要尽量讲出你之所以附和的原因。总之，在表现你的才智时，要注意适时、适当的原则，避免引起上司的猜忌。

6. 推销自己应自然地流露

会推销自己的人都是自然地流露，而不是做作地表现。成功者从不夸耀自己的功绩，而是让其自然地流露出来。例如，在你向领导汇报工作时，不妨说："我做了某事……但不知做得怎么样，还望您多多指点，您的经验丰富。"这样，你好像是在听取领导的意见，而实际上你已经表现了自己，又充分体现了你谦虚的美德。如果你以请功的口气直接向您的领导说，我做了某事，这事很不简单，做起来真不容易，其具有怎么怎么高的价值。这样，你在领导心目中就已经损害了自己的形象，也降低了你在领导心目中的地位。

7. 占领"市场"

在公司里要尽量使自己引起别人的注意，例如，在夏天组织一次舞会或与同事们一起外出旅游。同时，要与以前的同事和上司们保持联系，建立一张属于自己的关系网。

8. 不要害怕错误

工作中出现错误在所难免，关键是你应为应对出现严重的情况做好准备。如果一个项目真的遭到失败，既不要惊慌失措，也不要转而采取守势，而应勇敢地承担责任，提出解决问题的办法。在紧张状态中表现得头脑清醒、思路敏捷的人会得到同事和上司的器重。

当你在推销自己的时候，别担心做错事，人总是要不断地从错误中获得教训、得以成长的。

第二章　练就你的人格魅力

品德为先，攒人品就是赚人气

任何一个成功者，都会在"德"字上下功夫。古人说："得道多助，失道寡助。"如果一个人缺乏道德，那么他一定会受到他人的鄙视。《左传》中说："太上有立德，其次有立功，其次有立言，传之久远，此之谓不朽。"意思为：最上等的，是确立高尚的品德；次一等的，是建功立业；较次一等的，是著书立说。如果这些都能够长久地流传下去，就是不朽了。这就告诉我们，要以道德来规范自己的行为，只有具备优秀品质的人，才能得到众人的帮扶，做成更大的事业。

在美国有一个广泛流传的故事：

美国加州的数码影像有限公司需要招聘一名技术工程师，有一个叫史密斯的年轻人去面试，他在一间空旷的会议室里忐忑不安地等待着。不一会儿，有一个相貌平平、衣着朴素的老者进来了。史密斯站了起来。那位老者盯着史密斯看了半天，眼睛一眨也不眨。正在史密斯不知所措的时候，这位老人一把抓住史密斯的手："我可找到你了，太感谢你了！上次要不是你，我可能再也看不到我女儿了。"

"对不起，我不明白您的意思。"史密斯一脸迷惑地问道。

"上次，在中央公园里，就是你，就是你把我失足落水的女儿从湖里救上来的！"老人肯定地说道。

史密斯明白了事情的原委，原来老人把自己错当成他女儿的救命恩人了："先生，您肯定认错人了！不是我救了您女儿！"

"是你，就是你，不会错的！"老人又一次肯定地回答。

史密斯面对这个感激不已的老人只能努力解释："先生，真的不是我！您说的那个公园我至今还没去过呢！"

听了这句话，老人松开了手，失望地望着史密斯："难道我认错人了？"史密斯安慰老人："先生，别着急，慢慢找，一定可以找到救您女儿的恩人的！"

后来，史密斯被录取了，开始到公司上班。有一天，他在公司里又遇见了那个老人。史密斯关切地与老人打招呼，问他："您女儿的恩人找到了吗？""没有，我一直没有找到他！"老人默默地走开了。

史密斯的心情很沉重，对旁边的一位司机师傅说起了这件事。不料那司机哈哈大笑："他可怜吗？他是我们公司的总裁，他女儿落水的故事讲了好多遍了，事实上他根本没有女儿！"

"噢？"史密斯大惑不解。那位司机接着说："我们总裁就是通过这件事来选人才的。他说有德之才才是可塑之才！"

史密斯在工作中兢兢业业，不久就脱颖而出，成为公司市场开发部总经理，一年为公司赢得了 3500 万美元的利润。当总裁退休的时候，史密斯担任了总裁。后来，他谈到自己的成功经验时说："一个一辈子品德高尚的人，绝对会赢得别人永久的信任！"

史密斯没有因为老人的"错认"而接受老人的感谢，因此把总裁变成了自己人脉的一部分，成为总裁推荐的接任者。哈佛大学教授兼精神病专家罗伯特·科尔斯说："品格胜于知识。"一个有高德商的人，一定会得到他人的信任和尊敬，也自然会有更多成功的机会。

美国哈佛大学行为学家皮鲁克斯在《做人之本》中阐述了一个观点："做人不是一个定下几条要求的问题，而是要从自己的根本开始，把自己变成一个以德为本的人，否则你就绝不会赢得别人的信任，更谈不上成功的人生，反而早晚会让人生塌方的。"的确，做人必须从"德"字开始，树立有德之人的品牌，这样才能成大事。

品德对每一个人来讲都极为重要，尤其是对于要建立属于自己的强大人脉网络的人来说，更是如此。品德是由种种原则和价值观组成的，它给你的生命赋予了方向、意义和内涵。品德构成你的良知，使你明白事理，而非只根据法律或行为守则去判断是非。正直、诚实、勇敢、公正、慷慨等品德，往往更能提升我们在交际中的吸引力。

注重自我的人品，对自己要求严格，就会给他人一种踏实可信的感觉，所以他人才会在交际中很自然地把我们当成朋友。而那些人品不好的人，别人在不了解他的情况下也许会把他们当成朋友，可是，一旦深入了解之后，人们自然会疏远他，并且可能对他心存防范。

学会谦逊做人，别人才会喜欢你

"满招损，谦受益。""虚心竹有低头叶，傲骨梅无仰面花。"这是流传千年的古训。历史经验告诉我们：为人处世谦逊低调，是人的一种本分，不刻意显示自己，这既是一种人生境界，也是处世风度和人格魅力。

山很谦卑，它总是沉默，却造就了壮丽的风景；水很谦卑，它总是向下，却流成了江河湖海。正所谓"地低成海，人低成王"，一个人能以谦逊的态度接人待物，总是能赢得周围人的爱戴，汉朝大将卫青就是这样一个人。

汉朝时，卫青的姐姐卫皇后受宠于汉武帝，再加上卫青本人骁勇善战，他深得汉武帝之心，被任命为大将军，封为长平侯，率大兵攻打匈奴。

有一天，右将军苏建在与匈奴作战中全军覆没，单身逃回，按军律当斩。卫青问众属官："苏建应当如何处置？"

议郎周霸说："大将军出兵以来，从未斩过一名偏将小校，如今苏建弃军逃回，正可斩苏建的头，来立大将军之威。"

卫青说："我因是皇上的亲戚而带兵出塞，并不怕立不起军法的威严，你劝说我杀人立威，却失掉了做臣子的本分。我的权限虽可以斩杀大将，然而我把专杀大将的权力还给皇上，让皇上来决定是否诛杀，这不是更好吗？"属官们都钦佩地说："大将军高见，属下等万万不及。"

卫青便派人把苏建押回长安，汉武帝对卫青的处置大为满意。

汉武帝并没有杀苏建，苏建后来又跟随卫青出塞攻打匈奴，他劝卫青说："大将军的地位是至尊至重了，可是天下的贤士名人却没人夸赞传扬您的威名，古时的名将都向朝廷推荐贤良才能之士，自己的名声也传遍四海，希望大将军能学习古时名将的做法。"

卫青摇头说："自从武安侯田蚡、魏其侯窦婴各自招揽宾客，结成朋党，以颂扬自己的名声，皇上常常恨得咬牙切齿。亲近贤士名人、进用贤良贬黜不肖，这都是皇上的权力，我做臣子的，只知道遵守国法，履行自己的职责而已。"

汉武帝听说后，更加宠爱卫青，命令群臣见到卫青都要行跪拜礼，以显示大将军的尊贵。群臣都不敢抗旨，见到卫青无不匍匐跪拜，只有主爵都尉汲黯见到卫青依然行平揖礼，有人好意劝汲黯："对大将军行跪拜礼乃是皇上的意思，您这样做不怕皇上恼怒吗？"

汲黯昂然道："跪拜大将军的多了，多我一个不多，少我一个不少。难道说大将军有一个平礼相交的朋友，就不尊贵了吗？"卫青听说后非常高兴，登门拜访汲黯，谦虚地说："久仰大人威名，一直没有机会和大人结交，今幸大人看得起，请把我当您的朋友吧。"

汲黯见他态度诚恳，不以富贵骄人，便破例交了这个朋友，卫青此后凡有疑难问题，都虚心向汲黯请教。

汉武帝很欣赏卫青的谦逊，对卫青的宠爱始终不衰。

像卫青一样，身处名利的顶峰所显示出的虚心，想让人不爱戴他都不行。《老子》有云："不自见，故明；不自是，故彰；不自伐，故有功；不自矜，故长。"这句话的大意是，一个人不自我表现，反而显得与众不同；一个不自以为是的人，会超出众人；一个不自夸的人会赢得成功；一个不自负的人会不断进步。

的确，你谦虚时就显得对方高大；你朴实和气，他就愿与你相处，认为你亲切、可靠；你恭敬顺从，他的指挥欲得到满足，认为与你配合得很默契、很合得来。相反，你如果以强硬姿态出现，处处咄咄逼人，对方心里会感到紧张，做事没有把握，而且容易让对方产生一种逆反心理，使交往和工作难以继续。有人说："如果你要得到仇人，就表现得比对方优越吧！但如果你要得到朋友，就应该让对方表现得比你优越。"事实上，谦虚是广得人缘的重要方式，没有人喜欢和不可一世、傲慢的人来往。

谦逊是缔造人与人之间感情的催化剂。谦逊坦诚的人能够赢得他人的尊重。反之，狂妄自大、举止傲慢、桀骜不驯的人则常在生活中碰壁，会迷失方向，孤立无助。为人处世，谦逊的人不会被人排斥，容易被群体和社会接纳和认同。一个功成名就而又谦逊得当的人，身价一定会倍增，而谦逊能让他赢得更广泛的人脉。

站在他人的立场是走近他人的捷径

人际交往是一门艺术，这门艺术要求我们学会换位思考，设身处地地想想别人的需求，一旦弄清他人的需求，你便很容易使自己成为受欢迎的人。

如果别人对某件事的看法与你的看法完全不同，你不必责备别人，应该明白，别人之所以那么看，一定是有他的原因。换位思考，站在别人的角度找出原因，就相当于拥有了解他的行为和个性的钥匙。

生活中要多问问自己："要是我站在他的位置上，我会怎么想？我会有什么感觉？我会作什么反应呢？"那么你就会摆脱不少的苦恼，同时会在无意间增加你们的交往融洽程度和自己受欢迎的程度。

在美国的一次经济大萧条中，90％的中小企业都倒闭了，一个名叫丹娜的女人开的齿轮厂的订单也一落千丈。丹娜为人宽厚善良、慷慨体贴，交了许多朋友，并与客户都保持着良好的关系。在这举步维艰的时刻，丹娜想要找那些朋友、老客户出出主意、帮帮忙，于是就写了很多信。可是，等信写好后她才发现：自己连买邮票的钱都没有了！

这同时也提醒了丹娜：自己没钱买邮票，别人的日子也好不到哪里去，怎么会舍得花钱买邮票给自己回信呢？可如果没有回信，谁又能帮助自己呢？

于是，丹娜把家里能卖的东西都卖了，用一部分钱买了一大堆邮票，开始向外寄信，还在每封信里附上2美元，作为回信的邮票钱，希望大家给予指导。她的朋友和客户收到信后都大吃一惊，因为2美元远远超过了一张邮票的价钱。每个人都被感动了，他们回想起了丹娜平日的种种好处和善举。

不久丹娜就收到了订单，还有朋友来信说想要给她投资，一起做点什么。丹娜的生意很快有了起色。在这次经济萧条中，她是为数不多站住脚而且有所成的企业家。

时常有些人抱怨自己不被他人理解，其实，换个角度可能别人也有同样的感受。当我们希望获得他人的理解，说"他怎么就不能站在我的角度想一想呢"时，我们也可以尝试自己先主动站在对方的角度思考，也许会得到一种意想不到的答案。正如例子里的丹娜一样，正是因为她站在了对方的立场着想，才使得大家喜欢她，愿意与她做生意。

沟通大师吉拉德说："当你认为别人的感受和你自己的一样重要时，才会出现融洽的气氛。"我们需要多从他人的角度考虑问题，如果对方觉得自己受到重视和赞赏，就会报以合作的态度。如果我们只强调自己的感受，别人就会和你对抗。

一个人最大的痛苦之一就是没人理解，如果我们能站在他的立场上说话，那对于他来说是一种莫大的幸福，而且对于我们提高自己受欢迎的程度也会起到很大的作用。

一盎司的忠诚相当于一磅的智慧

忠诚是一个人对国家、对人民、对事业、对上级、对朋友的真心诚意，尽心尽力，没有二心，忠诚代表着诚信、守信和服从。作为领导者，谁不希望自己的下属忠心耿耿？作为朋友，谁不希望自己的伙伴忠心耿耿？作为夫妻，谁不希望自己的"另一半"对自己忠心耿耿？在一个团队中，忠诚的人比有能力的人更具有吸引力。

克里丹·斯特是美国一家电子公司的工程师，有一天，另一家电子公司的技术部经理邀他共进晚餐。在餐桌上，这位经理问斯特："只要你把你公司里最新产品的数据资料给我，我会给你很好的回报，怎么样？"

一向温和的斯特一下子就愤怒了："不要再说了！我的公司虽然效益不好，但我绝不会出卖我的良心做这种事。"

这位经理听完这话不但没生气，反而颇为欣赏地拍拍斯特的肩膀："这事儿就当我没说过。来，干杯！"

不久，斯特所在的公司因经营不善破产了，斯特也因此而失业。没过几天，他突然接到之前那家公司总裁的电话，说想聘请斯特担任他们的技术部经理。

斯特惊呆了，问总裁："您为什么这样相信我？"

总裁哈哈一笑说："原来的技术部经理退休了，他向我说起了那件事并特别推荐你。小伙子，你的技术水平是出了名的，你的正直更让我佩服，你是值得我信任的人！"

忠于自己的良心、忠于自己的组织是斯特赢得那位技术部经理推荐的重要原因，试想，他如果和那位经理达成某种交易，怎么可能有失业后马上送上门的职位呢？由此可见，即使你正处于困境当中，如果像斯特一样坚持自己的原则，保持忠诚，你的人格魅力一定会影响和吸引他人，也许就会有美妙的机遇等着你。

如今的社会变得越来越群体化，我们工作、生活在一个又一个或大或小的集体里。既然是集体，那么每个人都要对集体负责，都要对集体忠诚，这样集体才能得到健康的发展，我们个人的价值也能得以体现。任何一个集体都不会欢迎朝三暮四、见异思迁的人加入，他们希望得到的是那些能够把集体当成自己的家、把集体的事业当成自己的事业的人。

所以，很多公司和组织在考查一个人能否加入自己的团队的时候，"是否忠诚"已经成了一个重要的考核指标。即便你的专业知识水平很高，但是如果你忠诚度不够，他们还是会把你拒之门外，因为"不忠诚"给集体带来的损失要远远大于你可能给集体创造的价值。在交际圈里亦是如此。如果你想结交更多的真心朋友，就要保持对朋友的忠诚。毕竟，朋友之所以能够相互联系密切，靠的是信任，谁会信任一个不忠诚的人呢？一个人拿着朋友的隐私到处传播炫耀，完全忘记了对朋友保密的承诺；面对面时说朋友百般好，背过身去又说朋友百般不是，这样的人最终会失去所有的朋友，没有了朋友，他的交际圈也就萎缩成自己一个点了。

要清醒地认识到，即使你没有学历、没有技术、没有经验、没有靠山，你只要认识自己有的东西，自己真正宝贵的东西——诚实、正直、热情、守信，这些无价的财富会把有价的财富吸引过来，也同样会吸引那些最优秀、最成功的人向你靠近并伸出友谊之手，让你成为他们中的一员。

当然，忠诚不是单向的，而是双向的。如果你的上司对你不忠诚，你就没有必要为他拼死拼活地卖命；如果你的朋友对你不忠诚，你就有必要将他剔除出可信赖的朋友的名单。我们不要因为他人的背叛而放弃了自己的忠诚，要记住阿尔伯特·哈伯德说的这句话："如果能捏得起来，一盎司忠诚相当于一磅智慧。"

一诺千金，说得出就要做得到

也许有一天，你会失去你所拥有的地位、财富、权力，但是你做人的信誉却不会被时间冲刷掉，它是你人生无形的财富。为什么即使刘邦出赏金千金，也不会有人为了贪财而出卖季布？为什么曾子为了不失信于三岁的儿子，即使一句玩笑话他也会操刀杀猪？大丈夫顶天立地，凭的就是一个"信"字。

商鞅为了推行新法，在城门"立木为信"，正是他这种"言必信，行必果"的精神才使广大百姓心悦诚服，并借此实现了自己变法的伟大愿望。

在人们心中，守诺言、重信用的人往往也是一个有责任心、知书达理的正人君子，而只有那些虚伪圆滑的小人才会做出背信弃义之事。

失去了信誉，就会像那个大叫"狼来了"的小孩一样陷于孤立无援的境地。如果等到你陷入四面楚歌的境地才想起失信的后果而悔不当初，恐怕等待你的只有这失信的苦果了。所以，不论何时何地，一定要记住："不要违背自己的诺言，否则别人也会违背对你的诺言。"

清代的蔡璘是一个重承诺、守信用的人，所以朋友们都十分信任他。有一次，他的一位好友把一笔钱财寄存在他那里，并且说："不用立字据了，我相信你。"不久这位朋友竟然病逝了，直到死前他也没有对家人提起有钱存在蔡家的事。

蔡璘得知朋友去世了非常伤心，他特意把朋友的儿子请到家里来，拿出朋友寄存的财物，说："这是你父亲生前放在我这里的，现在你拿回去吧。"朋友的儿子见这么多钱财，不肯接受。他问蔡璘是否有字据，蔡璘摇头表示没有。朋友的儿子说："怎么会没有字据呢？况且父亲从未提过此事。"蔡璘解释道："你的父亲非常信赖我，所以没有立下字据，也没有对你讲过这件事，但请你一定要相信我的话，这些财物的确是你父亲留下的。"朋友的儿子听后，还是不肯轻易接受。在蔡璘的再三劝说下，朋友的儿子才不再推辞，收下了父亲留下的财物。

仅仅因为一个口头的承诺，蔡璘对重金不屑一顾并物归原主，他将自己的信誉看得比生命还宝贵，自然不会做出失信的事来亵渎它。古人就是这样信守诺言的，对于我们这些现代人呢？难道不应该时时扪心自问：我的信誉是否还在我的心中？

一诺千金，说得出就要做得到！这句话听起来简单，真正做起来却并不是那么容易。其实，如果答应别人的事是无关紧要的小事，也许很多人都能践行自己的诺言。可是，正像逆境见真情一样，在难以坚守信誉的时候守住自己的誓言才是真正的守信者。

在人生的路上，任何失败都能成就你，唯有失去信誉的后果是你所难以逆转的；在所有的原则中，任何绝对的原则都有灵活性，唯有信誉的原则是绝对不能妥协的！如果你不想品尝失败的果实，那么就从现在开始播下信誉的种子，像捍卫你的生命一样来践行你的诺言！

懂得宽容，才能容得下广阔人脉

宽容作为一种美德受到了人们的推崇，作为一种人际交往的心理因素也越来越受到人们的重视和青睐。在日常生活中，难免会发生这样的事：亲密无间的朋友，无意或有意做了侵犯你的事，你是宽容他，还是从此分手，或怀恨在心、待机报复？有句话叫"以牙还牙"，分手或报复似乎更符合人的本能心理。但这样做了，怨会越结越深，仇会越积越多，真是冤冤相报何时了。如果你损失了自己的利益后宽容对方，表现出别人难以达到的襟怀，你的形象瞬时就会高大起来，你的宽宏大量、光明磊落使你的精神达到了一个新的境界，你的人格折射出高尚的光彩。

林肯在早年竞选美国总统期间，曾经遭到过芝加哥人茅谭频频发出的尖锐批评，甚至还受到过他刻薄的谩骂。后来，林肯当选总统后在华盛顿为芝加哥人茅谭举行了一个欢迎会，茅谭因为过去的言论而不敢面对已经在竞选中获胜的总统林肯，远远地找了一个位置坐下了。林肯却不以为然，仍然很有风度地说："茅谭，那不是你坐的地方，你应该过来和我站在一块儿。"每个在欢迎会上的人都亲眼目睹了林肯赋予茅谭的殊荣，茅谭感激不尽。也正因为如此，茅谭成为林肯最忠诚、最热心的支持者。

这就是伟人的气量，他之所以能胜常人一筹，宽容、谦让待人是他必胜的筹码。林肯在组织内阁时，所选任的阁员各有不同的个性：有勇于任事、屡建勋绩的军人史泰顿，有严肃的修华法，有理性善思的萨斯，有坚定不移的康迈伦，但林肯却能与各个性格绝对不同的阁员互相合作。其实就是因为林肯有宽宏的度量，能舍己从人，乐于与人为善，尤其是史泰顿，那种倔强的态度，如在常人，几乎不能容忍，而林肯却作出了巨大的牺牲——宽容待他，使得他驾驭阁员指挥自如，使每个阁员都能为国效忠。

一个人若能对别人宽容谦让，在生活中养成将心比心、推己及人的做事习惯，这样的人肯定是受人尊敬和欢迎的。"己欲立而立人，己欲达而达人；己所不欲，勿施于人。"正如一句话所说："原谅别人，才能释放自己。"借着宽恕，你释放了心牢里的犯人，而那个犯人，可能就是你自己。一旦你能舍得过去的一切，是福也好，是祸也好，让它们如烟消云散般飞去，原谅一切，你的宽容将会为你打开新局面。

越战期间，一支部队在森林中与敌军相遇，激战后两名战士与部队失去了联系。这两名战士来自同一个小村。两人在森林中艰难跋涉，他们互相鼓励、互相安慰。七八天过去了，仍未与部队联系上。一天，他们打死了一只野猪，依靠野猪肉又艰难地度过了几天，可也许是战争使动物四散奔逃或被杀光，这以后他们再也没捕捉到任何动物。他们仅剩下的一点野猪肉背在年轻战士的身上。这一天，他们在森林中又一次与敌人相遇，经过再一次激战，他们巧妙地避开了敌人。

就在自以为已经安全时，只听一声枪响，走在前面的年轻战士中了一枪——幸亏伤在小腿上！后面的士兵惶恐地跑了过来，他害怕得语无伦次，抱着战友的身体泪流不止，并赶快把自己的衬衣撕下包扎战友的伤口。

晚上，未受伤的士兵一直念叨着妻子的名字，两眼直勾勾的。他们都以为熬不过这一关了，尽管饥饿难忍，可他们谁也没动身边的野猪肉。天知道他们是怎么过的那一夜。第二天，部队救出了他们。

事隔20年，那位受伤的战士杰弗逊说："我知道谁开的那一枪，他就是我的战友。当时在他抱住我时，我碰到他发热的枪管。我真的难以想象是与我共患难的战友开的枪，他为什么对我开枪？但当晚我就宽容了他。我知道他想独吞我身上的野猪肉，我也知道他想为了他的妻子而活下来。此后20年，我假装根本不知道此事，也从不提及。20年后的一天，他跪下来，请求我原谅他，我没让他说下去。我早已原谅了他，接下来我们又做了几十年无话不谈的好友。"

这个例子告诉我们，宽容是一种可贵的精神，体现了高尚的人格。宽容意味着理解和通融，是融合人际关系的催化剂，是友谊之桥的紧固剂。很多情况下，就算一个非常宽容的人，也往往很难容忍别人对自己的恶意诽谤和致命的伤害。但唯有以德报怨，把伤害留给自己，才能赢得一个充满温馨的世界。

我们生活在一个越来越不能忽视功利的环境里，但倘若太吝惜自己的私利而不肯为对方让一步路，这样的人最终会无路可走；倘若一味地逞强好胜而不肯接受别人的一丝见解，这样的人最终会陷入世俗的河流中而无以向前；倘若一再地求全责备而不肯宽容别人的一点瑕疵，这样的人最终只会失败。有人说过这样一句话："谁若想在前进时得到援助，就应在平时待人以宽。"就是说，相容能接纳、团结更多的人，有难同当、有福共享，进而增加成功的力量，创造更多的成功典范。反之，相容度低，则会使人疏远，减少合作力量，人为地增加成功的阻力。

高贵的气质，博得更多人的尊重

你表现自己的方式往往会决定别人将会如何对待你。从长远来说，如果你看起来庸俗而普通，人们将不会尊重你。当你的气场像成功人士一样，相信你自己的权力和影响力，那么你就能让自己看起来注定会成功一样。

贝多芬，人类历史上最伟大的音乐家之一，世界上无数的人被他的音乐所感动。事实上，我们所为之感到震撼的不仅仅是他的音乐，还有他的苦难、他的欢乐、他的勇气、他高贵的灵魂！贝多芬总是高高昂起他的头颅，从不献媚于任何人。

有一次，在利西诺夫斯基公爵的庄园里来了几位"尊贵"的客人，正是侵占了维也纳的拿破仑军官。当时贝多芬正住在公爵的庄园里，当军官们从主人那里得知后，便要公爵请求贝多芬为他们演奏一曲。贝多芬不愿为侵略者演奏，断然拒绝，他猛地推开客厅大门，在倾盆大雨中愤然离去。回到住处，他把利西诺夫斯基公爵给他的胸像摔个粉碎，并写了一封信："……公爵，你之所以成为一个公爵，只是由于偶然的出身；而我之所以成为贝多芬，完全是靠我自己。公爵现在有的是，将来也有的是，而贝多芬只有一个！"

正如贝多芬所言，由于偶然的出身，这个世界上确有过无数的公爵，然而，历史最公正，时光最无情，这些曾显赫一时的公爵都一个个灰飞烟灭，消失在历史的长河中，贝多芬却没有从人们的记忆中消失。贝多芬没有高贵的出身，却有不朽的作品，他有一种内在的、深沉的、自然散发、由里及外的灵魂的美丽。这种高贵是他用自己的努力赢来的，人们表面上遵从社会地位高的人，但真正顺服的是那些内心充盈、执着追求的人。

那么，一个真正高贵的人应具备哪些东西呢？是自尊与面对顺境、逆境都能宠辱不惊的风度。

19世纪中叶，美国实业家菲尔德率领他的船员和工程师们，用海底电缆把"欧美两个大陆联结起来"。菲尔德因此被誉为"两个世界的统一者"，一举而成为美国最光荣、最受尊敬的英雄。但因技术故障，刚接通的电缆传送信号中断，顷刻之间，人们的赞词颂语骤然变成愤怒的狂涛，纷纷指责菲尔德是"骗子"。面对如此悬殊的宠辱逆差，菲尔德泰然自若，一如既往地坚持自己的事业。经过6年努力，海底的电缆最终成功地架起了欧美大陆的信息之桥。面对重大的波折，菲尔德始终不为所动，表现出一种高贵的气度。

菲尔德是一个高贵的人，所以当他从赞美的鲜花中陷入狂涛般的批评指责时，能够泰然自若地坚持自己的事业。反观我们的周围，有很多人因为房子、车子、票子的"折磨"而变得日益烦躁起来，抱怨油盐米醋越来越贵，埋怨父母、朋友、恋人不知体贴。社会越来越进步，但是人们的心理世界却越发焦灼不安、烦躁不堪。

文明社会的一个缺点就是造成人与自然的日益分离，人类以牺牲自然为代价，其结果便是陷入世俗的泥沼而无法自拔，追逐于外在的礼法与物欲而不知什么是真正的美。金钱的诱惑，权力的纷争，宦海的沉浮，让人殚心竭虑。是非、成败、得失让人或喜，或悲，或惊，或诧，或忧，或惧，一旦所欲难以实现，一旦所想难以成功，一旦希望落空成了泡影，就会失落、失意乃至失志。在不知不觉中，一个站立的"人"弯下了脊梁，佝偻着身躯，越来越渺小，越来越卑微。

成功者之所以注定要忍受平常人根本无法想象的寂寞，在很大程度上是因为他们知道自己的身价，不愿自甘堕落，不愿丧失本色，不愿委曲求全。成功者始终坚信，自己的人生一定会很精彩。大凡成功者，全身上下总会透露出一份坚毅的自信，即使是在最狼狈的时候，即使衣衫褴褛形容憔悴，成功者也会始终保持一颗高贵的心灵。真是这种高贵的气质，会博得更多人尊重。心灵上的高贵是一种罕见的优美品格，也因为稀有，所以能得到人们的尊重和爱惜，这是一种令人赞美、心悦诚服的人脉力。

给人格魅力加点磁性，吸引更多的人

美国著名成功心理学大师拿破仑·希尔博士说："真正的领导能力来自让人钦佩的人格。"积极、真诚、守信、勇敢……能将这些世人向往的因素集于一身者，其人格的魅力便会在无意间吸引许多人。

人格魅力究竟能创造多大的影响力？时代华纳总裁史蒂夫·罗斯给出了回答。

虽然罗斯的生活沉浸在幻想之中，他的行事作风专擅独裁，但他绝不露出一副高高在上的模样，对谁都不会摆出一副盛气凌人的架势。他不会给人以妄自尊大的感觉，他能顾及别人应有的尊严。

得力干将达利是这样描述罗斯的"亲和力"的："罗斯对周围人的用心处处可见，他和每一位秘书都曾亲切地交谈。如果他离开时忘了向安或玛莉莎（达利的助理）道再见，他会说'天啊！我忘了说再见'，然后再折回去。如果他留在公司而由安替他做任何事情的话，第二天就会有一打红玫瑰放在她的桌上。"为了和公司底层员工打成一片，罗斯可以说费尽了心思。他确实成功了，所有人都从内心深处尊敬他、感激他，并自动自发地追随他。

对于手下的得力干将，罗斯则另有一套方案创造信徒。他赋予部门主管绝对的自主权，他告诉他们犯错无妨，只要别太离谱。他鼓励主管要有自己就是老板的意识。罗斯言行如一，从不干涉主管的决策，他永远是他们的支持者。这种亲切、温厚、如慈父般的作风完全符合他的个性，并且深入人心。当其他同行的管理阶层因流动率太高而元气大伤之际，华纳的高级主管一律长期留任。每当罗斯的控制权受到来自合并的挑战时，他手下的主管便群起反对他的对手，从而帮助他渡过一次次的权力危机。

罗斯知道，要使员工真正成为信徒，还必须给他们以实惠。无论如何，运用各种方式将公司的财富与同僚共享，对罗斯而言似乎是天经地义的事。谈起薪资、津贴和一些千奇百怪的福利措施，华纳可说是一应俱全，称得上真正的全能服务公司。罗斯的手下个个对他很敬佩，也对他很忠诚。

除以上几点之外，罗斯获得人们信仰的保证是他迷人的梦想以及实现梦想的超凡能力所建立起来的良好信誉。"要与罗斯相处，就必须是他忠诚的信徒。一旦进入他的世界——那里强调的是忠诚，那么你的梦想（依照他的指示）都能够实现。"这便是罗斯人格魅力中的"磁性"所在。足见，充满"磁性"的人格魅力，才是聚集众人的精神力量。当你带着动人的人格魅力站在别人面前时，无须聒噪的鼓动与召唤，他们也会紧紧地追随在你身边与你一起合作，从而也会赢得更多的成功机会。

善待落难者，赢得他人的钦佩

人们自然喜欢结交现在看来就很有价值的朋友，但是，面对落难的人，真正道德高尚的人绝对不会置之不理！

晋代一个名叫荀巨伯的人，得知朋友生病卧床，便前去探望。不料正赶上敌军攻破城池，烧杀掳掠，无恶不作，百姓们纷纷携妻挈子、四散逃难。朋友劝荀巨伯说："你赶快逃命去吧，我重病在身，根本逃不了，更何况我自知已活不长了，跟着你只能拖累你，你赶快离开这里吧！"

荀巨伯并不是贪生怕死之辈，他对朋友说："我怎么能弃你于不顾呢？你把我看成什么人了？我不辞山高路远来此地就是为了照顾你。现在，敌军进城，你重病在身，我更不能扔下你不管。"说完转身到厨房给朋友熬药去了。

朋友语重心长地劝了半天，让他快些逃走，可荀巨伯却端药倒水跟没听见一样，他反倒安慰朋友说："你就安心养病吧！不要管我，我不会有事的，我在这里你还有个照应，最起码天塌下来我还能替你顶着！"

这时只听"砰"的一声，门被敌军踢开了，冲进来几个凶神恶煞的士兵，冲着他们大喊大叫道："你们是什么人？好大的胆子，还敢在这里逗留，你们难道不怕死吗？"

荀巨伯站起身，从容地走到士兵跟前，指着躺在床上的朋友说："我的朋友病得很厉害，根本无法下地行走，我怎么可以丢下他独自逃命？请你们快快离开这里吧，别吓坏了我的朋友，如果你们有什么事尽管找我好了。如果要死，我可以替他死，对此我绝不会皱一下眉头。"原本面露凶相的士兵，对荀巨伯大义凛然的一番说辞和那无畏的态度很是钦佩，语气较先前缓和了许多，说："没想到这里还有品格如此高尚的人，这样的人咱们怎么好迫害呢？走吧！"说完，敌军就走了。

可见，一个懂得善待自己落魄朋友的人，不仅赢得了朋友的真心，而且还为自己赢得了生机和他人的钦佩。可是现实中的不少人总是可以敏感地觉察到自己的苦处，却对别人的痛处缺乏了解。他们不了解别人的需要，更不会花工夫去了解；有的甚至知道了佯装不知！

虽然很少有人能做到"人饥己饥，人溺己溺"的境界，但我们至少可以随时体察一下暂时不得势的人的需要，时刻关心他们，帮助他们脱离困境，当他们遭到挫折而沮丧时，你应该给予鼓励。这样不但维系了友情，而且一旦那位落魄朋友时来运转的话，他当初的那份温情就会显得弥足珍贵，如果日后他需要帮助的话，定然会得到转势之友的大力相助。

从一定意义上说，对待落魄、失势者的态度不仅是对一个人交际品质的考验，而且也是建立良好人际关系的契机。世事沧桑，复杂多变，起起伏伏，实难预料。昨天的权贵，今天可能成为平民；路边乞丐，一夜之间也可能平步青云……

从人生的角度来看，人们不可能一帆风顺，挫折、背运是难免的。当人们落难的时候，正是对周围的人们，特别是对朋友的考验。远离而去的人可能从此成为路人，同情、帮助他渡过难关的人，他可能铭记一辈子。所谓莫逆之交、患难朋友，往往就是在困难时期产生的，这时形成的友谊是最有价值、最令人珍视的。

保持独立，让别人依赖你

独立是一个人在社会上生存下去的能力，只有独立的人才能被别人尊重，才能吸引别人与自己相处，才能提升自己的影响力。缺乏独立自主个性和自立能力的人，连自己都管不了，还能谈让别人依赖自己，与自己交往吗？如今，我们在不断地与别人交往或者参与竞争，我们正在遭遇着远比家庭生活要复杂得多的生存环境，随时都可能出现无法预料的难题与处境。我们不可能随时动用"生存支援系统"，而是必须靠顽强的自立精神克服困难，坚持前进！依赖心理会轻而易举地转移到生活的各个方面，其危害性非同小可。

你必须始终保持自己的独立性，这样别人将会永远需要你。别人对你的依赖性越大，你的人际自由空间也就越大。要想保持独立，让别人依赖你，你需要做到以下两点：

1. 培养独立的个性

性格的独立性，是针对人们在智力活动和实际活动中独立自主地发现问题和解决问题的水平而言的。具有独立性格的人，遇事总喜欢自己动手、自己思考，能够标新立异、自圆其说，对传统的习惯、陈腐的观念采取怀疑和批判的态度；而具有依赖性的人，则总是循规蹈矩、人云亦云、缺乏主见。在性格品质体系中，对创新影响力最大的便是独立性。

培养独立性，其实就是"自己能做的事自己做"和"独立思考"。有许多人并不真正了解自己能做什么，对于自身的潜能一无所知，于是在困难面前不知所措，要么畏缩不前，要么寻求"外援"。克服依赖性、培养独立性至关重要，要从现在做起，争取全面地认识自己，更好地做自己能做的事。

你应该从身边小事做起，磨炼自己的意志。在生活中要求自己独立处理日常事务，安排自己的生活；勇于尝试，发掘自身的潜能；制订计划，每周做几件以前想做但由于各种原因而没有做的事；定期反思自己，学会独立思考。一段时间的忙碌之后，静下心来，审视自己近期的言行，参照过去加以评判，考虑一下今后一段时间的生活；逐步决定自己的事，检查培养效果；慢慢学会独立处理与自己关系重大的事，并以自己日常生活中处理问题的能力来评判自己独立性发展的状况。

提倡独立性并不否定生活、工作中的合作精神；相反，我们应力争充分利用集体的力量。"三个臭皮匠，顶个诸葛亮"，只有更好地借鉴他人的经验，我们才有可能在今后的人生路上取得更好的成绩。培养独立性的实质在于，从日常生活中的点滴小事磨炼独立思考的能力，而不只是随大流，盲目地跟着别人走。

2. 让别人依赖你

培养人脉的最好办法就是提升自己的自立能力，让别人依赖你，从而离不开你。哪怕你的本事不大，但只要你是在某个方面独一无二、不可缺少的人物，那么你的价值就将不可估量。

当别人习惯于依赖你的时候，请注意，不要因此而自负，感到满足。饮尽井水的人往往最终离井而去。一旦我们可以提供的利益被人们榨尽，同时他们已经发现了新的替代品，他们将不再对我们有丝毫的依赖心理，我们的处境将变得非常尴尬，甚至危险。经验告诉我们一条最重要的教训是：维持别人对我们的依赖心理，但永远不要完全满足其需求。要让自己更加成功，更加充实，更加无法替代，同时，永远不要让别人得到我们的全部。

提升个人影响力，打造强大的人际引力

一个人的影响力是自身经营和岁月沉淀的双重结果，是一个人的个性和气质的表现，它使人自信，影响着周围的人。个人魅力最引人注目的优点就是具备影响别人的能力。当人们认为你这个人很有魅力时，他们更有可能采取你的建议，更愿意与你保持人际互动。

要具备强劲的人际吸引力，就必须有个人影响力。

其实，个人影响力实际上是非权力领导力的升华，人格魅力作用在各方面都会增强非权力领导力，如个人感召力的发挥就需要通过以身作则、说服、分享和帮助等方式进行。

一个简单而有效的影响别人的方法是以身作则地领导。作为有影响力的领导，你可以通过你自身的行动来传播价值观和传达各种期望。那些显示忠诚、作出自我牺牲以及承担额外工作的行为特别需要以身作则。在项目面临艰难局面时，你也许要每周工作 65 小时以显示包含在企业文化之中的自我牺牲的价值。

假如你对人们来说有一种磁铁般的吸引力，那么他们把你当做一种行为典范的可能性就要大得多。但是，尽管以身作则的方法很受欢迎，但可能效果不大，除非那个以身作则的人对那些认为可以把他或她作为榜样仿效的人们具有吸引力。

通过理性的说服影响别人的传统方法也不失为一种重要的策略。理性的说服涉及使用符合逻辑的观点和事实证据来使另一个人相信一条建议或者要求是可行的，并且是可以达到目的的。这就需要自信以及仔细的研究，对明智和理性的人来说它可能是最为有效的。不过，即使是明智和理性的人，他们看问题的方法也是有选择性的。他们更会听取由热情和讨人喜欢的人所表达的信息。个人影响力的差别则表现在这里。

获得个人影响力的另一个方式是要让自己成为行业的专门人才，即获得专家影响力。获取专家影响力的一个值得推荐的方法是在符合公司当前或者未来需要的领域里成为课题专家，比如精于为公司建立引人注目的网站或者在国外开拓市场。即使你已经成为课题专家，富有人魅力会更有利于你的专业知识的施展。你或许听到过有人哀叹："要是他们给我机会的话，跟某某处理一样的事情，我也能做好。"这位"某某"之所以得到了这个机会，很可能是因为他比你更富有热情和活力。

总之，个人影响的施展将为你的整体影响力即威望的塑造锦上添花，从而使你的人脉网络建设更为轻松、顺利。

第三章　散发成功者的气场

人的身上真的有"磁场"，会吸引一些人，也会排斥一些人

　　相信你一定碰到过这种情况：遇到一个人，在完全还不了解的情况下，就是觉得想跟他成为亲近的朋友；而遇到另一个完全不认识的人，你却没有原因地不太喜欢，甚至有一丝嫌恶，尽管他看起来是来自精英阶层。你也许觉得这是"首因效应"在起作用，其实，这只是答案的表皮而已，根本的原因是每个人身上都像磁铁一样有一个"磁场"——你和前一个人的"磁场"相吸，而和后一个人的"磁场"相斥，由于"磁场"碰撞的不同反应而在你心里产生了不同的感觉。当然，为了和磁铁的"磁场"相区别，研究者把人类自身的场称为"气场"。

　　那么，气场是怎么样形成并存在的呢？

　　世界是物质与能量的集合，而人的能量场可以直接与宇宙能量进行交流，这是一种比力更高级的存在——气场。通过它，你不仅可以和宇宙对话，还能获得无穷的力量。无论是吸引成功还是影响他人，都可以通过这宇宙中最伟大的力量来实现。

　　如果有人告诉你，世上的万事万物都是虚幻，这个世界只由两种基本元素构成，你不要以为这是在说电影《黑客帝国》的故事情节。物理学中的两大守恒定律告诉我们，世间的一切都在不断变化和生灭，只有物质和能量是不生不灭的。正如虚拟的电子世界由 0 和 1 组成，现实世界也是由物质和能量这两种基本元素构成的。

　　但是，仅有一堆杂乱的 0 和 1 不能叫一个程序，仅凭物质和能量的堆砌也无法产生世间万物。只有满足特定的组合形式，0 和 1 才能产生出无穷变化的序列，物质和能量才能形成各种不同的事物。这个组合形式就是信息。物

质按照特定信息组合起来就构成有形的物质世界，而能量按照特定的信息组合起来就构成了各种无形的能量场。能量世界与物质世界的不同在于前者没有绝对的分界，整个宇宙就是一个无形的能量场。

如果你觉得这太不可思议，那么不妨去看看由詹姆斯·卡梅隆执导的科幻电影《阿凡达》。这部影片不仅讲述了一个美丽的故事，更为我们理解自身与能量的关系提供了很好的参考。

在潘多拉星球上有一棵神圣的灵魂树，它是凝聚潘多拉星球上万物和谐共处、平等尊重的图腾。纳威人重视心灵的沟通——人与人，人与动物，人与植物，所有生物和谐共处。

纳威人懂得生命的存在不过是从此到彼，循环不已；神是无处不在的，神能感知感应到纳威人的所思所想，并在冥冥中指引着纳威人顺应自然的规则。当今社会的很多人却失去了真正的爱——那种真实、平衡、自由的爱，他们忘记了自己来自于自然，宇宙才是真正的母亲。

在《阿凡达》这部虚构的作品背后，有一个深刻的启示：人是世界的表象和个体化，人的本质和世界是同一的。我们的身体正如一个容器，承载着精神，也就是心灵；而心灵能量是不受身体束缚的，可以直接与宇宙能量相通。从我们的每一次呼吸、每一次心跳，到每一次潜意识的流动、每一次思考判断，都伴随着能量信息流的输出与输入。既然是能量，那就一定有强弱正负之分，这在与外界接触时就表现为各种力的作用——吸引、排斥、吸收、转化、抵消等。以某个人为核心的能量场具有的力，当然也是由他的身体和心灵决定的。

从某种角度看，人类是万物的主宰，不是因为人在物质基础上有多么强大，而是因为人类具有强大的心灵能量，并能够利用它去认识、利用并改造事物。人类中的佼佼者则是能量场最强之人，他们不仅拥有强大的心灵能量，还能将它转化为身体能量释放出来，从而获得无穷的创造力和对周围人的影响力。

这就是人和宇宙的秘密，而这秘密的核心可以归结到人的身心灵能量场——气场。这种气场在每个人身上都是不相同的，正是由于这种因人而异的气场间相互作用，人际交往中才表现出一个人既会吸引一些人，也会排斥一些人。

让气场成为你与他人心灵沟通的桥梁

　　很多动物都是按照气味来判断并选择亲近的同类，即使是亲子之间也是如此。虽然其他动物不具备人类的高度理性，但情感的建立过程没有什么差别——不是依靠分析判断，而是因为"同声同气"。人与人要想建立亲密的关系，气场的接触同样是必需的。

　　人际关系不仅仅是理性的博弈，更是情感的积累。如果人人都是绝对的理性人，像电脑一样什么都靠数据来分析判断，那气场就没有用武之地。正因为人的理性是建立在感性认识基础之上，我们才能通过气场互动，与他人建立起情感的纽带。

　　所谓通过气场互动拉近关系、增进情谊，也就是要接近对方，面对面与他人进行气场接触。

　　为什么有了文字，人们还是以说话为最主要的沟通手段？为什么你的手机具有收发短信的功能，你却主要用它来打电话？你也许会说，语言交流毕竟是即时的，在这种快节奏的生活中能提高效率。可是实际上，同样是用语言交流，打电话往往不如面对面更好。人们通常都是按照这样的顺序和他人逐渐增强关系的：首先是互通邮件，然后用即时通讯软件或者短信，再往后就会打电话，最后见面沟通。求职过程就是这样一种典型的渐进式接触。这个过程可以看成是投入时间的增加，也可以看成效率递减。最后为什么还要有一个见面的环节？其实，前面 3 个环节从语言的运用上看是从书面语过渡到口语，而面谈不仅是语言沟通，还有非语言的成分——这就是气场的接触。

　　气场通过感性的因素影响他人，而文字是一种符号，虽然文风多少能体现出一个人的气场，但通过文字来感受一个人的气场毕竟只有对文字敏感的人才做得到，大部分人还是要靠更感性的方式来认知他人。为什么会这样呢？因为相互吸引本来就是以追求高反馈为前提的。

　　除了即时反馈，气场接触的另一个特点就是全面互动。所谓全面互动，是指人们不仅仅是通过语言，甚至主要不是通过语言来向对方传递信息。气场中的信息包含了一个人的方方面面，因此气场的接触也是立体式的。具体来讲，一个人的气场主要通过 3 种途径向外界传递信息。

　　首先是表情。控制表情通常是控制自身气场最简单有效的方法。你想对某人表示好感，就可以向对方露出微笑。当你愤怒时，你会让自己的脸上充满狂暴之色以对他人产生威慑。也就是说，通过表情，你可以增强你的气场，让他人充分感受到你的情绪和对他们的看法。相反，你也可以在任何情况下都不动声色。这样做就是在收敛气场，弱化你的存在感，让他人难以认知，也就难以和你建立更进一步的感情联系。

其次是视线。眼神是很重要的，但眼神要发挥作用，首先必须把视线投向对方。如果有一个陌生人注视着你，这通常就是对你感兴趣的信号。如果你根本不在意，或者故意不理睬对方的视线，你们之间可能就连对话都无法开始，更别提建立感情。恋人之间的彼此凝视一般比普通朋友之间多很多，而普通朋友之间如果经常注视对方——即使双方并没有谈话——常常也能产生一种默契，从而迅速拉近关系。

最后是肢体动作和身体接触。表情和视线是容易控制的，人们也更容易注意这些因素对气场的影响，而具有同样影响力的肢体动作和身体接触却往往被忽略。动作是难以保持刻意的，从一个人的细小动作中往往流露出他的真实意图。虽然难以察觉，但动作毕竟影响了气场，而气场变化是容易感知的。低头、缩肩会体现出不自信和处于弱势的心态。锁踝、掩口、抱臂这些防卫性姿势则使气场倾向于封闭，不利于交流。另外，适当的身体接触能增加亲切感，进而缩短心理距离。

接近，然后接触，让气场成为你与他人心灵沟通的桥梁。

菲尔博士提升气场的训练

菲尔博士在他风靡全球的《气场》一书中指出了气场的重要性。他说，气场是无形的精神符号，它能够告诉别人我们的精神状态，到底是健康的、积极的，还是消极的、颓废的。他还说我们可以通过调整自己的气场，使自己的人生近趋完美，使人生焕发光彩。

他提出了我们可以通过训练来提升自己的气场，且在书中指出了每次10分钟的气场训练法。方法如下：

清晨：深呼吸可让气场由弱变强，制定当天的目标，稳定气场方向。

中午：冷静头脑，坚定意志，使气场继续加强，保证这一天的质量。

晚上：反思与整理对我们非常重要，在气场由强变弱、身心将进入睡眠状态，为明天做好充分的准备。

同时，菲尔博士还指出，微笑可以改变气场。

有人做了一个有趣的实验，以证明微笑的魅力。

他给两个人分别戴上一模一样的面具，上面没有任何表情，然后他问观众最喜欢哪一个人，答案几乎一样：一个也不喜欢，因为那两个面具都没有表情，他们无从选择。

然后，他要求两个模特儿把面具拿开，现在舞台上有两张不同的脸，他要其中一个人把手盘在胸前，愁眉不展并且一句话也不说，另一个人则面带微笑。

他再问每一位观众："现在，你们对哪一个人最有兴趣？"答案也是一样的，他们选择了那个面带微笑的人。

微笑是人的宝贵财富，微笑是自信的标志，也是礼貌的象征。人们往往依据你的微笑来获取对你的印象，从而决定对你的态度。微笑的人会有受人欢迎的气场。

现实的工作、生活中，一个人对你满面冰霜、横眉冷对，另一个人对你面带笑容、温暖如春，他们同时向你请教一个工作上的问题，你更欢迎哪一个？显然是后者，你会毫不犹豫地对他知无不言，言无不尽；而对前者，恐怕就恰恰相反了。

一个人面带微笑，远比他穿着一套高档、华丽的衣服更吸引人注意，也更容易受人欢迎。因为微笑是一种宽容、一种接纳，它缩短了彼此的距离，使人与人之间心心相通。喜欢微笑着面对他人的人，往往更容易走入对方的天地。难怪学者们强调："微笑是成功者的先锋。"

的确，如果说行动比语言更具有力量，那么微笑就是无声的行动，它所表示的是："你使我快乐，我很高兴见到你。"笑容是结束说话的最佳"句号"，这话真是不假。

任何一个人都希望自己拥有强大的气场，让他人喜欢自己，而微笑正是打开这两个难题的钥匙。

同时，表现真实的自己，拒绝虚伪，这也是菲尔博士的气场训练所提倡的宗旨之一。那么，你表现的是真实的自我么？如果你对这个问题的回答是"否"，你的气场和魅力指数就会一下子降下来，你做的每件事情就会大打折扣。相反，如果回答"是"，你的气场和魅力指数就会上升，并且其他特征也会强化。

气场不是一两天之内就可以改变的，它需要几十天甚至更长的时间。正如菲尔博士说："其实，尝试提升自己气场的过程，就是一次极佳的锻炼，哪怕没有收获太多的结果，整个人的气质也会有所不同。因为我们终于找到了努力的方向，眼神开始变得坚定，脚步不再犹豫，内心不再迷惑，这和之前的精神气质是远远不同的！"

眼神是强者气场中最有力的定向"信息流"

在人际交往中，要善于运用眼神来传递气场信息能量，通过眼神表达自己的真诚善意、对对方的肯定与期许，以及交流的渴望，这样可以增强自己气场的吸引力，使得双方气场在互动中不断交流信息，最终在同频信息中产生共振。

有一次，两个朋友乘车外出，其中一个很自信地说："我不用说话，也不用有什么行动，就可以使坐在对面的这位女士给我让座。"说完，他便开始专心致志地凝视对面那位年轻女士的眼睛。开始，她回头看了一眼那位朋友，好像没在意，但那位朋友还是一直盯着她的眼睛。不久之后，那位女士果然站了起来，把座位让给了他。

这是一个在交际场合中运用眼神的反面例子，却很恰当地说明了眼神在人际交往中所起的重要作用。不说一句话，仅仅通过眼神凝视，就让人觉得浑身不自在，最终离开这个交际场。直视的眼神使那位朋友的负气场具有强烈的排斥与攻击性，所以那位女士才会选择走开。而一个充满善意的眼神，能让你的正气场显现并具有强烈的吸引力，使气场的互动与共振最终成为现实。

卡耐基认为，只有在眼神接触的情况下，才能建立真正的沟通基础。我们都知道，在每个情人的眼里，对方都是完美的，而情人的眼神总是含情脉脉，将自己对对方的肯定、赞美、欣赏、崇拜、期望等感觉全部表现出来。这种眼神的交流有一个特点，就是有一种强烈的期许与挑逗性，通过发送自己对于对方的肯定性信息，希望对方了解并能作出同样的反应。

用气场理论来看，我们的眼神中包含了某种倾向性信息，而这种信息很容易被对方气场接收，从而吸引对方气场里的同频信息，因为你眼神里所包含的肯定性信息正是对方所渴望的，所以双方气场会产生共振。眼神通过投射出定向的气场流，激起对方气场的互动与共振，使交往通过这一细节变得顺畅。

既然眼神在交往中可以传递出如此丰富而又有效的信息，那么我们就要注意训练自己保持恰当而又灵活的眼神，准确向对方传递信息，与对方进行无言的交流，让你的正气场被无限激发，并具备强烈的吸引力，使对方的气场因你的吸引力而与你互动，最终走向共振。

一个有效的且被人肯定的眼神，首先是一个真诚且充满善意的眼神。试想，如果一个人故意挤眉弄眼地望着你，试图表现出对你的肯定与关注，但他的眼神却闪烁不定，显得十分做作与虚假，那么这不但不能令你感到高兴，反而会让你觉得反感。

要想拥有真诚的眼神，最简单的莫过于尽量发现对方的优点与长处，如果这些过人之处能够真正令你欣赏与佩服，你的眼神自然会流露出赞赏与肯定。此外，你还要有一颗善良而包容的心。对于犯了错误的人，你要发自内心地宽容他并鼓励他。如果你真的是这样想的，那么你的眼神就会传递出这样的信息。眼睛是心灵的窗户，怎样的心灵就会造就怎样的眼神。

当你发现了对方的长处与优点，并且对对方抱有宽容与鼓励的心态后，接下来你要做的，就是用你的眼神将这些信息输送给对方。这作为交际中对对方的一种反应，比你用一万句话赞美他效果还好，因为人们从眼神中更容易看见心灵的真实。

同时，你善意的眼神一定要饱含深情，要含有一种强烈的互动的渴望。你不仅要对他传达你对他的肯定，还要对他表示出你的仰慕与期许。对于一般人来说，仰慕与期许无疑是最大的肯定，这表示你承认他有吸引力，并愿意和他接触。

在运用眼神时，一定要考虑交往对象的文化背景。比如，阿拉伯人说话时，眼睛一定要看着对方；瑞典人交谈时，习惯于频送秋波；在日本，如果直瞪瞪地看着对方的脸，则是失礼的表现。

眼神可以使你的气场强烈而具有吸引力，表现出渴望互动的倾向，更容易引发对方气场向你倾斜并产生互动，最终达到共振。善于用眼神去感染气场，并投射出定向气场流，你一定能在肯定对方的同时也得到对方善意的眼神。

自信者他信，让气场说出你的信心

很多时候，我们害怕与陌生人接近，实际上，别人并没有给我们施加任何压力，而是我们内心深处的自卑、怀疑等心理在作祟，使得我们在与人交流的过程中踌躇不前、气场萎缩，表现出强烈的不自信。不自信的人在人际交往中总是处在"被遗忘"而不是"被选择"的地位。相反，一个自信满满的人，举手投足间都散发着让人难以抗拒的能量，他的每一个姿势、每一个动作都在告诉周围的人："我就是你所渴望认识的人"。

1. 自信的站姿

自信的站姿可以让一个人的气场充满能量。对于很多人来说，从根本上改变自己的不自信是很困难的，但通过良好的站姿，任何人都可以让他人感受到自己的自信。

根据个人特点的差异，自信站姿有很多种不同的形式，但对于大多数人来说，自信站姿的基本姿势是挺胸、抬头，两腿直立，稍稍分开，双手自然地放在身体两侧。这样的站姿可以让正面气场完全展开，向他人展现自身气场最强大的一面，从而使他人感受到我们的气场，相信我们。

2. 挑前面的位置坐

日常生活中，在教室或教堂的各种聚会中，不难发现后排的位置总是先被坐满。大部分选择后面座位的人有个共同点，就是缺乏自信。坐在前面能建立自信，把它作为一个准则试试看。当然，坐在前面会惹人注目，但是要明白，有关成功的一切都是显眼的。

3. 试着当众发言

许多有才华的人却无法发挥他们的长处参与到讨论中，他们并不是不想发言，而是缺乏自信。从积极这个角度来说，尽量地发言会增强自己的信心，不论是赞扬还是批评，都要大胆地说出来，不要害怕自己的话说出来会让人嘲笑，总会有人同意你的意见，所以不要再问自己："我应该说出来吗？"

该说的时候一定要大声说出来，提高自信心的一个强心剂就是语言能力。一个人如果可以把自己的想法清晰、明确地表达出来，那么他一定具有明确的目标和坚定的信心。

4. 加快自己的走路速度

通常情况下，一个人在工作、情绪上的不愉快，可以从他松散的姿势、迟钝的眼神上看出来。心理学家指出，改变自己的走路姿势和速度，可以改变心理状态。看看周边那些表现出超凡自信心的人，走路的速度肯定比一般人要快一些。从他们的步伐中可以看到这样一种信息：我自信，相信不久之后我就会成功。所以，试着加快自己的走路速度。

5. 说话时一定要正视对方

眼睛是心灵的窗户，和对方说话时眼神躲躲闪闪就意味着：我犯了错误，我瞒着你做了别的事，怕一接触你的眼神就会穿帮。这是不好的信息。而正视对方就等于告诉他：我非常诚实，我光明正大，我告诉你的话都是真的，我不心虚。想要你的眼睛为你工作，就要让你的眼神专注别人，这样不但能增强自己的信心，而且能够得到别人的信任。

6. 不要顾忌，大声地笑

大声地笑可以使人增强信心，消除内心的惶恐，还能够激发自己战胜困难的勇气。真正的笑不但能化解自己的不良情绪，还能够化解对方的敌对情绪。向对方真诚地展露微笑，相信对方也不会再生你的气了。能大笑的时候就大笑，微微一笑是起不到什么大作用的，只有露齿大笑才能看到成效。

气场是分布在身体附近的能量场，身体姿势的变化在一定程度上会影响气场的变化。当一个人缩成一团的时候，他的气场也会缩成一团。将身体倚靠在其他物体上，身体就很难支撑起自身气场，也很难展现出自身的气场能量，让他人感受到其自信的魅力。每一个人都可以通过改变自己的行为举止来增强自信，从而获得他人的信赖。

气场共振，心理有共鸣自然亲近

汉斯似乎总是和新入职的杰夫曼过不去，对杰夫曼的所有行为，汉斯总要提出不同观点，仿佛无论杰夫曼怎么做，在汉斯看来他那样做都是片面肤浅、考虑不周的。

有一次杰夫曼和汉斯大吵一架后，汉斯忽然看看表，说："我没时间和你在这儿废话了，现在我要去和朋友共进晚餐！"

这个脾气古怪又苛刻的家伙还会有朋友吗？当杰夫曼透过办公室窗户看

到汉斯走出大楼，满脸笑容地走向他的朋友时，忽然意识到其实汉斯也有好的一面，只是他一直没有把这样友好的一面对向自己而已。

很显然，汉斯在他的朋友面前不是一个古怪苛刻的人，而是一个热情开朗的人。经常接触的人，有的成为密友至交，有的成为冤家对头，差别之处就在于双方气场中是否存在同频信息并能引发气场共振。气场共振，简单地说就是产生心理共鸣。人们在接触中不是每一次都那么融洽，往往还会暴露或强调各自不一致的地方，这样自然无法产生共鸣。不仅如此，这种带有冲突性的接触越多，越会强化彼此无法沟通的印象，也就是负气场的不断强化。

要想消减负气场的相互作用，实现气场共振，方法其实很简单。

一方面，你要相信每个人都有可以引发气场共振的同频信息。所谓同频信息，就是你自己身上也有的东西。这是引发你自己的正气场所必需的条件，如果你没有发现自己与对方的相同之处，即使激发起对方的兴趣，也无法真正产生共鸣。

那么，从哪些特征中最有可能找到你和他人的同频信息呢？

对于初次见面的人，表面特征的相似性往往很重要。研究表明，如果你要向陌生人借钱打电话，当你的衣着与对方是同一种风格时，比衣着风格不同时得到钱的概率高 20％。另一项研究发现，进行问卷调查时，若把调查者的名字改成与被调查者相似，便会明显增加被调查者回答问卷的概率。如果彼此还不太了解，就先从衣着、外貌、姓名甚至所处场所提供的信息中寻找表面上的同频信息。

随着了解的深入和关系的进一步发展，就要寻找更内在的同频信息，比如共同的娱乐方式和饮食习惯、共同的政治倾向和对家庭的态度等。这些深层因素上的相似性往往产生更为持久而强烈的共鸣，对人际关系的强化和稳定也具有更明显的作用。当然，你必须事先通过某种渠道获取对方的这些信息。

另一方面，你要努力把注意力聚焦到自己与交际对象的同频信息上。当你已经找到了同频信息，接下来就是要在与对方的接触中强调出来。如果对方一开始就对你抱有成见，并很可能发展成与你对立的立场，你就更要想尽办法凸显双方的同频信息。

1915 年发生了美国工业史上最激烈的罢工，小洛克菲勒当时正负责管理科罗拉多燃料钢铁公司。他仅通过一次演讲，就成功赢得了罢工者的信任。下面就是那次演讲的一部分内容：

"……我拜访过你们的家庭，与你们的家人见面，因而现在我不算是陌生人，可以说是朋友了。基于这份互助的友谊，我很高兴有这个机会和大家讨论我们的共同利益。

"由于这个会议是由资方和劳工代表所组成，承蒙你们的好意，我得以坐在这里。虽然我并非股东或劳工，但我深觉与你们关系密切。从某种意义上说，我也代表了劳工和资方。"

在演讲中，小洛克菲勒通过反复强调同频信息，把自己变成了一个"朋友"，甚至"代表了劳工和资方"。日常生活中，人与人之间很少出现如此强烈的对立，而同频信息也比较容易找到，一旦彼此都发现了同频信息后，你不需要装作很有兴趣，你们的同频信息会激发双方的正气场，之后依靠气场共振，一切就会往更好的方向发展。

共振是物质运动的普遍规律，万物因为共振而保持和谐，而人际气场的共振使人们相互欣赏，相互需求，共同营造完美的人际关系。

打造像"头雁"一样独当一面的气场

大雁虽然是鸟类，却很聪明。科学家发现，在飞行中，头雁拍打几下翅膀，会产生一股上升气流，后面的雁紧紧跟着，可以利用这股气流飞得更快、更省力。这股气流就是头雁的气场，这个气场能够影响别的大雁。

不仅大雁有气场，我们也有，但我们的"气场"不是气流，而是每个人对周围同类人所施加的影响力。每个人都有不同的气场，有的强，有的弱。尽管气场产生作用的过程会有向内的力，但是影响力产生的结果却是向外的力。

当一个人的语言和行为有鲜明的个性风格，如果这种风格不断带来正面的结果，这样的刺激闭环被重复加强的时候，它就会为周边的人发现，这一切都无处不在、无时不有地发挥着自己的影响力。

下面这个小故事中的 3 个工人，你认为他们中的哪一个具备这种积极的影响力呢？

一位心理学家在研究过程中，为了了解人们对于同一件事情在心理上所反映出来的个体差异，他来到一所正在建筑的大教堂，对现场忙碌的敲石工人进行访问。

心理学家问他遇到的第一位工人："请问你在做什么？"

工人没好气地回答："在做什么？你没看到吗？我正在用这个重得要命的铁锤来敲碎这些该死的石头。而这些石头又特别硬，害得我的手酸痛不已，这真不是人干的工作。"

心理学家又找到第二位工人："请问你在做什么？"

第二位工人无奈地答道："为了每天 50 美元的工资，我才会做这个工作，若不是为了一家人的温饱，谁愿意干这份敲石头的粗活？"

心理学家问第三位工人："请问你在做什么？"

第三位工人眼中闪烁着喜悦的神采："我正参与兴建这座雄伟华丽的大教堂。落成之后，这里可以容纳许多人来做礼拜。虽然敲石头的工作并不轻松，但当我想到将来会有无数的人来到这儿，再次接受上帝的爱，心中便常为这份工作而感恩。"

同样的工作、同样的环境，却有着完全不同的 3 个人。

第一个人，是无可救药的人。可以设想，在不久的将来，他将不会得到任何工作的眷顾，甚至可能成为生活的弃儿。如果把他留在团队中，他只会继续散布悲观论，瓦解一个团队的斗志。

第二个工人，是没有责任感和荣誉感的人。对他抱有任何期望肯定是徒劳的，他抱着为薪水而工作的态度，为了工作而工作。在老板和同事的眼里，他不是可依赖的员工，可有可无，影响力为零。

该用什么语言赞美第三个人呢？在他身上，看不到丝毫抱怨和不耐烦的痕迹；相反，他是具有高度责任感和创造力的人，他充分享受着工作的乐趣和荣誉，同时，因为他努力工作，工作也带给了他足够的荣誉。他早晚会成长为能够独当一面的那种员工，他就是我们要寻找的具有强大"气场"的人。有他在，团队成员会以他为榜样，从而鼓舞整个团队的士气。

下文中的小张便是这么一个有强大"气场"的员工。

小张是一个企业终端科的科长，只负责对销售终端布置的规范性进行指导和提供咨询。可小张除了完成自己的本职工作外，还总喜欢接手一些相关的工作——企业培训导购员时，他是当仁不让的组织、策划和对口管理者；依仗灵活多变的谈判能力和对消费者需求的熟知程度，积极参与促销活动所需的礼品采购；他还大包大揽地承接了信息收集工作，为此安排专人每日为企业高层与相关职能部门整理、报送各项最新资讯……同事都觉得小张是"傻瓜"，甚至有人对他冷嘲热讽。小张对此处之泰然，他说："我不光是为老板打工，更不是为了赚钱，我是在为自己的梦想打工，为自己的前途打工。我要在业绩中提升自己，我要使自己工作所产生的价值远远超过所领的薪水。只有这样，我才能得到我想得到的东西——工作的快乐，成功的快乐。"他一直坚持着，潜移默化的，他身边的同事都受到他的影响，都逐渐朝他看齐。

一年后，他的下属从最初的几人增加到几十人，随着部门的扩容和职能的增多，他所在的部门由科级升为处级。

在职场中，能够做好例行工作的人很多，但是像小张这样有高度责任感，对公司能有所贡献的人却很少。而能做到的人，往往在一个团队里面显示出了自己的价值，成就了自己的名誉和人气。这也是对于公司真正有影响力、有价值的人。

小张的故事告诉我们：多干一份活，你的能力就多增一分，你的影响力同时也会多增一分。个人能力与绩效的提升最能说明问题：老板可能没看到你长期废寝忘食忙碌工作的身影，但不会对你的进步视而不见。如果对上司交办的事务和其他部门邀请的工作，能推就推、能挡就挡，总是以"这事我做不了""这不是我们部门的事"来应对推托，到头来你就会发现，你所在部门的重要性与影响力将会越来越小，你自己的话语权与活动空间也会越来越小。工作得过且过会伤害你的老板、你的公司，而受伤最深的其实是你自己。

那么，什么样的人在公司里容易成为气场人物呢？气场人物最本质的一点，就是他们对公司的生存和发展起到了重要的作用，在老板和团队成员心中，他们占据着主要地位。这样的人，通常都是在公司中能够独当一面的人，因为只有在工作上做到独当一面，才会被老板和团队成员信赖和倚重，形成以自己为中心的气场。

那么，如何锻炼独当一面的能力呢？

1. 见解应该独到。老板在作决策的时候，需要下属们提出"点子"，这些"点子"就算没有被采用，也会为老板作出决策提供新的角度。

2. 把同事们不能做的大事接下来。因为这种事老板和同事都会感到棘手，而你却能从容地把问题解决，老板和同事对你往往会另眼相看。

3. 把同事们不愿意做的小事情接下来。公司里有很多小事，它们常常被人忽略，有心的下属是不会忽视小事的。

学习"头雁精神"，把自己训练成能够独当一面的气场人物，保持积极的工作态度，就会得到他人的称许和赞扬，赢得属于自己的高质量人脉，促进自己的事业进步。

给气场注入对人脉的渴望是获得人脉的良好开端

如果没有交朋友的强烈愿望，即使你整天参加聚会，也难以扩大人脉圈。因此，有一颗渴望与人交流的心，是获得人脉的良好开端。

一辆巴士行驶在清晨的马路上，巴士上非常安静，乘客们要么看报纸，要么看窗外，谁都没有吭声，大家似乎都觉得没有说话的必要。

这时，一个声音突然响起："大家请注意！我是你们的司机。"车厢内鸦雀无声，人人都瞧着司机的后脑勺，他的声音很威严："你们全都把报纸放下。"人们慢慢地放下了报纸。

"现在，转过头去面对坐在你旁边的那个人。"

使人惊讶的是，乘客们全都照做了。

"现在跟着我说……"那是一道用军队教官的语气喊出的命令，"早安，朋友！"人们用不太自然的声音向身旁的陌生人说了这四个字。对其中很多人来说，这是今天第一次开口说话。最后，人们松了一口气，知道不是被绑架或抢劫。大家还隐约地意识到，说出这一句话后，彼此间的界限就仿佛消除了。没有一个人再拿起报纸，大家开始互相讲述自己生活中的趣事。

众所周知，人际交往的第一步是打招呼和自我介绍。但真正的第一步是在这之前，你要把挡在你和他人面前的那张报纸放下，然后转过头去面对坐在你旁边的那个人。迈出这一步对某些人来说十分困难，如果你是这样的人，就请记住：给气场注入对人脉的渴望是获得人脉的良好开端，这也是气场定律中的饥渴定律。

这里说的饥渴定律，可以理解为人际交往前的自我心态调节。在人际交往中处于被动是很普遍的心态，拥有这种心态的人在社交场合不仅自己无法融入人群，还会成为群体气场的冷却剂，让周围的人也对他提不起兴趣。要打破自我封闭，如果没有巴士司机那种外界力量的介入，就必须有意识地改变自己，主动强化自己认识朋友的愿望，增强你的正气场。

为什么在社交场合中面对陌生人的时候，你无法主动走上前去介绍自己？怎样才能让自己主动起来？

如果你能认识更多的人，拥有各种各样的朋友，那么你的事业是否会更加顺畅？你的生活是否会有更多的乐趣？当你处在一个聚会中，看着那些陌生人，想象一下如果这些人都是你的好友，你是整个聚会的中心人物，你会坐在一个阴暗的角落里独酌吗？当你看到自己拥有更多朋友的更快乐的未来，你不会再保持沉默。你会向对方友好地打招呼，就仿佛你们已经熟识了一样。

读到这里，相信你已经明白，让自己变得"饥渴"只有一个办法——将拥有更多朋友、更广的人脉圈的愿望通过想象变得可视化。如果你可以看到，你就已经改变了自己的气场，如同老虎一改谨慎小心的弱气场，恢复了王者的强大气场，并以强大的气场引力让更多人向你走来。

激情四射，积极的气场带来优质的人脉

激情与热情是一种灵魂的力量，不仅能调动起自身的潜能，也能激发周围人的活力，在获得成就的同时赢得周围人的信任与尊重。做事有激情，对人有热情，可以让周围人被你的灵魂气场温暖，进而让你收获更好的人际关系。

安妮从秘书学校毕业后，想找一份医药秘书的工作，由于她缺少这方面的工作经验，面试了好几次都没有成功。但是她并不气馁，在去下一家面试公司的途中，她不断给自己打气说："我要得到这份工作。我是一个勤快而好学的人，我能够做好这份工作。医生将会视我为不可缺少的人。"面试时她充满信心地走进办公室，并且热情地回答，医生雇用了她。几个月以后，医生告诉她，当他看到她的简历上写着没有任何经验的时候，便决定放弃她，只是给她一次形式上谈话的机会而已，但是她的热情使他觉得应该给她一次尝试的机会。工作后，她把热情带进了工作中，最终成为一名很好的医药秘书。

对工作和生活充满激情的人，在面对他人时表现出来的往往就是热情。心理学家认为，热情的人之所以被人们喜欢，是因为热情的品质包含了更多的个人内容，它让人们联想到与之相关的其他优良品质和特性，这正是"光环效应"。安妮让医生感受到了她对人的热情和对工作的激情，感受到她强大的灵魂气场，相信她能够在没有任何经验的基础上把工作做好。

一个人表现的是热情还是冷漠，直接决定了其气场能量的正负，也就决定了他是受人喜爱还是排斥。仔细回想一下我们身边热情的人，就不难理解热情有着多么强烈的感染力和吸引力。一旦我们被热情所吸引，我们就会认为热情的人真诚、积极、乐观。热情感染着我们，带给我们美妙的感受，让

我们感到愉快和兴奋。

　　莫尔是一家软件公司的业务主管，现在这家公司的生意非常好，每个员工对待自己的工作都充满了热情和骄傲，但在以前情况却完全不一样。那时候，员工们都厌倦自己的工作，而且许多人已经做好了写辞职报告的准备。莫尔的到来改变了这一切，他在任何时候对工作都充满了激情，并且这种精神状态还感染了其他员工，燃起了他们胸中对待工作的热情火焰。每天，莫尔第一个来到公司，微笑着与每一个同事打招呼。在工作中，他调动自己和同事身上的潜力，探索新的工作方法。在莫尔的影响下，员工们也都早来晚走、斗志昂扬。正因为莫尔经常保持这种激情四射的工作状态，在很短的时间内，他便被经理提拔到业务主管的位置。在他的带动和感染下，员工们也一个个充满了激情和活力，公司的业务量也不断上升。

　　莫尔不仅自己充满热情，也用自己的热情感染了身边的人。那么，如何才能拥有这样的激情和热情？比尔·盖茨有句名言："每天早晨醒来，一想到所从事的工作和所开发的技术将会给人类生活带来的巨大影响和变化，我就会无比兴奋和激动。"比尔·盖茨的这句话告诉我们如何获得对工作的激情——热爱工作，认识到除了薪水之外工作本身的巨大价值和意义。而对他人的热情也可以用同样的办法来激发。当你把今天遇到的每个人都看成是带给你幸福和快乐的人，你的心中就会渐渐产生温暖的能量，把这能量传递给人们，这样一来，人们感受到了你的热情，就会感到幸福和快乐，进而把这种感受反馈给你。在气场的互动中，每一个人都会感受到生命的活力。

　　保持了十足的热情与激情，即使你从事的只是平凡的工作，最终都会获得成功；无论你和什么人在一起，你都能感染和吸引他们，和他们一起分享快乐。

亲切问候每一个人，哪怕他站在角落里

　　袁岳在《我的江湖方式》一书中提到，有不同地位朋友所在的场合，要保持微笑，体贴地招呼那些内向的、不为人注意的、可能有点自卑感的朋友，在社交中对弱势者的帮助会得到别人特别的感激。很多人认为气场就是强势，就是高高在上，其实不然，有气势并不等于有气场，真正能够赢得人心的不是气势，而是亲和力。在公众场合，应该亲切地问候每一个人，哪怕他站在

角落里。著名女企业家玫琳凯就深谙此道：

> 玫琳凯在自己创业前在一家公司当推销员，有一次，开了整整一天会之后，玫琳凯排队等了 3 个小时，希望同销售经理握握手。可是销售经理同她握手时，手只与她的手碰了一下，连瞧都不瞧她一眼，这极大地伤害了她的自尊心，工作的热情再也调动不起来。当时她下定决心："如果有那么一天，有人排队等着同我握手，我将把注意力全部集中在站在我面前同我握手的人身上——不管我多么累！"

> 果然，从她创立公司的那一天开始，她多次同数人握手，总是记住当年所受到的冷遇，公正、友好、全神贯注地与每一个人握手，结果她的热情与真诚感动了每一个人，许多人因此心甘情愿地与之合作，于是她的事业蒸蒸日上。

可见，对于你希望与之合作的人，对于你人脉圈子中的所有人，如果你想获得他们的友谊，就要使自己的气场充满亲切感。亲切感是一种难得的个人魅力，它能唤起人们的热情，并使人们愿意与之交往。

人际交往就像是充满回声的山谷，自己发出怎样的声音，就会引发对方怎样的反馈。使自己保持亲切感，令自己的气场具备亲和力，才能使对方的气场在互动中具有同样的亲和力，从而唤起对方心中的热情，最终达到气场共振。

简单地说，亲切感的产生来自于在交往过程中对于细节的高度注意与精确运用。这种细节包括眼神和微笑，也包括许多极其细小的其他事情与动作。这些细节的运用，首先是与其交往善意与尊重的传达，表示自己对于对方的关注并愿意与其交往的意愿。亲切感与微笑、眼神的不同之处在于，微笑、眼神可以直接传递出自己对于对方的高度赞美与肯定的信息，而亲切感或许只能使你们的交往有一个好的开始，并非一下子就能达到某个深度。譬如，当客人到来时，起身含笑相迎；主动为客人拉开饭桌前的椅子；主动为客人续茶水；当客人有难言之隐时，自己能够及时察觉并以恰当的方式予以解决，等等。

亲切感就是使自己的气场处于饥渴状态并将这种状况通过一些细节发送出去，令对方的气场也能感觉到你正气场强烈的吸引力，并通过气场互动，使双方的气场处于同样的饥渴状态，也就是说，你的亲切感与亲和力能调动对方相应的热情，最终产生共振。

林肯在竞选总统时，有一位小女孩写信给他，说希望他能够蓄起大胡子，她觉得林肯有了胡子应该很好看，并且她将为大胡子林肯拉两张选票。后来，林肯打听到那个小女孩的住址，找到那个小女孩，指着自己的大胡子对民众说，自己的胡子就是为她留起来的。民众听了无不动容，最终他赢得了选举。

亲切感运用得当，其最终的效力是不可估量的。林肯为小女孩留胡子，表明了自己尊重民众的立场，自然能引起大家的好感与共鸣。亲切感能造就亲和力，唤起对方的热情，使人际交往有个好的开始。而一个好的开始，就意味着交往成功了一半。

在日常交往中，如何使自己具备亲切感呢？如前所述，一定要从细节着手，而凡是涉及细节，都需要两样东西，即耐心和细心。细节往往很烦琐，譬如端茶倒水、迎来送往，以及客人在交往中诸多的小要求，你都要能够一一满足，并且做得自然而周到，这就需要我们拥有宽广的心胸与度量。要知道每个人都会有这样或那样的缺点与小毛病，稍稍容忍，尽量满足对方，这能使对方对你产生好感与热情。我们在大事情上不一定会有多大感受，因为一切看起来都是既定的；而在小节上，如果做得好，则很容易被感动，因为我们往往会在小节上被忽视。

从现在开始，注意留心你生活中的每个人和每个细节，以自己的亲切感来唤起对方对你的热情，你的人际交往将会取得更大的成功。

开放自我，改善自身负气场

人与人之间需要经常进行能量交流，但并不是所有的时候我们传递给他人的气场能量都是善意的，都有利于两个人融洽地相处。有些时候，我们的气场可能传递出一些伤害他人的能量，阻碍双方的气场交流。身上有"刺"的人，总是扮演孤独的行者，他们的气场就像仙人掌，让别人敬而远之。如果你渴望与他人和谐沟通、建立深度的人际关系，就一定要勇于拔掉自己的身上的"刺"，进而找到让彼此都感觉舒适的相处方式。在搭建人脉的过程中一定要远离3种能量，它们是阻碍气场交流最主要的"3根刺"。

第一根"刺"是自负。自负的气场能量是由负面能量组成的，具有很强的攻击性。在接触的开始阶段，自身气场很难发现对方传递过来的能量是由自信产生的还是由自负产生的。但随着接触的时间增长，自负能量中有害的一面就会逐渐展现出来。自负的能量并不像自信产生的能量那么有节制，它往往更加肆无忌惮一些，这很容易引起他人的反感。

自负的能量通常是在修炼强大气场时，由于过于看重自身气场的修炼而产生的。拔除自负这根"刺"的最好方法就是多和那些自身气场更强大的人进行交流。

第二根"刺"是偏见。偏见的能量同样属于负面能量，只不过偏见的能量会选择性地攻击他人的气场。一个持有偏见的人的气场在很多时候似乎都是正常的，因为偏见这种能量并不总是在气场的最外延。浅尝辄止的接触不会让我们接收到对方偏见的气场能量。

偏见的能量源自于我们对于某些看法的执着，拔除偏见这根"刺"的最好方法就是不要过多、过早下定论和作判断，学会从不同的角度去看问题，让能量在思考的变化中不断运动。

第三根"刺"是封闭。内心封闭的人就像一座冰山，不仅拒绝一切带着善意走近他的人，而且对建立良好的人际关系也没有渴望。虽然气场能量的封闭并不会直接地刺伤他人，但在被动的防御中也会让他人感觉到不舒服。气场能量封闭也并不是负面能量，而只是过强的自我保护在气场方面的体现。将自身气场能量封闭起来，避免接受他人的气场能量的人会让他人觉得冷漠、无法沟通，但实际上他们只是试图减少他人对于自己的影响。

气场能量封闭大多是受到过往的影响，过去的一次受伤往往是人们封闭自身气场能量的原因，也可能是因为对人际交往的规则不熟悉，因此产生很强的警惕心，对别人的靠近抱着很强的防卫心理。想要拔掉封闭这根"刺"，最好的办法就是多和他人进行交流，让自己尽快摆脱自我防卫过强的主角气场修炼误区。

无论是自负、偏见还是封闭，都会让他人远离我们，总之在拓展人脉的时候，不但要记得用正面修炼吸引他人，也要避免反面刺痛导致他人远离你，去掉身上的刺，努力做一个喜欢并擅于沟通的人。

制造"不可替代"的效果

自古便有"物以稀为贵"一说，指一种物品太多，价格就会降低；反之，则会受到人们的重视。同样的道理，如果你的形象在一个团体中已经被树立起来了，那么从这个团体中暂时退隐将会让人们更多地谈论你，甚至更多地夸赞你。聪明的话，你就应该学会在适当的时候离开，通过缺席来创造"不可替代"的效应。

史蒂夫·纳什是一位杰出的 NBA 篮球明星，他效力于菲尼克斯太阳队，在 2004～2005 赛季荣膺常规赛 MVP（最有价值球员）。

很多人认为，太阳队之所以有这么强的光芒，不只是因为纳什的出色，更是因为太阳队能人众多、高手如云，他们有超级马里昂，他们有全联盟效用第一的中锋迪奥，是他们和纳什组成的铁三角让太阳队获得如此成绩。

的确如此，当纳什在太阳队的时候，他身边每一个人的数据都是那么漂亮，他们全队 6 人得分上双是一件十分常见的事情，而相对于 MVP 纳什，他所取得的数据只是和往常一样出色而已，队友马里昂之光甚至已遮住了纳什的过人之处。

但是，当纳什受伤后，当他们在主场迎战西部第一的马刺队时，没有纳什的太阳队在第四节一开始就落后客队 22 分之多，让比赛早早地进入了垃圾时间。往日豪取 30 多分的马里昂不见了，刚被评上第一效用中锋的迪奥居然成了助攻王，而太阳一向置敌死地的法宝——流畅有效的快攻也不见了……纳什不在场上，他带走的绝不仅仅是他个人的数据，他的缺席让整支太阳队都找不到进攻的节奏，他的缺席让强队太阳在马刺队面前显得如此不堪一击，他的缺席充分体现了他 MVP 的价值，无人能够取代的价值。

纳什暂时的缺席，突显了他的价值。

明代著名政治家张居正曾经被政敌们群起而攻之，张居正就向皇帝请辞，表示年老体衰，不堪重负，希望能回去养老。当时的皇帝也有些希望张居正退隐，以便取得实权，但当他发现若张居正离开了，许多事情完全没办法继续进行下去时，只得驳回了张居正的请辞，同时也让那些攻击张居正的官员们闭上了嘴。张居正就是用这种方式展示了自己的价值，让皇帝意识到了他的重要性。

生活中，你一定有这种感觉，当你拥有一件事物或一个人的时候，因为你可以轻易得到，所以你并不重视，更不会去珍惜。但当某一天你突然失去那些本来不在乎的东西或人时，你才突然发觉，原来它们对你是如此重要。就像纳什和张居正，只有在他们缺席离开的时候，身边的人才真正意识到他们的价值。也许他们并不是最善于表现自我的人，却绝对是整个团队的灵魂。

聪明的人总是能充分地利用这一点，巧妙地让人们知道他们的重要性。当然，这也是有前提的，那就是自身必须具备超越他人的实力，具备别人所不具备的才能，如此才能通过适时缺席达到"不可替代"的效果，成为一个不可取代的人物。

第四章　善于自我管理

能做好自我情绪管理的人最受欢迎

做好自我情绪管理是一种重要的能力，也是一种难能可贵的社交艺术。一个不懂得控制自我的人，只会任由其情绪的发展，使自己有如一头失控的野兽，一旦不小心闯到熙熙攘攘的人群中，则会伤人伤己。人是群居的动物，不可能总是一个人独处，一旦情绪失控，必将波及他人，因此，控制自我绝对是种必须具备的能力。

1754 年，身为上校的华盛顿率领部下驻防亚历山大市。当时正值弗吉尼亚州议会选举议员，有一个名叫威廉·佩恩的人反对华盛顿所支持的候选人。据说，华盛顿与佩恩就选举问题展开激烈争论，说了一些冒犯佩恩的话。佩恩火冒三丈，一拳将华盛顿打倒在地。当华盛顿的部下跑上来要教训佩恩时，华盛顿急忙阻止了他们，并劝说他们返回营地。

第二天一早，华盛顿就托人带给佩恩一张便条，约他到一家小酒馆见面。佩恩料定必有一场决斗，做好准备后赶到酒馆。令他惊讶的是，等候他的不是手枪，而是美酒。

华盛顿站起身来，伸出手迎接他。华盛顿说："佩恩先生，昨天确实是我不对，我不可以那样说，不过你已然采取行动挽回了面子。如果你认为到此可以解决的话，请握住我的手，让我们交个朋友。"从此以后，佩恩成为华盛顿的一个狂热崇拜者。

许多伟人之所以能够赢得世人的拥戴，与他们懂得控制自己的情绪很有关系。

良好的情绪会带给周围人无尽的欢乐。如果我们仔细回想一下，一定能够想得到许多因良好情绪而感染我们的例子。比如某小区的物业人员总是真诚、友善地和你道一句"你好""再见"之类的话语，你可能本来因忙碌而觉得心烦，但一听到他人的问候、看到他人的笑脸，你的内心也会很高兴。许多经常来往的人会互相影响，也是基于这样的道理。但如果是坏情绪的传染，有时会带来毁灭性的灾难。

俄亥俄州大学社会心理生理学家约翰·卡西波指出，人们之间的情绪会互相感染，看到别人表达的情感，会引发自己产生相同的情绪，尽管你并未意识到在模仿对方的表情。这种情绪的鼓动、传递与协调，无时无刻不在进行，人际关系互动的顺利与否，便取决于这种情绪的协调。

其实，人的情绪无非两种：一是愉快情绪，二是不愉快情绪。无论是愉快情绪还是不愉快情绪，都要把握好它的"度"。否则，很可能因为情绪的原因伤害到你的人脉资源。可是，当不良情绪来袭的时候，我们该如何控制住自己的情绪呢？有以下 4 个方法大家可以借鉴一下：

1. 转移

当我们受到无法避免的痛苦打击时，长期沉浸在痛苦之中，既于事无补、不能解决任何问题，又影响自己的工作、损害健康，所以我们应该尽快地把自己的注意力转移到那些有意义的事情上去，转移到最能使你感到自信、愉快和充实的活动上去。这一方法的关键是尽量减少外界刺激，尽量减少它的影响和作用。

2. 解脱

解脱就是换一个角度来看待令人烦恼的问题，从更深、更高、更广、更长远的角度来看待问题，对它作出新的理解，以求跳出原有的圈子，使自己的精神获得解脱，以便把精力全部集中到自己所追求的目标上。

3. 升华

升华就是利用强烈的情绪冲动，把它引向积极的、有益的方向，使之具有建设性的意义和价值。我们常说的"化悲痛为力量"就是指升华自己的悲痛情绪。其实不只是悲痛可以化为力量，其他的强烈情感也都可以化为力量。

4. 利用

利用，就是我们常说的"坏事也能变成好事"。一个使我们苦恼的强制性要求，如果能巧妙地加以利用，就有可能首先在精神上感到自己由被动转化为主动，进而可以使烦恼变为怡然自得、乐在其中。

总之，给自己的情绪装一个自制的阀门，做好自我情绪管理，这样我们才会越来越受欢迎，身边的人脉资源也才不会被我们的坏情绪吓跑。

不能控制情绪只会让人脉离你越来越远

情绪可能是决定一个人一生成败的关键因素之一，但很多人并没有把控制情绪当成一件重要的事，总觉得情绪化是一种"率直"的性格，是一种很可爱的人格特征。这么说也不是没有道理，因为喜怒哀乐都表现在脸上的人，别人容易了解，也不会对他持有戒心，而且，有情绪就发泄，而不积压在心里，这也有利于心理卫生，但是，有这种"率直"性格的人却不适合在现实社会中行走。如果让"率直"的性格跟随自己一辈子，学不会控制情绪的话，最终只会一个朋友也没有。

芬妮是一个脾气暴躁、容易出现情绪波动的女孩，经常因为小事和别人吵架，她的人际关系因此愈来愈紧张，在公司经常与人发生矛盾，结果男友也难以忍受她的坏脾气，和她分手了。终于有一天，她觉得自己已经处于崩溃边缘。

她打电话向她的一个朋友詹森求救。詹森向她保证："芬妮，我知道现在对你来说是有点糟，可是只要经过适当的指引，一切就会好转。你现在要做的第一件事是让自己安静下来，好好地享受一下宁静的生活。"

听了詹森的话，芬妮开始试着放弃先前忙碌的生活，好好地放松自己，让自己休了一个长假。当她已经稳定了一段时间之后，詹森又建议道："在你发脾气之前，不妨想想，究竟是哪一点触动了你？你可以拥有两种思考，一种是让每件事情都在脑海里剧烈地翻搅，另一种则是顺其自然，让思想自己去决定。"说着，詹森拿出了两个透明的刻度瓶，分别装了一半刻度的清水，随后又拿出了两个塑料袋。芬妮打开来，发现里面分别是白色和蓝色的玻璃球。詹森说："当你生气的时候，就把一颗蓝色的玻璃球放到左边的刻度瓶里；当你克制住自己的时候，就把一颗白色的玻璃球放到右边的刻度瓶里。最关键的是，现在，你该学会控制自己的情绪，如果你不试着控制自己的情绪，你会继续把你的生活搞得一团糟。"

此后的一段时间内，芬妮一直照着詹森的建议去做。后来，在詹森的一次造访中，两个人把两个瓶中的玻璃球都捞了出来。他们同时发现，那个放蓝色玻璃球的水变成了蓝色。原来，这些蓝色玻璃球是詹森把水性蓝色涂料染到白色玻璃球上做成的，这些玻璃球放到水中后，蓝色染料溶解到水中，水就呈现了蓝色。詹森借机对芬妮说："你看，原来的清水投入'坏脾气'后，也被污染了。你的言语举止是会感染别人的，就像玻璃球一样。当心情不好的时候，要控制自己。否则，坏脾气一旦投射到别人身上，就会对别人造成伤害，再也不能恢复到以前，所以一定要控制好自己的情绪。"

芬妮后来发现，当按照詹森的建议去做时，她真的不会那么混沌了，事情也容易理出头绪。在此之前，她的心里早已容不下任何不满、愤怒的情绪，一定要全部发泄出来，许多麻烦就是这样造成的。

此后，芬妮开始有意地控制情绪，当詹森再次造访的时候，两个人又惊喜地发现，那个放白色玻璃球的刻度瓶竟然溢出水来！

慢慢地，芬妮已学会把自己当成一个思想的旁观者，来看清自己的意念。一旦有了不好的想法就很快发现，情绪失控的时候就及时制止。这样持续了一年，她逐渐能够信任自己并且静观其变，生活也步入正轨，并重新得到了一位优秀男士的爱，美好在她的生活中渐渐展现。

如果你也有和芬妮一样的问题，你就得学着控制自己的情绪了。

不能控制情绪的人，往往给人一种不成熟或还没长大的印象。你仔细想想，只有小孩子才会说哭就哭，说笑就笑，说生气就生气，这种行为发生在小孩身上，人们会认为这是天真烂漫，但如果发生在一个成年人身上，人们就不免会对这个人的人格发展产生怀疑了，就算不当你是神经病，至少也会认为你还没长大。谁能放心让一个孩子气的人来完成重要的事务呢？控制不了情绪会让人脉远离你。

不要动不动就泪流满面，那样只会被他人看不起，被人认为是一种软弱，即使真的非常伤心，也不要在人前失态，找个没人的角落痛哭一场，然后立即擦干泪水，微笑着返回人生的战场。记住：帮你获胜的是坚强而不是眼泪。

不要动不动就暴跳如雷，生气比流泪的坏处更多：

1. 不要在无意中伤害无辜的人，有谁愿意无缘无故挨你的骂呢？而被骂的人有时是会反击的。

2. 大家看你常常生气，为了怕无端挨骂，所以会和你保持距离，你和别人的关系在无形中就拉远了。

3. 偶尔生气，别人会怕你；常常生气，别人就不在乎，反而会抱着"你看，又在生气了"的看猴戏的心理，这对你的形象也是不利的。

4. 生气也会影响一个人的理性思维，使之对事情作出错误的判断和决定，而这也是别人对你最不放心的一点。

5. 生气对身体不好，不过别人对这点是不在乎的，气死了是你自己的事！

当你情绪起伏不定的时候，告诉自己千万要冷静。只有当你懂得了如何控制自己的情绪，你辛苦建立起来的人脉才不会离你远去。

保持镇定，不被他人利用情绪伤害你

情绪可以成为你干扰对手、打乱对手的有效工具；反过来说，情绪也会成为对手攻击你的"暗器"，让你丧失理智，铸成大错。

电影《空中监狱》中有这样一段情节：

从海军陆战队受训完毕的卡麦伦来到妻子工作的小酒馆，正当两人沉浸在重逢的喜悦中时，几个小混混不合时宜地出现了，对他漂亮的妻子百般骚扰。卡麦伦在妻子的劝阻下好不容易按下怒火，离开酒馆准备回家去，没想到在半路上又遇到那帮人，听着他们放肆的下流话语，卡麦伦再也无法忍受了，他不顾妻子的叫喊，愤怒地冲过去和他们搏斗起来。混乱中，一个小混混从衣兜里掏出一把锋利的匕首，卡麦伦不假思索地夺过匕首，一刀捅入对方的胸膛……

那人当场死亡了，卡麦伦因为过失杀人，被判了 10 年徒刑。无论他有多么后悔，也只得挥泪告别刚刚怀孕的妻子，在狱中度过漫长的痛苦时光……

卡麦伦的遭遇难道不是他自己造成的吗？如果他能够控制自己的情绪，不正面与歹徒冲突，又怎会酿成如此悲剧？制裁歹徒其实不一定要靠拳头和武力，当时，如果他能稍微理智一些，事情一定不会演变到这种地步。

你应该学着控制自己的情绪，不要轻易被对方干扰，丧失理智。

一般说来，对方干扰你的方式有两种：

第一种是在言语上刺激你。譬如，讽刺你、嘲笑你、挖苦你，或指桑骂槐、无中生有、含沙射影……

第二种是在行动上惹怒你。譬如，故意为难你，不断向你挑衅……如果对方有心刺激你，这些动作都会使得不温不火，甚至姿态摆得很低，你明知他是故意的，却拿他一点办法也没有；唯一的办法只有忍下来，不动声色，不要去理会他的言语，若要反驳，也要笑着反驳，轻柔地说明。

你千万不可被他激怒，否则，大家都会看到你而不看他，大家只看到你丧失理性的怒火，而没看到他的伎俩，于是，本来你是无辜的，怒火一烧，你也变成理亏了！如果你不能控制自己的情绪，怒火可能让你说了很多不该说的话，做了很多不该做的事，也给了别人很多把柄，他分毫未损，而你已遍体鳞伤，甚至一蹶不振！所以，不管在什么样的情况下，千万别在敌人的干扰下乱了阵脚；有老僧入定的心情，那些激怒你的动作自然会消失于无形。而且，以后再也不会有人来做同样的事。

你应该明白，如果你已经受到了对方的干扰，情绪开始失控，对方便可轻而易举地"消灭"你。

如果对方是有计划的、谋定而后动地激怒，那么你被"消灭"的可能性就很高。因为你的反应都已在对方的掌握之中，而你常会因失去情绪和理智的平衡而作出错误的判断和决定，对方甚至可以不动声色，便使你处于不利的境地。

让自己再心平气和一些，别让情绪成为别人借以伤害你的"暗器"。多一些审慎，便不会掉入别人为你设计的情绪圈套当中。

用理智浇灭心头怒火，祛除性格里的暴躁因子

一个人性格暴躁的最直接表现就是非常容易愤怒，愤怒是一种很常见的情绪，几乎在不少人身上都可以寻到它的影子。

性格暴躁的人不仅会让大家望而却步，拒绝与其多接触，而且脾气暴躁、经常发火还是诱发心脏病的致病因素，同时还会增加患其他病的可能性，它是一种典型的慢性自杀。因此，无论是从人脉的角度，还是为了确保自己的身心健康，都必须学会控制自己，克服暴躁的坏毛病。

一般来说，性格暴躁的人都有如下的一些表现：

1. 情绪不稳定。他们往往容易激动，别人的一点友好的表示，他们就会将其视为知己；而话不投机，就会怒不可遏。

2. 自尊心脆弱，怕被否定，以愤怒作为保护自己的方式。有的人希望和别人交朋友，而别人让他失望了，他就给人家强烈的羞辱，以挽回自己的自尊心。这同时也就永远失去了和这个人亲近的机会。

3. 多疑，不信任他人。暴躁的人往往很敏感，把别人无意识的动作或轻微的失误，都看成是对他们极大的冒犯。

4. 将别处受到的挫折和不满情绪发泄在无辜的人身上。

应当说，脾气是一个人文化素养的体现。大凡有文化、有知识、有修养者，往往待人彬彬有礼，遇事深思熟虑，冷静处置，依法依规行事，不会轻易动肝火。而大发脾气者，大多是缺乏文化修养的人，他们遇火便着，任凭自己的脾气脱缰奔驰，直至撞墙碰壁，头破血流，惹出事端。

所以，容易暴躁的人，提高自己的素质修养刻不容缓。下面的 6 条措施将帮助你完成改变暴躁性格这一心理、生理的转变过程，让你远离这一不良情绪。

1. 承认自己存在的问题。请告诉你的配偶和亲朋好友，承认自己以往爱发脾气，决心今后加以改进，希望他们对你多支持、多配合和多督促，这样有利于你逐步达到目的。

2. 保持清醒。当愤愤不已的情绪在你脑海中翻腾时，要立刻提醒自己保持理性，这样你才能避免愤怒情绪的爆发，才能恢复清醒和理性。

3. 反应得体。受到不公平对待时，任何正常的人都会怒火中烧。但是无论发生什么事，都不可放肆地大骂出口，而该心平气和、不抱成见地让对方明白，他的言行错在哪儿，为何错误。这种办法给对方提供了一个机会，在彼此在不受伤害的情况下达成共识。

4. 推己及人。把自己摆到别人的位置上，你也许就容易理解对方的观点与举动了。在大多数场合，一旦将心比心，你的满腔怒气就会烟消云散，至少觉得没有理由迁怒于人。

5. 诙谐自嘲。在那种很可能一触即发的危险关头，你还可以用自嘲解脱。"我怎么啦？像个 3 岁小孩，这么小肚鸡肠！"幽默是改掉爱发脾气的毛病的最好手段。

6. 贵在宽容。学会宽容，放弃怨恨和报复，你随后就会发现，愤怒的包袱从双肩卸下来，显然会帮助你放弃错误的冲动。

一位哲人说："谁自诩为脾气暴躁，谁便承认了自己是一名言行粗野、不计后果者，亦是一名没有学识、缺乏修养之人。"细细品味，煞是有理。愿我们都能远离暴躁脾气，做一个有知识、有文化、有修养、受欢迎的人。

放大格局，不被狭隘禁锢人脉

有的人遇到一点点委屈或很小的得失便斤斤计较、耿耿于怀；有的学生听到老师或家长一两句批评的话就接受不了，甚至痛哭流涕；有的人对学习、生活中一点小小的失误就认为是莫大的失败、挫折，长时间寝食不安；有的人人际交往面窄，追求少数朋友间的"哥们儿义气"，只同与自己一致或不超过自己的人交往，容不下那些与自己意见有分歧或比自己强的人。这些都是内心狭隘的表现。

狭隘的人，不仅生活在一个狭窄的圈子里，而且知识面也往往非常狭窄。不仅如此，其心胸、气量、见识等都局限在一个狭小的范围内，不宽广、不宏大。这样的人拥有的朋友必然不多，并且他们狭隘的气量难免会影响与周围人的关系。

狭隘的产生同家庭中不良因素的影响有很大关系。父母狭隘的心胸、为人处世的方法、不良的生活习惯等对子女有潜移默化的影响。另外，优越的生活环境、溺爱的教育方法往往易形成子女任性、骄傲、利己主义等品质，受点委屈便耿耿于怀，对"异己"分子不肯容纳与接受。

怎样才能克服气量小的狭隘毛病呢？

1. 拓宽心胸

要想改掉自己心胸狭隘的毛病，首先要加强个人的思想品德修养，破私立公，遇到有关个人得失、荣辱之事时，经常想到国家、集体和他人，经常想到自己的目标和事业，这样就会感觉犯不着计较这些闲言碎语，也没有什么想不开的事情了。

2. 充实知识

人的气量与人的知识修养有密切的关系。一个人有知识，立足点就会提高，眼界也会相应开阔，此时，就会对一些"身外之物"拿得起、放得下、丢得开，就会"大肚能容，容天下能容之物"。当然，满腹经纶、气量狭隘的人也有的是，但这并不意味着知识有害于修养，而只能说明我们应当言行一致。培根说："读书使人明智。"经常读一些心理学方面的书籍，对于开阔自己的胸怀，裨益不小。

3. 缩小"自我"

你一定要不断提醒自己，在生活中不要期望过高，适时降低你的期望。如果你坚持抱着一成不变的期望，不愿作任何改变，减少你的期望以平衡与现实之间的差距，那么你就会很快被激怒，让事情变得更糟。

根据莫菲定律："只要事情有可能出错，就一定会出错。"这正好抓住了降低期望、明智看待事情的想法，它也说明了该如何调整期望，才不会留下失望和挫折感。

降低你的期望不但可以减少你的生气次数和生气的强烈程度，还可以减少生气的时间。随时调整你的期望，时刻保持清醒的头脑，你才会在自负的乌云之中看到阳光，这样做也会使心胸开阔许多。

4. 自然陶冶法

人们在学习、工作之余，在庭院花卉、草坪旁休息，在绿树成荫的大道上散步，在风景秀丽的幽静的公园里游玩，往往心旷神怡、精神振奋，容易忘却烦恼，消除疲劳。

自然风光对人的心理有积极作用，早已被古人所认识。唐诗曰："清晨入古寺，初日照高林。曲径通幽处，禅房花木深。山光悦鸟性，潭影空人心。万籁此俱寂，唯闻钟磬音。"大自然确能使人缓冲心理紧张，陶冶人的情操。

总之，狭隘的人应有意识地克服这个缺点，多与人接触，使自己对不同的人有不同的认识，从而积累经验，这样会从中明白许多对与错的道理，心胸也会渐渐开阔起来。

把虚荣降到最低限度，你会更招人喜欢

虚荣心是一种为了满足自己荣誉、社会地位的欲望。虚荣心强的人往往不惜玩弄欺骗、诡诈的手段来炫耀、显示自己，借此博取他人的称赞和羡慕，最大限度地满足自己的虚荣心。但是由于这种人自身素质低、修养差，经常是真善美与假恶丑不分，往往把肉麻当有趣，将粗俗当高雅，打扮不合时宜，矫揉造作、不伦不类，使人感到很不舒服，甚至产生恶心之感。

每个人都有不同程度的虚荣心理，它像一只默默地啃噬自己内心的小虫，悄无声息但却让人格外痛苦难熬。而这些贪慕虚荣的人，也必然会为自己的行为付出一些代价。

有这样一个寓言故事：

有一只高傲的乌鸦非常瞧不起自己的同伴，它认为自己与众不同，认为自己不应该和这帮乌合之众在一起。它想成为美丽的孔雀，所以它四处寻找孔雀的羽毛，一根一根地藏起来。等搜集得差不多了，它就把这些孔雀的羽毛插在自己乌黑的身上，直至将自己打扮得五彩缤纷，看起来真像孔雀为止。

当它认为自己已经成为孔雀的时候，它离开乌鸦的队伍，混到孔雀之中。但当孔雀们看到这位新同伴时，立即注意到这位来客穿着它们的衣服，忸忸

恹恹、装腔作势，并企图超过它们，孔雀们都气愤极了。它们扯去乌鸦所有的假羽毛，拼命地啄它、扯它，啄得它头破血流，痛得昏死在地。

醒来后，它没有地方去，最后决定还是老老实实地回到同伴们那儿去。有一只乌鸦问它："请告诉我，你瞧不起自己的同伴，拼命想抬高自己，你可知道害羞？要是你老老实实地穿着这件天赐的黑衣服，如今也不至于受这么大的痛苦和侮辱了。当人家扒下你那伪装的外衣时，你不觉得难为情吗？"说完，谁也不理睬它，大伙一起飞走了。

地面上孤零零地只留下那只梦想当孔雀的乌鸦。

故事中的乌鸦，就是因为贪图虚荣，盲目追求标新立异的效果，结果弄巧成拙，留下了笑柄。没错，华丽的外表不会掩饰空虚的心灵。爱慕虚荣的人很难有多大的成就，因为他们总是把一些浮在表面的东西作为提高自己地位的条件，而不是扎实地生活和工作，这样的人自然不被人重视和欢迎。

不少人在面对别人对自己的轻蔑时，会极力用虚荣来维护，其实，这种行为是极其愚蠢的。在这种情况下，化轻蔑为动力，完善自身才是最重要的。这样，你一定会受到人们的尊敬。

不要把世俗的名利看得太重。人生在世应该宠辱不惊，得志时不要得意忘形，失意时不要萎靡颓丧。

卡耐基指出："解决人类的虚荣问题的关键在于诱导它走向有用的方面。过去的说教者不明白这一层，所以总是失败。因为破坏虚荣，就等于破坏了整个人类！人类被破坏到即使只剩最后一个人，他或许还会为了他的独存而虚荣！"

所谓控制虚荣、化解虚荣只是让一个人能正确地认识虚荣，合理地加以改造和利用，把不利的转化为有利的。控制了虚荣这种人性缺陷的人，是不会被表面上的赞美和奉承所蒙蔽的，因而在生活中，他不会轻易上当，不会动辄接受贿赂，以致成为一个贪官污吏；不会因为别人的赞美而失去自我；也不会因自我吹嘘、自我包装而招人耻笑，而会成为一个有影响力的、获得真正荣誉的人。

那么我们怎样才不会被虚荣所桎梏？

1. 正确认识自己

只要正确认识了自己，并严格对自己作出实在、客观的评价，就不会因别人的赞美、恭维或者批评而失去方向。事实上每个人都对自己有一定的认识，并在这个认识的基础上产生一种自我评价。清醒地看到自己的成绩和缺陷，发现自身的不足，却不是那么容易的。虽说不容易，但一定要尽力做到对自身条件、自我性格有清醒的认识。

2. 坦然地接受自我

一个人认识自我固然不易，接受自我则常常更难。

接受自我就是对自己的本来面目抱认可、肯定的态度。乍看起来，似乎没有人不喜欢自己，其实不然。一些不能接受自我的人，由于对自身的某个方面不满意，会有可能拒绝承认自己本来的面目，不能如实地表现自己，竭力想把自己装扮成另外一个形象，把真正的自我隐藏起来。

这可能并非是完全有意识的，但使自己不能自然地表现自己，必然会带来沉重的心理负担。例如有个人，她的牙齿长得不整齐，为了不让别人发现，就成天紧紧闭着嘴，说话和笑的时候也努力做到不露齿，试想这样的生活该有多么沉重啊！

所以，不要因为虚荣心造成对自己的过分关注，从而让缺点成为自己的心理负担。

虚荣，像一个玫瑰色的美梦。当人们沉浸梦中的时候，仿佛拥有了许多，可当美梦醒来的时候，就会发现原来什么也没有。因此要学会把握一些实实在在的东西，这样你才会散发出自然的魅力，吸引到更多的人脉。

矫正猜疑，朋友更多

有一个寓言，说的是"疑人偷斧"的故事：

一个人丢失了斧头，怀疑是邻居的儿子偷的。从这个假想目标出发，他观察邻居儿子的言谈举止、神色仪态，无一不是偷斧的样子，思索的结果进一步巩固和强化了原先的假想目标，他断定贼非邻子莫属了。可是，不久他在山谷里找到了斧头，再看那个邻居的儿子，竟然一点也不像偷斧者。

这个人从一开始就下了一个结论，然后自己走进了猜疑的死胡同。

猜疑似一条无形的绳索，会捆绑我们的思路，使我们远离朋友。如果猜疑心过重的话，会因为一些可能根本没有或不会发生的事而忧愁烦恼、郁郁寡欢，使我们不能更好地与身边的人交流，其结果可能是无法结交到朋友，变得孤独寂寞。

该怎么矫正自己的猜疑心理，让我们能够主动大方地结识到更多的人呢？

1. 自信最重要

相信自己，相信他人，在自己的心理天平上增加"自信"和"他信"这两块砝码。首先是"自信"。"自疑不信人，自信不疑人。"猜疑心理大多源于缺少自信。其次是"他信"，即相信别人，不要对别人报以偏见或者是成见。当你怀疑别人的时候，一定要想想如果别人也这样怀疑你，你会是什么样的感受，这样换位思考、将心比心，就能真正去信任别人了。

另外，还要注意调查研究。俗话说："耳听为虚，眼见为实。"不能听到别人说什么就产生怀疑，不要听信小人的谗言，不能轻信他人的挑拨，要以眼见的事实为据。况且，有时眼见的也未必是实。因此，一定要注重调查研究，一切结论应产生于调查的结果，否则就会被成见和偏见蒙住眼睛，钻进主观臆想的死胡同出不来。

2. 坚持"责己严，待人宽"的原则

猜疑心重的人，大多对自己的要求不严、不高，对别人的要求却很苛刻，总是要求别人做到什么程度，没有想一想自己会不会做到。因此克服疑心必须从严格要求自己做起，对别人过高的要求，别人达不到，就认为人家存在问题，必然会妨碍你对别人的信任。所以，坚持宽以待人、严于律己的原则，也是克服猜疑心的一条重要途径。

3. 采取积极的暗示，为自己准备一面镜子

平时不要总想着别人都盯着自己。要对自己说，并没有人特别注意我，就像我不议论别人一样，别人也不会轻易议论我。只要自己行得正、站得直，又何必怕别人议论呢？有时不妨想开点，别人说了我又能如何呢？只要我自己认为或者绝大多数人认为我的行为是对的就可以了，这样心里的疑心自然就会越来越小了。

4. 抛开陈腐偏见

记得一位哲人说过："偏见可以定义为缺乏正当充足的理由，而把别人想得很坏。"一个人对他人的偏见越多，就越容易产生猜疑心理。我们应抛开陈腐偏见，不要过于相信自己的印象，不要以自己头脑里固有的标准去衡量他人、推断他人。要善于用自己的眼睛去看，用自己的耳朵去听，用自己的头脑去思考。必要时应调换位置，站在别人的立场上多想，这样，我们就能舍弃"小人"而做君子。

5. 及时开诚布公

猜疑往往是彼此缺乏交流，人为设置心理障碍的结果，也可能是由于误

会或有人搬弄是非造成的，因此如若出现猜疑，与其自己去想，不如开诚布公地和对方谈一谈，这样才能消除疑云，彻底地解决问题。

英国思想家培根曾说过："猜疑之心如蝙蝠，它总是在黄昏中起飞。这种心情是迷惑人的，又是乱人心智的。它能使你陷入迷惘，混淆敌友，从而破坏你的事业。"

总之，别让猜疑困住了你，试着信任我们的朋友，相信我们身边的人，你会发现朋友越来越多，生活也越来越美好。

妙用自嘲，消解自己尴尬时的恼怒

自我解嘲，就是当自己的需求无法得到满足而导致失衡时，为了消除内心的烦闷，有意"丑化"自己的失衡，编造一些得不到的借口，以此进行自我安慰的同时，化解人际交往中的尴尬和矛盾。人的一生，谁都难免会有失误和缺陷，也都会碰到尴尬的处境。很多时候，越是遮遮掩掩，心理就越会失衡，而自我解嘲能够化解矛盾，帮助别人选择笑，也能解脱自己，从失衡中找回自信。

著名科学家爱因斯坦风趣幽默，有一次，由他证婚的一对年轻夫妇带着小儿子来看他。孩子刚看了爱因斯坦一眼就号啕大哭起来，弄得这对夫妇很尴尬。爱因斯坦脸上也有些挂不住，但幽默的爱因斯坦摸着孩子的头高兴地说："你是第一个肯当面说出对我的印象的人。"这句妙答给了这对夫妇一个情面，活跃了气氛，融洽了关系。

在这里爱因斯坦向我们显示了他在交际中的机智。面对孩子大哭给自己和年轻夫妇带来的尴尬，他干脆采用了自嘲的方式来帮助对方化解尴尬并表现自己的不满，然后放低姿态，凭借"慈祥"的语气表示自己对此态度的认同，淡化了感情色彩。有时候在公众活动中，我们偶尔也会遇到令人尴尬而不满的情景，在这种情景下不能生硬地表达不满，而应该淡化感情色彩。

伍德罗·威尔逊是美国第28任总统，在一次竞选演讲中，他曾经遭到过捣乱分子的挑衅。演讲正在进行，捣乱分子突然高声喊叫："狗屁！垃圾！臭大粪！"这个人的意思很明显，是骂威尔逊的演讲臭不可闻，不值得一听。威尔逊对此感到非常生气，但只是报以微微的一笑，安慰他说："这位先生，我马上就要谈到你提出的环境脏乱差的问题了。"随之，听众中爆发出掌声、笑声，为威尔逊的机智幽默喝彩。

威尔逊知道，自尊自爱就要以适当的方式来表达自己的思想感情，他在这里的幽默一语，既淡化了感情色彩，给自己解了围，表达了不满，又使那个捣乱分子自讨没趣。自我嘲弄，并非真的把自己贬低的一文不值，把自己的失误和缺点显露出来，它是以退为进之计，是一种不较劲的豁达和幽默，是在玩笑自己、不伤害别人的情况下逗笑别人，打破僵局，化解了彼此的尴尬和敌意。

社交场合碰到别人的不恭言行，还真不能发作，但憋在心里也不好受。海明威曾说过："告诉他你不高兴，但在话中别出现'不高兴'这个词。"把表示不满的语言的感情色彩淡化一下，让对方知道你不高兴，又不至于破坏友好气氛，是个不错的方式。俗话说，"巴掌不打自嘲人"，人际交往中，如果双方都得理不饶人，结果必然是兔死狗烹，两败俱伤。如果一方愿意叫暂停，愿意和平谈判，战争就不会轻易爆发，即使爆发了在还没有波及更大的危害范围之时也遏制了。

现实生活中，拿自己的错误开玩笑，使人开怀大笑，你便是给友谊浇了水。具有自我解嘲色彩的欢笑是你与别人进行内心沟通的最短的道路。善于自我解嘲不仅能让你在尴尬的境地中超然走出来，也能让他人了解你的智慧和善意，这样不仅不失面子，还能更好地与他人沟通交流。不妨放下心态，调侃自己一把吧！

赶走身上的怨气，别人才能走近你

在生活中，经常有这样一些人，他们总是抱怨他人、抱怨自己人生的不如意、生不逢时，也许把内心的不满说出来会获得些许的轻松感，但是，不停地抱怨无疑是在赶走你周围的人脉，因为没有谁愿意和一个满口抱怨的人待在一起。你越是抱怨，你就越会被人排挤，越来越远离集体。下面案例中的王宁就是其中一位。

王宁的抱怨往往从一大早就开始了。一天的工作才刚开始没多久，就听到王宁在一旁"烦死了，烦死了"地抱怨。一位同事皱了皱眉头，不高兴地嘀咕着："本来心情好好的，被你一吵也烦了。"

王宁现在是公司的行政助理，事务繁杂，是有些烦。可谁叫她是公司的管家呢，事无巨细，不找她找谁。

其实，王宁性格开朗，工作起来认真负责，虽说牢骚满腹，可该做的事情一点也不曾拖延。设备维护、办公用品购买、交通信费、买机票、订客房……王宁整天忙得晕头转向，恨不得长出8只手来。

王宁刚替公司交完电话费，财务部的小李来领胶水，王宁不高兴地说："昨天不是来过吗？怎么就你事情多！今儿这个、明儿那个的！"抽屉开得噼里啪啦，翻出一个胶棒，往桌子上一扔，说："以后东西一起领！"小李有些尴尬，又不好说什么。

这时，销售部的王娜风风火火地冲进来，原来复印机卡纸了。王宁不耐烦地挥了挥手说："知道了。烦死了！和你说一百遍了，先填保修单。"王宁单子一甩，接着说："填一下，我去看看。"王宁边往外走边嘟囔："综合部的人都死光了，什么事情都来找我！"对桌综合部的小张气坏了："这叫什么话啊？我招你惹你了？"

虽然王宁尽心尽职地把自己的工作做好了，可是那些"讨厌""烦死了""不是说过了吗"……实在是让人不舒服。特别是同办公室的人，王宁一叫，他们头都大了。

年末的时候公司民主选举先进工作者，大家暗地里都希望自己能榜上有名。奖金倒是小事，谁不希望自己的工作得到肯定呢？领导们认为先进非王宁莫属，可一看投票结果，50多份选票，王宁只得了12票。

王宁十分委屈，觉得自己累死累活的却没有人体谅。殊不知，正是她不停地抱怨让自己失去了人心所向，受到同事的排挤，"先进员工"的荣誉也和她擦肩而过了。

我们应该让自己远离抱怨，因为抱怨会使自己的情绪恶化，看什么都不顺眼，使自己陷入一种自己制造出来的消极情境之中，最终让自己与成功无缘，就如例子里的王宁一样。而且经常抱怨也会变成一种习惯，遇到压力或不如意之事，便先抱怨一番，这是最可怕的事。

我们该如何拔掉抱怨的刺，让大家愿意靠近自己，把本属于自己的成功留住呢？下面的行动计划可以帮到你。

行动1：写出发生在你身上的5件事，写下其中你的抱怨。

对照自己写的内容，看看你的抱怨是否可以帮你解决问题。显而易见，抱怨不但不能解决任何事情，相反会阻碍我们成功。

行动2：找出一直困扰住你的一件事，你要像看电影一样回忆其中每一个细节，然后通过想象把这段过程转化为滑稽的形式。

你找一把高高的椅子坐在上面，然后气定神闲地进行这一过程。如果有个人对你说了什么坏话，你就像录像带倒带一样，在想象中让那个人说话的速度变快很多。如果不过瘾，你还可以给那个人安上米老鼠的鼻子和唐老鸭的耳朵，再配上一些古怪的音乐。这样来来回回10遍，再看这个困扰你的过程，你会发现这一切变得非常滑稽，同时也失去了抱怨的动力。

行动3：找一个值得信赖的真挚友人作为倾诉的伙伴，把所有的抱怨、牢骚、不满都发泄出来。

行动4：在一张纸上尽情地写下你所有的感觉，把你的每一个意见和感觉尽情发泄在纸上。当你全部发泄完之后，把纸撕掉，最好撕得粉碎，换一张再写，再撕掉，直到你感觉不到激烈的情绪为止。

当你克服了抱怨的弱点后，你会发觉你的内心充满阳光，你的朋友会越来越多，成功也不再是遥不可及的事了。

打开心结，以最快的速度走出抑郁

每个人都会有心情不好的时候。抑郁是人们常见的情绪困扰，是一种感到无力应付外界压力而产生的消极情绪，常常伴有厌恶、痛苦、羞愧、自卑等情绪。它不分性别年龄，是大部分人都有的经验。对大多数人来说，抑郁只是偶尔出现，历时很短，时过境迁，很快就会消失。但对有些人来说，则会经常地、迅速地陷入抑郁的状态而不能自拔。当抑郁一直持续下去，愈来愈严重以致无法过正常的日子，即称为抑郁症。

抑郁是一种很常见的情绪障碍，长期抑郁会使人的身心受到损害，无法正常地工作、学习和生活，让朋友远离你，因为没有人会愿意和一个整天悲悲切切的人相处。可见，抑郁是人脉的一大杀手。但不需要过分担心，经过妥当的调适后，大多数人都可以恢复正常、快乐的生活。

具体应该如何制止抑郁的频繁出现，可以参考以下介绍的一些方法：

1. 自己调节情绪，逐步改善心境，从而使生活重归欢乐

抑郁者要想消除抑郁情绪，首先应该停止对自身及周围世界的埋怨，明确自己的认知错误来源于以感觉作依据来思考问题，因为感觉不等于事实。每当你焦虑、抑郁时，切记以下三个关键步骤：

第一步，记录。把那些消极的想法记下来，别让它们占据你的大脑。

第二步，反思。准确地找出你是怎样曲解事实的，一定要击中要害。

第三步，改变思维方式，调整心态。用更为客观的想法取代扭曲的认知，彻底驳斥那些让你自己瞧不起自己、自寻烦恼的谬论。

2. 扩大人际交往

抑郁的人周遭多是抑郁者，而乐观的人身边亦多为乐观者，因此要想改变命运，你必须要和乐观者学习。不要拘泥于自我这个小天地里，应该置身于集体之中，多与人沟通，多交朋友，尤其多和精力充沛、充满活力的人相处。这些洋溢着生命活力的人会使你更多地感受到事物的光明和美好。

3. 学会宣泄

要善于向知心朋友、家人诉说自己不愉快的事。当处于极其悲哀的痛苦中时，要学会哭泣。另外，多参加文体活动、写日记、写不寄出的信等，都可以帮助消除心理紧张，避免过度抑郁。

4. 良好的生活习惯——尽可能地使生活有规律

规律与安定的生活是抑郁症患者最需要的，早睡早起、按时起床、按时就寝、按时学习、按时锻炼等有规律的活动会简化你的生活，使你有更多的精力去做别的事情，保持身心愉快。而多完成一件事，就会使人多一份成就感和价值感。

5. 阳光及运动

多接受阳光与运动对于抑郁症病人有有利的作用。多活动活动身体，可使心情得到意想不到的放松，阳光中的紫外线可或多或少改善一个人的心情。

6. 饮食疗法

糖类食品有安定的作用，蛋白质则可提高警觉性。要多吃含有必需脂肪酸和（或）糖类的蛋白质的食物。鲑鱼和白鱼都是蛋白质的来源。避免进食富含饱和脂肪的食物、猪肉或油炸食物。脂肪会抑制脑部合成神经冲动传导物质，并造成血球凝集，导致血液循环不良，尤其是脑部。

尽量让自己的饮食可以综合糖类和蛋白质这两种营养素，让脑部活动达到平衡。比如，选用全麦面包制作火鸡肉三明治就是一种很好的综合食品。如果你感到紧张而希望能够振作起精神，则可以多吃蛋白质。有抑郁倾向者，不妨尝试摄取富含蛋白质和多糖类的食物，例如火鸡和鲑鱼对提升精神状态会有所帮助。

偶尔的抑郁是正常的，但是如果过于频繁地出现抑郁的情绪，就应该采取以上这些措施，调节自我。不然，你的抑郁会让你周围的人脉逐渐远离你。